U0586525

中国象棋经典布局系列

中炮过河车
对屏风马左马盘河

朱宝位　刘海亭　编著

时代出版传媒股份有限公司
安徽科学技术出版社

图书在版编目(CIP)数据

中炮过河车对屏风马左马盘河 / 朱宝位，刘海亭编著. --合肥：安徽科学技术出版社，2019.1(2023.4 重印)
(中国象棋经典布局系列)
ISBN 978-7-5337-7449-3

Ⅰ.①中… Ⅱ.①朱…②刘… Ⅲ.①中国象棋-布局(棋类运动) Ⅳ.①G891.2

中国版本图书馆 CIP 数据核字(2018)第 000399 号

中炮过河车对屏风马左马盘河 朱宝位 刘海亭 编著

出 版 人：丁凌云 选题策划：刘三珊 责任编辑：刘三珊
责任校对：岑红宇 责任印制：李伦洲 封面设计：吕宜昌
出版发行：安徽科学技术出版社 http://www.ahstp.net
(合肥市政务文化新区翡翠路 1118 号出版传媒广场，邮编：230071)
电话：(0551)63533330
印 制：唐山富达印务有限公司 电话：(022)69381830
(如发现印装质量问题，影响阅读，请与印刷厂商联系调换)

开本：710×1010 1/16 印张：18.5 字数：333 千
版次：2023 年 4 月第 3 次印刷

ISBN 978-7-5337-7449-3 定价：68.00 元

版权所有，侵权必究

前　言

中炮过河车对屏风马左马盘河，早在20世纪五六十年代即已流行。它与平炮兑车各自构成不同的防御系统，至今仍是对抗中炮过河车的重要手段。这种布局的特点是：红方以过河车牵制黑方无根车炮，并配合其他各子力攻击盘河马，使其车炮脱根而控制局势；黑方则以盘河马威胁红方过河车，伺机反击。

全书分四章，共列出160局式，专门介绍和阐述中炮过河车对屏风马左马盘河这一布局双方的战略计划和攻防要点。

限于编者水平，书中不妥之处在所难免，希望得到棋界同好的批评、指正。

编　者

目　　录

第一章　中炮过河车对屏风马左马盘河飞右象

中炮过河车对屏风马左马盘河，早在20世纪五六十年代即已流行。它与平炮兑车各自构成不同的防御体系，至今仍是对抗中炮过河车的重要手段。这种布局的特点是：红方以过河车牵制黑方无根车炮，并配合其他各子力攻击盘河马，使其车炮脱根而控制局势；黑方则以盘河马威胁红方过河车，伺机反击。屏风马左马盘河飞右象应对中炮过河车是比较流行的对抗阵势，由于其着法稳健、阵形容易协调，至今已发展成为庞大的布局体系。本章列举了118局典型局例，分别介绍了这一布局中双方的攻防变化。

第一节　红巡河炮变例

第1局　红左炮巡河对黑冲卒逐车(一)

1. 炮二平五　马8进7　2. 马二进三　车9平8
3. 车一平二　马2进3　4. 兵七进一　卒7进1
5. 车二进六　马7进6　6. 马八进七　象3进5
7. 炮八进二　…………

至此，形成中炮过河车对屏风马左马盘河红巡河炮变例。红方左炮巡河，准备马七进六兑马争先，使黑方左翼车炮脱根，是攻击左马盘河布局中较早的一种变例。

7. …………　卒7进1

黑方冲7卒逐车，是针锋相对的走法。如改走士4进5，则马七进六，马6进7(如马6进4，则炮八平六，黑方左翼车炮脱根，红优)，炮五平六，车8进1，相七进五，红方主动。

8. 车二平四　…………

红方平车捉马，正着。如改走车二退一，则卒7进1，马三退一(如马三退五，则马6退7，车二进一，车1进1，黑方反先)，马6退7，车二进一，炮2进2，黑方易走。

8. …………　卒7进1

黑如改走马6进7，红则炮八平三，炮2进4，车九平八，炮2平3，车四平二，车1进1，炮五平六，车8进1，相七进五，车8平4，仕六进五，炮8平9，车八进三，车4进5，马七退八，车1平7，马八进九，车7进4，马九退七，车4进1，仕五进六，马7进5，相三进五，车7进2，车八平七，红优。

9. 马三退五　…………

红方退窝心马，正着。另有两种走法：

①马三退一，炮8进5，车四退一，炮8平3，黑优。

②车四退一，卒7进1，车四平二（如车九进一，则炮8平7，相三进一，士4进5，黑方易走），车1进1，兵七进一，卒3进1，炮八平二，炮2进2，车二进一，炮2退1，车二退一，炮8进1，马七进六，车8进1，黑方易走。

9. …………　马6退4

10. 相七进九　…………

红方飞相保兵，限制黑马进路。

10. …………　炮2进1（图1）

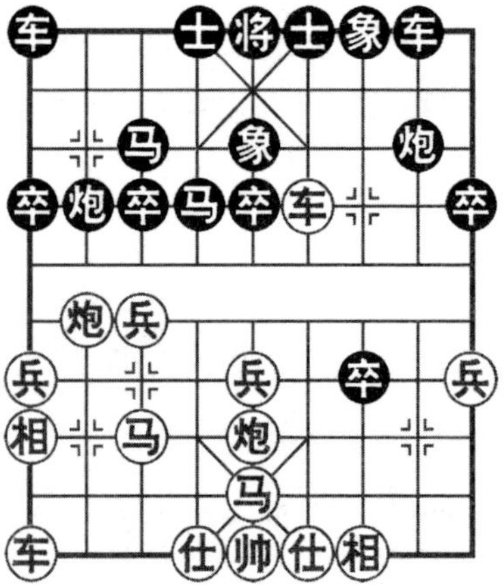

图1

黑方升右炮，伏挺3卒再马4进3打车叫杀的手段，是争先夺势的紧要之着。

如图1形势，红方有三种走法：车四平二、车四退二和车九进一。现分述如下。

第一种走法：车四平二

11. 车四平二　…………

红方平车拴链黑方无根车炮，并防止黑炮沉底取势。

11. …………　卒3进1　　12. 车二退二　…………

不能走兵七进一，否则马4进3，红方丢车。

12. …………　卒3进1　　13. 相九进七　车1进1

14. 车九进一　…………

红如改走炮五平二，黑则马4进3，车二平七，炮8平9，炮二进二，炮9进4，炮八退一，车1平7，炮二平三，车7平6，炮八平三，车6进7，黑方弃子得势，易走。

14. …………　车8进1　　15. 车九平六　炮8进1

16. 马七进六　炮8平6

如改走车1平6，也是黑方易走。

17. 车二进四　车1平8　　18. 马六进四　马4进3

19. 车六进三　马3进2　　20. 马四退三　车8平7

黑方得相占优。

第二种走法:车四退二

11. 车四退二　…………

红方退车河口,稳健的走法。

11. …………　士4进5　12. 炮八退一　卒7进1
13. 马五进三　炮8平7　14. 马三进二　车8进4
15. 炮八平六　车8平7　16. 相三进一　卒3进1
17. 马二进四　…………

红如改走兵七进一,黑则车7平3,马七进六,马4进2,也是黑方易走。

17. …………　卒5进1　18. 马四进三　卒3进1

黑如改走车7退2,红则兵七进一,红方占优。

19. 马七进六　卒3平4　20. 炮六进三　马3进2
21. 炮六进一　车1进2　22. 车四进二　马2进3
23. 炮五平六　炮2进3

黑方弃子占先,易走。

第三种走法:车九进一

11. 车九进一　炮8进7

黑如改走炮8进5,红则马七进六,士4进5,马六进四,车8进4,炮八进一,车8进2,兵七进一,卒3进1,马四进六,车1进1,炮八退五,车1平4,车九平六,车8退2,车四进二,炮2退2,车四退二,炮2进2,车四平三,炮8平1,炮五平七,车8平4,车六进四,马3进4,炮七平六,双方互缠中,红方多子易走。

12. 马七进六　车8进4　13. 马六进四　车1进1
14. 马四退三　车8平7　15. 炮八退一　马4进3
16. 车九平六　马3进5　17. 马三退四　炮8退1
18. 车六进二　马5退4　19. 车四平二　炮8平5
20. 仕六进五　卒3进1　21. 车二退二　车1平6
22. 马四进二　车6进4　23. 车二平四　马4进6
24. 车六进一　马6进5　25. 相三进五　车7进3

红方优势。

第2局　红左炮巡河对黑冲卒逐车(二)

1. 炮二平五　马8进7　2. 马二进三　车9平8

3. 车一平二　马 2 进 3　　4. 兵七进一　卒 7 进 1
5. 车二进六　马 7 进 6　　6. 马八进七　象 3 进 5
7. 炮八进二　卒 7 进 1　　8. 车二平四　卒 7 进 1
9. 马三退五　马 6 退 4　　10. 车四退二(图 2)　…………

红方退车保兵,稳健的走法。

如图 2 形势,黑方有三种走法:士 4 进 5、炮 2 进 1 和炮 2 进 2。现分述如下。

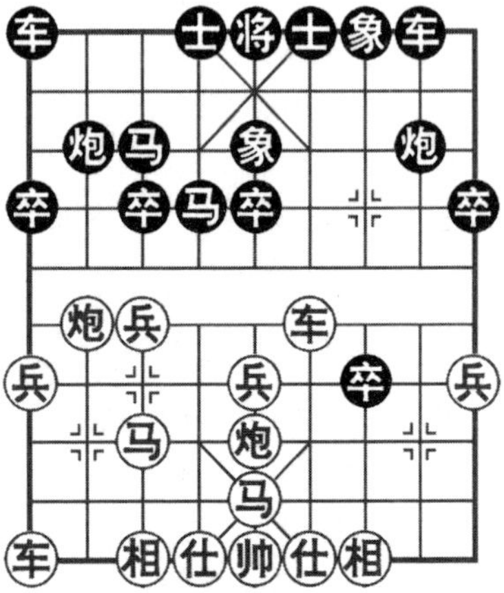

图 2

第一种走法:士 4 进 5

10. …………　士 4 进 5

黑方补士,固防。

11. 炮八退一　炮 8 平 6
12. 炮八平三　车 8 进 4
13. 炮三进三　…………

红方进炮打马,正着。如改走车九平八,则卒 3 进 1,红方反而麻烦。

13. …………　卒 5 进 1
14. 车九进一　车 8 平 7
15. 炮三平七　马 4 进 6
16. 车四平六　车 7 进 4　　17. 炮五平四　…………

红方平炮先弃后取,正着。

17. …………　马 3 进 5

黑如改走炮 6 进 5,红则车六平四,炮 6 进 1,马五进六,红方先手。

18. 马五进四　车 7 退 2　　19. 马四进五　车 7 进 3
20. 炮四进二　…………

红方升炮顶马,正着。

20. …………　马 6 进 8　　21. 炮四进五　马 8 进 7
22. 相七进五　车 7 平 8　　23. 车九平三　将 5 平 6
24. 车三进一　车 8 退 5　　25. 车六进二　车 8 平 5
26. 炮七平五

红方多兵且兵种齐全,易走。

第二种走法:炮 2 进 1

10. …………　炮 2 进 1

黑方高右炮虽然稳健,但针对性不强。

11. 炮八退一　…………

红如改走车四平二，黑则车1进1，车九进一，车1平6，炮五平二，车6进1，车九平六，卒5进1，双方互缠，各有顾忌。

11. …………　车1进1

黑如改走炮8平7，红则炮八平三，车1平2，车九平八，红方先手。

12. 炮八平三　车8进1　　13. 炮五平四　…………

红如改走车九平八，黑则车1平6，车四进四，车8平6，车八进六，马4进3，车八退五，车6进7，黑方弃子占先，易走。

13. …………　车1平7　　14. 车九平八　炮2退3

15. 马五进四　士6进5

黑如改走士4进5，红则炮三进一，红方占优。

16. 炮三进一　卒3进1　　17. 炮三平二　车8平9

黑如改走炮8平9，红则车八进八，马4进3，相七进五，前马退5，炮四平二，马5进6，后炮进六，车7平8，炮二平一，炮9进3，兵一进一，红方占优。

18. 兵七进一　马4进2　　19. 车八平九　象5进3

黑可抗衡。

第三种走法：炮2进2

黑方升巡河炮，既可防止红方进炮打马，又可移炮左翼伺机反击，正着。

11. 车四平二　…………

红方平车，拴链黑方无根车炮。如改走炮八退一（如车四平六，则炮8进7，车六进二，炮2平7，车六退二，车8进8，车六平四，车8平6，黑方胜势），则车1进1，炮八平三，车1平7，车九平八，车7进5，车八进五，马4进3，黑方反先。

11. …………　车1进1　　12. 车九进一　…………

红如改走炮五平二，黑则车1平8，车二平六，炮2平8，炮二进五，前车进1，车六进二，前车平6，马五进六，炮8进5，仕六进五，车8进7，车九进二，车8平7，相七进五，车6进6，再吃底相，黑方占势易走。

12. …………　车8进1

黑方也可改走车1平6，红如炮五平二，黑则车6进1，车九平六，马4进3，炮二进五，车8进2，车二平七，车6进6，车六进三，炮2平7，车六平三，车8平6，马五进四，前车退2，仕六进五，卒3进1，车七平六，士6进5，相七进五，马3进2，黑优。

13. 车九平六　马4进3

黑方弃马踏兵，使用弃子攻杀的战术手段来争取主动，甚有胆识。

14. 车六进三　…………

红如改走车二平七，黑则车1平6，车七平二，车6进7，车六进三，车8平6，车二平四，炮2平7，相三进一，炮8进7，相一退三，炮7进5，黑胜。

14. …………　卒3进1　　15. 相七进九　前马进2

16. 炮五平八　炮2进3　　17. 车六平三　炮2退1

黑方多卒占先，易走。

第3局　红左炮巡河对黑冲卒逐车(三)

1. 炮二平五　马8进7　　2. 马二进三　车9平8

3. 车一平二　马2进3　　4. 兵七进一　卒7进1

5. 车二进六　马7进6　　6. 马八进七　象3进5

7. 炮八进二　卒7进1　　8. 车二平四　卒7进1

9. 马三退五　马6退4　　10. 车四平二(图3)　…………

红方平车拴住黑方车炮，易遭反击。

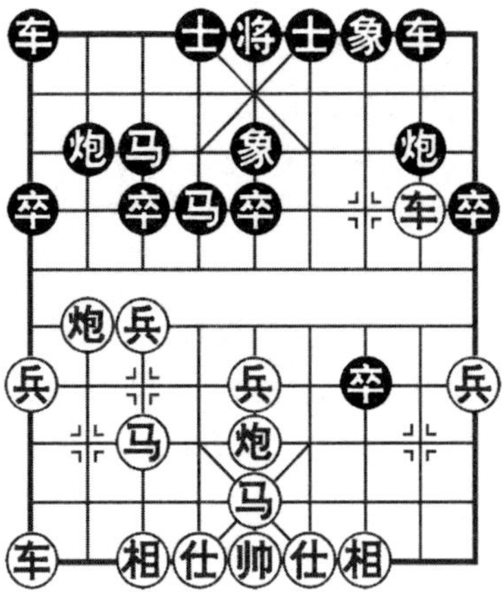

图3

如图3形势，黑方有三种走法：炮2进1、马4进3和车1进1。现分述如下。

第一种走法：炮2进1

10. …………　炮2进1

11. 车九进一　车1进1

黑方及时出动右横车，准备调至左翼，正着。

12. 车九平六　…………

红如改走炮五平二，黑则车1平8，车二平四，卒7平8，炮二平四，前车平7(如士6进5，则兵七进一，卒3进1，炮八平二，红优)，炮四进七，车8进1，黑方易走。

12. …………　车1平6

黑方横车过宫，此乃争先佳着。

13. 车六进三　…………

红如改走车六进四，黑则士6进5，车六退一，卒5进1，车二退四，车6进7，炮八退三，炮8平7，车六平三，车8进7，炮八平四，马4进3，黑方占优。

13. …………　车6进3　　14. 炮五平二　车8进1

15. 炮二进五　卒 5 进 1

黑方中卒挺进，系取势关键之着，由此形成黑方弃子争先之势。

16. 车二退六　卒 5 进 1　　17. 兵五进一　马 3 进 5

18. 车六退一　马 5 进 7　　19. 炮二退五　马 4 进 3

20. 车六平七　卒 3 进 1　　21. 炮八退二　炮 2 平 5

黑方弃子占势，易走。

第二种走法：马 4 进 3

10. …………　马 4 进 3　　11. 车九进一　卒 3 进 1

12. 相七进九　炮 2 进 1　　13. 车二退一　…………

红如改走炮五进四，黑则马 3 进 5，车二平五，炮 8 进 6，马五退七，炮 2 退 2，相九进七，卒 3 进 1，黑方少子却得相、过双卒，足可补偿。

13. …………　炮 2 进 1　　14. 车二进一　前马退 5

15. 兵五进一　炮 2 退 1　　16. 车二退一　马 5 退 7

17. 车九平六　卒 3 进 1　　18. 相九进七　马 7 进 6

19. 车二退一　马 6 进 5　　20. 相七退五　车 1 进 1

双方大体均势。

第三种走法：车 1 进 1

10. …………　车 1 进 1　　11. 车九进一　…………

红如改走马七进六，黑则车 1 平 6，炮五平二，车 6 平 8，车二平三，卒 7 平 8，炮二进五，前车进 1，相七进五，炮 2 进 1，马五进七，前车进 1，车三平二，车 8 进 3，兵七进一，卒 3 进 1，马六进四，车 8 退 2，马四进六，车 8 平 4，马六退八，车 4 平 2，黑不难走。

11. …………　车 1 平 6　　12. 马七进六　车 8 进 1

黑方联车生根，此乃稳健的走法。

13. 马五进七　卒 7 进 1

黑如改走炮 2 进 1，红则车九平三，红方先手。

14. 炮八进二　卒 7 平 6

黑如改走马 4 进 3，红则炮八平五，红方先手。

15. 炮八平六　卒 6 平 5　　16. 车九平八　车 6 平 4

17. 马六进四　炮 2 退 2

黑如改走炮 2 平 1，红则相七进五，炮 8 平 9，车二进二，车 4 平 8，车八进六，炮 1 退 1，炮六平九，红方易走。

18. 相七进五　炮 8 平 9　　19. 车二进二　车 4 平 8

20. 马七进六

红方易走。

小结：红巡河炮变例，曾在 20 世纪 50 年代盛行一时，是攻击左马盘河较早的一种走法。由于双方对攻激烈、变化复杂，黑方反击手段较多，实战中红方难以掌握先手，故这种变例逐渐被淘汰，此攻法目前在实战中较少出现。

第二节　红平车捉马变例

第 4 局　红跃马河口对黑补右士(一)

1. 炮二平五　马 8 进 7　　2. 马二进三　车 9 平 8

3. 车一平二　马 2 进 3　　4. 兵七进一　卒 7 进 1

5. 车二进六　马 7 进 6　　6. 马八进七　象 3 进 5

7. 车二平四　…………

至此，形成中炮过河车对屏风马左马盘河红平车捉马变例。红方平车捉马，是比较稳健的攻法。

7. …………　马 6 进 7　　8. 马七进六　士 4 进 5

黑方补士固防，稳健的走法。

9. 炮五平六　…………

红方卸炮调整阵形，稳步进取。

9. …………　炮 8 平 6

黑方平士角炮，下伏马 7 退 8 逐车的手段，是改进后的走法。以往多走炮 8 平 7，红有车四平三捉炮的先手。

10. 相七进五　马 7 退 8

黑方退马，准备冲中卒过河反击。它是黑方取得对抗之势的有力手段。

11. 车四平三　马 8 退 9

黑方退马捉车，似笨实佳。

12. 车三平一　…………

红方平车吃卒，谋取实惠的走法。

12. …………　卒 7 进 1　　13. 相五进三　…………

红方飞相去卒，消除隐患。如改走车九平七，则卒 7 进 1，马三退五，车 8 进 4，马五进七，卒 7 平 6，炮六进一，炮 2 进 4，炮六平四，炮 2 平 6，马六退四，车 1 平 2，炮八进二，车 8 进 2，马四退五，车 2 进 4，黑方反先。

13.…………　炮2进3　　14.马六进七　炮2平7

15.相三进五(图4)　…………

如图4形势，黑方有两种走法：车1平4和炮7退3。现分述如下。

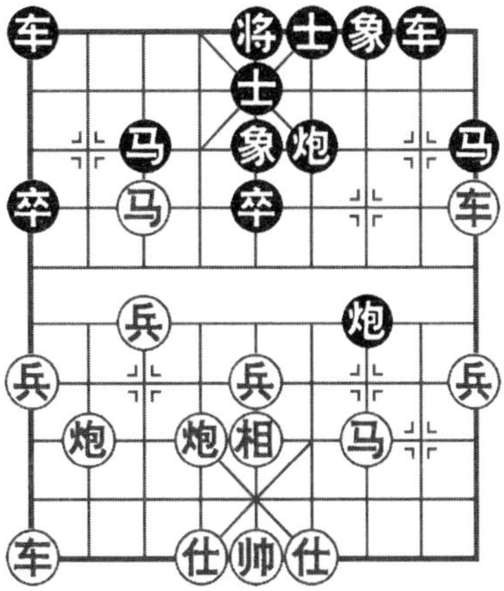

图4

第一种走法：车1**平**4

15.…………　车1平4

黑方平肋车捉炮，是寻求变化的走法。

16.仕六进五　炮7退2

黑方退炮捉马，继续贯彻寻求变化的走法。

17.马七进五　…………

红方马踏中象，准备弃子抢攻，此乃不甘示弱的走法。如改走炮八平七，则炮7平3，炮七进四，车8进6，黑方少卒多象，不难走。

17.…………　车4进2　　18.兵七进一　…………

红如改走炮八进五，黑则马3进2，兵七进一，马2进3，车九平七，炮7进3，兵五进一，马3进5，兵七平六，马5进7，帅五平六，炮7平4，炮六平八，象7进5，黑方占优。

18.…………　车4平5　　19.车九平八

形成弃子抢攻、双方各有顾忌的局面。

第二种走法：炮7**退**3

15.…………　炮7退3　　16.车九平八　车1平2

17.炮八进五　车8进6　　18.马三进四　车8平5

19.仕六进五　车5平6　　20.马四进六　马3退4

21.炮八退一　车6退2

黑如改走车6进2，红则相五进三，也是红方易走。

22.兵七进一　炮7进2

至此，形成红方多兵残相、双方各有顾忌的局面。

第5局　红跃马河口对黑补右士(二)

1.炮二平五　马8进7　　2.马二进三　车9平8

3. 车一平二　马 2 进 3　　4. 兵七进一　卒 7 进 1
5. 车二进六　马 7 进 6　　6. 马八进七　象 3 进 5
7. 车二平四　马 6 进 7　　8. 马七进六　士 4 进 5
9. 炮五平六　炮 8 平 6　　10. 相七进五　马 7 退 8
11. 车四平三　马 8 退 9　　12. 车三平四　…………

红方平肋车占据要道，正着。

12. …………　卒 7 进 1　　13. 相五进三　…………

红方飞相去卒，宁愿先丢相，乃稳健的走法。如改走炮八进四，则卒 7 进 1，马三退五，车 8 进 4，车四退一，卒 9 进 1，马五进七，形成黑方有卒过河、红方子力占位较好的两分局势。

13. …………　炮 2 进 3　　14. 马六进七　炮 2 平 7
15. 相三进五(图 5)　…………

如图 5 形势下，黑方有两种走法：车 1 平 2 和炮 7 进 1。现分述如下。

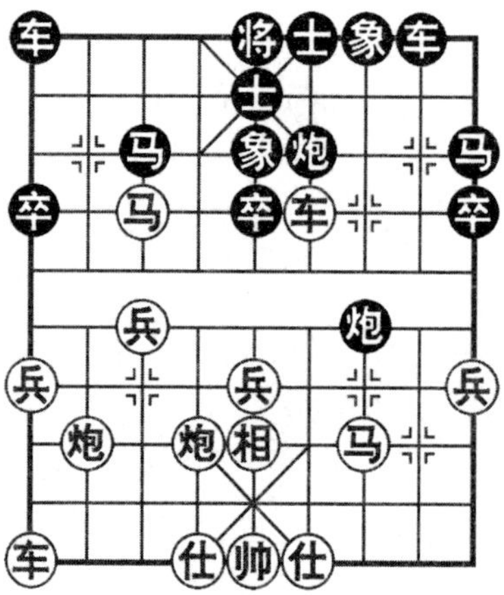

图 5

第一种走法：车 1 平 2

15. …………　车 1 平 2

黑如改走车 1 平 4，红则仕六进五，炮 7 退 3，车九平八，形成黑方多象、红方先手，双方各有顾忌的局面。

16. 车九平八　炮 7 退 3
17. 炮八进六　…………

红方升炮压车，正着。

17. …………　车 8 进 4
18. 马七进九　车 2 平 3
19. 炮六平七　象 5 进 3
20. 炮七进三　马 3 退 4　　21. 炮八进一　炮 7 平 1
22. 车四平五　车 8 平 7　　23. 马三进四

红方弃子占势，易走。

第二种走法：炮 7 进 1

15. …………　炮 7 进 1　　16. 炮八进五　…………

红如改走车九平八，黑则车 8 进 4，炮八进五，车 1 平 4，仕六进五，车 4 进 3，炮六平七，炮 7 平 1，炮八退一，车 4 退 3，炮八进一，车 4 进 3，炮八退一，车 4 进 1，车八平九，车 4 平 2，炮八平五，马 3 进 5，车九进三，马 5 退 3，兵五进一，车8平4，兵五进一，车4进4，炮七退二，红方略优。

16.…………　炮7退4　17.车九平八　车8进6

18.马三进四　车8平6　19.马四进六　车6退3

20.马六进四　车1平4　21.仕四进五　…………

红方补右仕免除闷宫的威胁，正着。

21.…………　马9进7　22.炮八平九　车4平3

23.兵五进一　马3退1　24.炮六平七

红方子力灵活，易走。

第6局　红跃马河口对黑补右士（三）

1.炮二平五　马8进7　2.马二进三　车9平8

3.车一平二　马2进3　4.兵七进一　卒7进1

5.车二进六　马7进6　6.马八进七　象3进5

7.车二平四　马6进7　8.马七进六　士4进5

9.炮五平六　炮8平6　10.相七进五　马7退8

11.炮八平九　…………

红方平边炮，着法新颖。

11.…………　卒7进1

12.车四退一　卒7进1

13.马三退五（图6）…………

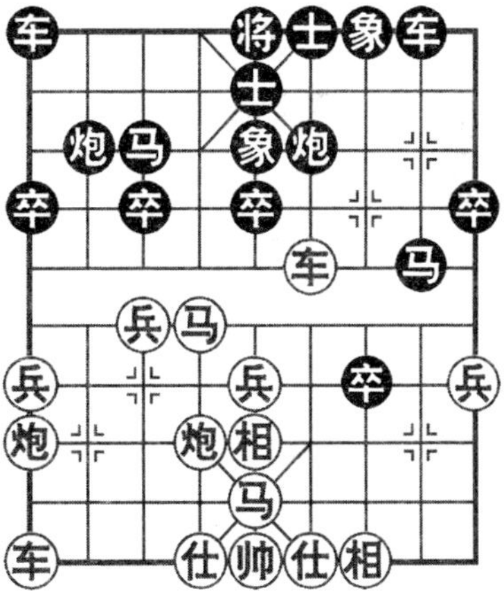

图6

如图6形势，黑方有两种走法：马8进9和炮2退2。现分述如下。

第一种走法：马8进9

13.…………　马8进9

黑方进马踩兵，力争主动。

14.车九平八　车1平2

15.车八进六　车8进4

16.马五进七　炮2平1

17.车八进三　…………

红方兑车，正着。如改走车八平七，则车2进6，兵七进一，车2平3，车四平二，马9退8，兵七平八，车3平4，仕六进五，炮1退1，黑不难走。

17.…………　马3退2　18.炮九进四　卒3进1

黑方宜改走马2进3。

19. 兵七进一　象 5 进 3　　20. 炮六进一　车 8 平 6
21. 马六进四
红方优势。

第二种走法：炮 2 退 2

13. …………　炮 2 退 2
黑方退炮，改进后的走法。

14. 车九平八　车 8 进 3　　15. 马五进七　马 8 退 6
16. 车四平三　马 6 进 5　　17. 车三退一　马 5 退 7
18. 车三退一　炮 6 平 7　　19. 相五进三　炮 2 平 4
20. 相三进五　卒 5 进 1　　21. 车八进六　炮 7 进 1
22. 车八进一　炮 7 退 1　　23. 车八退一　炮 7 进 1
双方不变作和。

第 7 局　红跃马河口对黑补右士（四）

1. 炮二平五　马 8 进 7　　2. 马二进三　车 9 平 8
3. 车一平二　马 2 进 3　　4. 兵七进一　卒 7 进 1
5. 车二进六　马 7 进 6　　6. 马八进七　象 3 进 5
7. 车二平四　马 6 进 7　　8. 马七进六　士 4 进 5
9. 炮五平六　炮 8 平 7
黑方平炮 7 路护马，伺机应变。
10. 相七进五　炮 2 进 1（图 7）

黑方升炮卒林准备逐车，是比较正常的变化。

如图 7 形势，红方有两种走法：马六进七和车九平七。现分述如下。

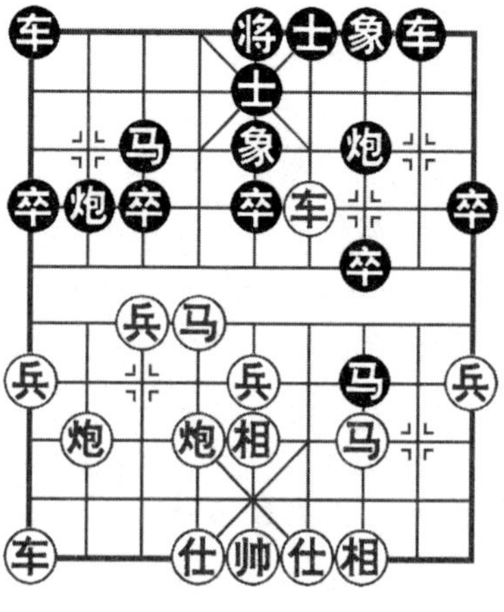

图 7

第一种走法：马六进七

11. 马六进七　车 1 平 4

黑如改走车 8 进 4，红则仕六进五，车 1 平 4，炮八平七，炮 2 退 3，车九平八，炮 2 平 3，马七进九，卒 7 进 1，车八进八，车 8 平 2，马九进七，车 4 进 1，车八退三，马 3 进 2，车四平五，马 2 退 3，车五平三，炮 7 平 6，马七退九，车 4 平 2，马九退七，车2进8,炮六退二,炮3进3,炮七进四,炮6进6,车三平四,炮6平8,相五进三,红方多兵,稍优。

12.仕六进五 马7退8

黑方退马,正着。如改走车4进4,则炮八平七,车4平2,车九平六,马7退6,炮六进六,炮2退2,马三进四,红方易走。

13.车四平三 卒7进1

黑方弃卒,打破僵持局面。

14.相五进三 车4进4 15.炮八进二 车8进2

16.相三退五 …………

红方退相简化局势,不如改走车九平七较为易下。

16.………… 炮7进5 17.车三退四 车8平7

黑方兑车简化局势,着法稳健。

18.车三进五 马8退7 19.马七退六 车4平8

20.车九平七 马7进6 21.马六进四 车8平6

双方大体均势。

第二种走法:车九平七

11.车九平七 …………

红方平车相位,改进后的走法。

11.………… 卒9进1 12.仕六进五 卒1进1

13.马六进七 车1平4 14.车四退二 车8进3

15.兵七进一 卒5进1 16.马七退五 车8平5

17.兵五进一 炮2进2 18.车四退一 车4进5

19.马五退七 车4平5 20.兵七进一 车5平3

21.炮八平七 象5进3 22.车七平八 炮2退3

23.炮六进一 卒7进1 24.马七退六 车3平7

25.炮六平五 …………

红炮镇中,一击中的!

25.………… 车5退2 26.炮七进五

红方多子占优。

第8局 红跃马河口对黑补右士(五)

1.炮二平五 马8进7 2.马二进三 车9平8

3.车一平二 马2进3 4.兵七进一 卒7进1

5. 车二进六　马 7 进 6　　6. 马八进七　象 3 进 5

7. 车二平四　马 6 进 7　　8. 马七进六　士 4 进 5

9. 炮五平六(图 8)　…………

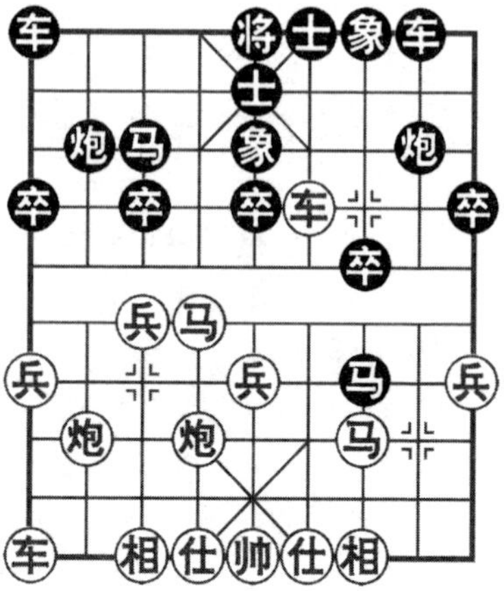

图 8

如图 8 形势，黑方有三种走法：炮 2 进 3、炮 2 进 1 和炮 8 进 6。现分述如下。

第一种走法：炮 2 进 3

9. …………　炮 2 进 3

黑方进炮打马，略嫌急躁。

10. 马六进七　车 1 平 4

11. 仕六进五　炮 2 进 1

12. 相七进五　炮 8 平 7

13. 车九平七　…………

红方出车是好棋，取势要着。

13. …………　车 4 进 6

14. 炮八退一　…………

红方退炮打死车兼锁将门，黑方难应。

14. …………　炮 2 平 5

黑如改走炮 2 进 1，红则马七进九，也是红方优势。

15. 马三进五　车 4 平 5　　16. 马七进九

红方胜势。

第二种走法：炮 2 进 1

9. …………　炮 2 进 1

黑方高炮，另辟蹊径。

10. 马六进七　车 1 平 4　　11. 仕六进五　车 4 进 6

12. 相七进五　车 4 平 2　　13. 炮八平七　…………

红方平炮保马，乃保持变化的走法。如改走炮八进四，则车 2 退 3，马七退六，炮 8 平 6，车九平七，车 8 进 5，兵七进一，红不难走。

13. …………　炮 8 平 6　　14. 兵九进一　炮 2 退 3

15. 马七退六　车 2 平 3　　16. 车九平八　炮 2 平 3

17. 炮七退二　车 3 进 2　　18. 马六进五　…………

红方马吃中卒虽可打通中路，并占多兵之利，但黑马跃出后，亦有反击之力，红方难占便宜。

18. …………　马 3 进 4　　19. 车四退三　卒 7 进 1

20. 车四进二　车 8 进 3　　21. 车四平六　车 8 平 5
22. 车八进九　炮 6 进 6　　23. 车六进三　车 5 平 3
24. 兵七进一　象 5 进 3　　25. 车八退九　马 7 进 5

对攻中，黑方抢先破相，反夺主动权。

第三种走法：炮 8 进 6

9. …………　炮 8 进 6

黑进左炮，进行新的尝试。

10. 仕六进五　卒 7 进 1　　11. 车四平三　车 8 进 4
12. 马六进七　…………

红方进马踩卒，乃保持变化的积极走法。如改走车三退二，则炮 2 进 3，车三退一，炮 2 平 4，局面立趋简化。

12. …………　炮 2 进 4　　13. 车三退二　炮 8 平 7
14. 兵九进一　…………

红方挺边兵，准备车九进三捉炮，针锋相对的走法。

14. …………　炮 2 平 3　　15. 马七退八　车 1 平 4
16. 车九进三　车 4 进 6

黑方进车深入险地，似不如改走炮 3 进 2 为宜。

17. 相七进五　炮 3 平 2　　18. 马八进七　…………

红方进马，暗伏袭槽手段，乃含蓄的走法。如改走兵七进一，则车 4 平 3，黑方下伏马 7 进 5 踩相的手段，红方有所顾忌。

18. …………　车 4 平 3　　19. 车三平六　…………

红方右车左移，既解除了黑方马 7 进 5 踏相胁车的手段，又可对黑方较为薄弱的一侧实施打击，可谓“连消带打”之着。红方由此开始步入佳境。

19. …………　象 5 退 3　　20. 车六进四　炮 7 平 6
21. 车六平七　车 8 平 4　　22. 车七退一　象 7 进 5
23. 相五进三　…………

红方扬相别马，乃稳健的走法。如改走车七平八，则马 7 进 5，炮八平五，车 3 进 3，炮六退二，炮 2 进 3，车八退七，车 3 平 2，红方虽然多子占优，但因缺一相，也有所顾忌。

23. …………　炮 6 退 2　　24. 相三进五

红方优势。

第 9 局　红跃马河口对黑补右士（六）

1. 炮二平五　马 8 进 7　　2. 马二进三　车 9 平 8

3. 车一平二　马 2 进 3　　4. 兵七进一　卒 7 进 1
5. 车二进六　马 7 进 6　　6. 马八进七　象 3 进 5
7. 车二平四　马 6 进 7　　8. 马七进六　士 4 进 5
9. 炮八平六　炮 8 平 6　　10. 车九平八　炮 2 平 1(图 9)

如图 9 形势,红方有两种走法:炮五进四和马六进五。现分述如下。

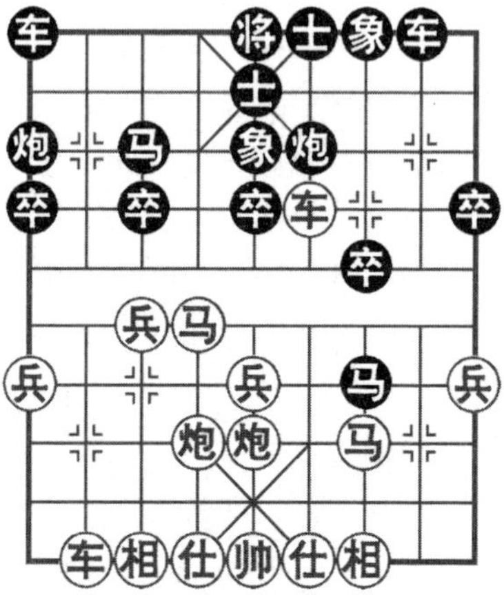

图 9

第一种走法:炮五进四

11. 炮五进四　车 8 进 5
12. 马六进七　马 3 进 5
13. 车四平五　车 8 平 3
14. 相七进五　车 3 进 1
15. 仕六进五　车 1 平 4

黑方宜改走炮 1 进 4。

16. 车五平四　车 4 进 4
17. 兵九进一　炮 1 平 4
18. 车八进九　炮 4 退 2
19. 炮六进七　车 4 退 4
20. 车八平六　将 5 平 4

黑方满意。

第二种走法:马六进五

11. 马六进五　车 1 平 2

黑方若改走马 7 进 5,红则相七进五,马 3 进 5,车四平五,炮 1 进 4,双方各有千秋。

12. 车八进九　马 3 退 2　　13. 车四退三　卒 7 进 1
14. 兵五进一　马 2 进 3　　15. 马五退六　车 8 进 3
16. 兵五进一　车 8 平 7　　17. 马三进五　卒 7 平 6
18. 车四进一　马 7 进 5　　19. 相三进五　炮 1 进 4
20. 车四平三　车 7 进 2　　21. 马五进三　卒 3 进 1
22. 兵七进一　象 5 进 3　　23. 炮六退一

红方优势。

第 10 局　红跃马河口对黑平炮 7 路

1. 炮二平五　马 8 进 7　　2. 马二进三　车 9 平 8

3. 车一平二　马 2 进 3　　4. 兵七进一　卒 7 进 1
5. 车二进六　马 7 进 6　　6. 马八进七　象 3 进 5
7. 车二平四　马 6 进 7　　8. 马七进六　炮 8 平 7
9. 车四平三　…………

红方平车捉炮，常见的走法。另有两种走法：

①炮八平六，车 1 平 2，车九平八，炮 2 进 6，车四平三，炮 7 平 6，炮五进四，马 3 进 5，车三平五，车 8 进 8，仕六进五，士 6 进 5，相七进五，炮 2 退 1，帅五平六，车 8 平 6，车八平七，车 2 进 6，双方各有顾忌。

②马六进五，马 7 进 5，相七进五，马 3 进 5，车四平五，卒 7 进 1，车五平三，车 8 进 6，相五进三，炮 2 平 1，相三进五，车 1 平 2，炮八平六，车 2 进 6，兵五进一，车 8 退 2，仕六进五，士 6 进 5，车三平七，至此，红方虽多兵，但左车晚出，仍属平分之势。

9. …………　炮 7 平 6　　10. 炮五平六　士 4 进 5
11. 相七进五(图 10)　…………

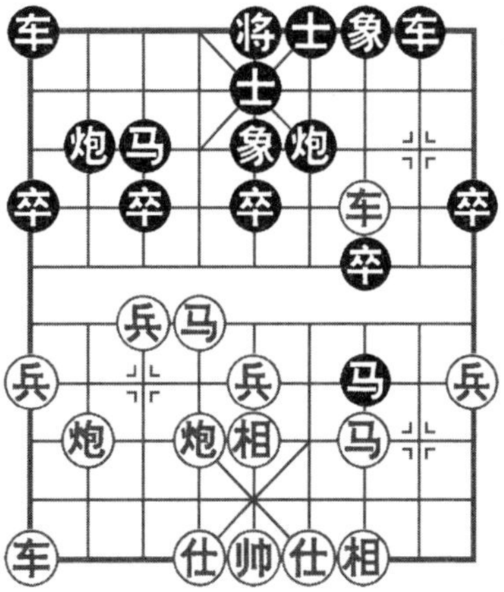

图 10

如图 10 形势，黑方有三种走法：炮 2 进 3、卒 3 进 1 和炮 2 进 1。现分述如下。

第一种走法：炮 2 进 3

11. …………　炮 2 进 3
12. 马六进七　车 1 平 4
13. 仕六进五　炮 2 进 1
14. 车九平七　车 4 进 6
15. 兵七进一　车 8 进 5
16. 马七进九　…………

红方马运边角，构思巧妙！

16. …………　炮 2 退 4
17. 兵七进一　车 8 平 2
18. 兵七进一　车 2 进 2
19. 车三平五　车 4 平 1　　20. 车五平六　象 5 退 7
21. 兵七平八　象 3 进 1　　22. 兵八平九　车 2 退 7
23. 兵九平八　车 1 平 2　　24. 兵八平七

红方优势。

第二种走法：卒 3 进 1

11. …………　卒 3 进 1　　12. 兵七进一　车 8 进 5

13. 马六进七　…………

红方进马，必然之着。如改走马六进四，则车1平4，马四退三（如仕六进五，则车8平6捉死马），车4进7，黑方反先。

13. …………　车1平4　14. 仕六进五　车4进6

15. 车九平七　车8平6　16. 炮八退一　车4平1

黑方平车吃兵略嫌缓，应改走车6退1牵制红方过河兵。

17. 兵七平六　车6平1　18. 车三平四　炮2进1

19. 兵六平五　前车进3　20. 炮八退一　…………

红方退炮避兑，正着。如改走车七平九，则车1进4，仕五退六，车1退1，炮八进二，车1平3，黑方占优。

20. …………　卒7进1　21. 炮六退二　前车退2

22. 前兵进一　炮2平5　23. 炮八进七　…………

红方升炮打象，并暗伏炮八平九打双车，是取势的要着。

23. …………　马7进5

黑马踏相，是力求一搏的走法。

24. 相三进五　炮5进4　25. 仕五进六　前车平3

26. 车七进二　炮5平3　27. 马三退五　炮3平2

28. 马五进六

红方多子占优。

第三种走法：炮2**进**1

11. …………　炮2进1　12. 马六进七　车1平4

黑如改走马7退6，红则兵七进一，马6进4，车九平七，马4进2，车七进三，炮6进4，兵五进一，炮6平7，车三平一，炮2进4，车七平八，炮7进3，相五退三，炮2平7，形成双方各有顾忌的局势。

13. 仕六进五　车4进6　14. 炮八平七　…………

红方宜改走车九平七。

14. …………　车8进5　15. 炮七退一　车4平2

16. 车九平七　车8平4　17. 炮七平六　车4平6

18. 兵七进一　车2进2　19. 后炮平七　车6退1

20. 炮六退一　车2退2　21. 马七进五　…………

红方弃马踩象失算，应改走炮七平九，这样不会失子。

21. …………　象7进5　22. 兵七进一　车6平3

23. 兵七平八　车2平3　24. 车七平六　前车进2

黑方多子占优。

第11局 红平边炮对黑平炮7路

1. 炮二平五 马8进7 2. 马二进三 车9平8
3. 车一平二 马2进3 4. 兵七进一 卒7进1
5. 车二进六 马7进6 6. 马八进七 象3进5
7. 车二平四 马6进7 8. 炮八平九 …………

红方平边炮，改进后的走法。

8. ………… 炮8平7 9. 车九平八 车1平2(图11)

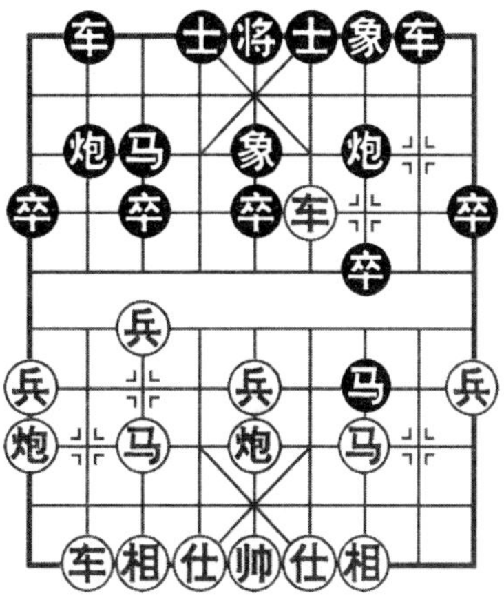

图11

黑方出车保炮，正着。如改走马7进5，则炮九平五，炮7进5，车八进七，炮7平3，车八平七，红方占优。

如图11形势，红方有三种走法：炮五平四、马七进六和车四平三。现分述如下。

第一种走法：炮五平四

10. 炮五平四 …………

红方卸炮打士，调整阵形，稳步进取。

10. ………… 士4进5

11. 车八进六 …………

红方可先走车四平三，然后再车八进六，这样较为稳健。

11. ………… 马7退8

黑方退马，正着。如改走车8进8，则车四平三，炮2平1，车八进三，马3退2，马七进六，马2进4，炮四平六，车8平4，仕四进五，炮7平6，马六进五，炮1平2，马五退六，炮2进7，马六进七，红方多兵占优。

12. 马三退一 …………

红如改走车四平三，黑则马8退9，车三进一，炮2平1，黑方占优。

12. ………… 马8进9 13. 仕四进五 卒9进1

黑方稍优。

第二种走法：马七进六

10. 马七进六 炮2进5

黑如改走士4进5，红则车八进六，车8进8(如车2平4，则车八进一，车4进5，炮九进四，马7进5，相七进五，车4退5，马三进四，卒3进1，车四进二，马3进4，车八退一，马4进6，车四退四，卒3进1，炮九平五，车8进3，兵五进一，卒9进1，兵五进一，卒3平4，车四进四，炮7平9，车八进二，卒4进1，仕四进五，红优)，仕四进五，车8平7，相三进一，车7平8，车四退三，马7进9，炮五平一，炮7进5，相七进五，炮7平1，炮一平九，卒7进1，马六进七，车8进1，仕五退四，车8退5，黑可抗衡。

11. 炮五进四　…………

红方炮打中卒，简明有力的走法，为谋得多兵之势打下基础。

11. …………　马3进5

黑如改走士4进5，红则炮五平一，车8进5，马六进七，车8平3，炮一平三，炮2退4，马七退五，车3退1，马五退六，车3平4，车四平八，车2进3，车八进六，车4进2，车八平七，马7退6，相三进五，炮7平6，仕四进五，马6进5，马三进四，车4平1，双方均势。

12. 马六进五　马7退8　　13. 车四平三　炮7平6

14. 马五退六　…………

红如改走马五退四，黑则马8进7，车三平七，车8进8，马四进六，炮2平3，车七平八，车2进3，车八进六，车8平3，相七进五，车3平4，马六进四，车4平6，马四退五，炮3平7，马五退三，车6退2，炮九平三，车6平7，炮三平一，车7平5，炮一进四，卒1进1，兵一进一，车5平1，双方均势。

14. …………　士4进5

黑如改走马8进7，红则马六进七，士4进5，车八进一，车8进5，马七退五，车8平4，车三平九，炮6平7，车九进三，车4退5，车九平八，车4平2，马五退六，炮2退1，车八进一，车2进2，红方多兵，黑方子力活跃，双方平分秋色。

15. 马六进四　卒7进1　　16. 马四进六　…………

红方进马作攻，力争主动的走法。也可改走车三退二吃卒，黑如马8退6，红则车三平二，车8进5，马三进二，也是红方多兵占优。

16. …………　炮6退1　　17. 炮九进四　马8退9

黑方回马捉车，放弃过河卒，准备使左车通头，伺机掩护右翼。如改走卒7进1，则马三退五，也是红方主动。

18. 车三退一　车8进4　　19. 兵九进一　车8平4

20. 马三进四　车4进4

黑如改走车4进1，拴链红方河口车马，红则车三退二，炮2退4，车三平八，车4退2，前车进四，车2进3，车八进六，也是红方优势。

21. 马四进三　马9进7　　22. 车三进二

红方多兵占优。

第三种走法：车四平三

10. 车四平三　炮7平6　　11. 车八进六　…………

红如改走马七进六，黑则炮2进5，炮五进四，马3进5，车三平五，车8进8，马六进七，士4进5，车五平四，车2进3，车四退四，车2平3，车八进二，马7进9，炮九退一，马9进7，帅五进一，卒7进1，相七进五，卒7进1，车八进七，车3退3，车八平七，象5退3，兵一进一，炮6平7，帅五平六，车8退1，车四进四，卒7进1，黑方多子占优。

11. …………　士4进5　　12. 炮五平六　车8进1

13. 炮九进四　车2平4　　14. 仕六进五　炮2平1

15. 车八进一　炮1退1　　16. 炮九进一　马3退2

17. 炮九平五　…………

红方弃炮轰象，积极有力之着。

17. …………　象7进5　　18. 车八平五　车4进2

19. 车五平六　士5进4　　20. 车三退一　马7退8

21. 马三进四　马8进9　　22. 炮六平五　…………

红镇中炮，是争先取势的紧要之着。

22. …………　车8进4　　23. 马四进五　车8平3

24. 车三平八　马2进1　　25. 车八进四　将5进1

26. 马五进三

红胜。

第12局　红平边炮对黑出右车

1. 炮二平五　马8进7　　2. 马二进三　车9平8

3. 车一平二　马2进3　　4. 兵七进一　卒7进1

5. 车二进六　马7进6　　6. 马八进七　象3进5

7. 车二平四　马6进7　　8. 炮八平九　车1平2

9. 车九平八　炮2进1(图12)

黑方高炮扼守卒林，稳健的应法。

如图12形势，红方有三种走法：马七进六、车四退二和车八进四。现分述如下。

第一种走法：马七进六

10. 马七进六　炮8平7

黑方平炮，改进后的走法。如改走卒3进1，则车四退三，炮2进3，兵五进一，炮2平5，炮五平八，卒7进1，马三进五，炮8进4，车四进五，炮8平5，兵七进一，对攻中红方先手。

11. 马六进七　士4进5

12. 车四进二　…………

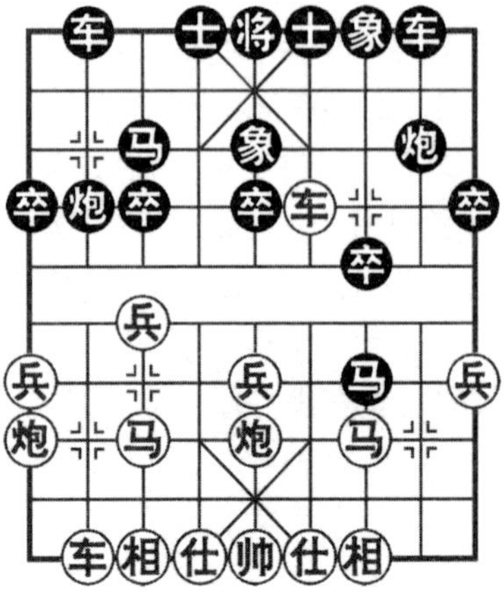

图12

红如改走车八进四，黑则车8进8，炮五平六，车8平3，相三进五，车3退2，兵九进一，炮7平6，仕四进五，车3平1，车四退三，卒7进1，兵七进一，马7进9，马三退一，车1平5，车四退二，马9退7，车四进四，车5平3，炮九进四，卒7平6，车四退一，车3退2，炮六平九，马3进1，炮九进四，炮2退1，马七退九，马7退6，炮九进三，车2平1，马九进八，炮6平2，车八进三，车1平4，车八退四，车4进5，车八平四，车4平6，车四进一，和势。

12. …………　象5退3　　13. 车八进五　炮7平6

14. 炮五平六　车8进8　　15. 仕六进五　车8平6

16. 车四平三　象7进5　　17. 炮六进一　车6退4

18. 车八退一　马7退8　　19. 马七退六　车6进4

20. 兵七进一

红方易走。

第二种走法：车四退二

10. 车四退二　马7进5

黑方以马换炮，简明有力的走法。

11. 相七进五　炮8平7　　12. 马三进二　车8进3

黑方升车卒林，是比较稳健的走法。

13. 车八进四　炮7平8　　14. 马二退三　炮2进1

15. 马七进六　卒5进1　　16. 炮九平七　炮2平4

17. 车八进五　马3退2　　18. 兵五进一　卒5进1

19. 车四平五　马2进4　　20. 车五进一　车8平4

21. 马三进四　炮4平3

黑方献炮兑子，着法巧妙。如误走炮4进5打仕，则马六进四，红方占优。

22. 车五平六　车4进1　　23. 马四进六　炮3进3
24. 马六退七　炮8平9
黑方平炮瞄兵，一举取得多卒优势。
25. 马六进四　炮9进4　　26. 马四进三　将5进1
27. 马七进六　炮9平7　　28. 马三退二　将5退1
29. 仕六进五　士6进5
黑方多卒占优。

第三种走法：车八进四

10. 车八进四　炮8进3
黑方进炮骑河打车，积极有力的应法。如改走士4进5，则炮五平六，炮8平7，车四退二，车8进3，相七进五，卒5进1，兵九进一，炮2退2，仕六进五，炮2平1，车八进五，马3退2，车四平六，马2进3，炮九进一，卒5进1，兵五进一，炮1进4，兵七进一，炮1平5，兵七平六，卒7进1，车六退一，卒3进1，兵六平七，象5进3，炮九平三，炮7进4，相三进一，炮7平8，帅五平六，炮5退3，相五进三，炮8进1，双方均势。
11. 兵七进一　卒3进1　　12. 炮五进四　马3进5
13. 车四平五　炮2进1　　14. 车五平四　卒3进1
15. 车八平七　炮2平5　　16. 马七退五　炮8平7
双方大体均势。

第13局　红平边炮对黑补右士

1. 炮二平五　马8进7　　2. 马二进三　车9平8
3. 车一平二　马2进3　　4. 兵七进一　卒7进1
5. 车二进六　马7进6　　6. 马八进七　象3进5
7. 车二进四　马6进7　　8. 炮八平九　士4进5
黑方补士，静观其变的走法。
9. 车九平八　车1平2(图13)
如图13形势，红方有两种走法：车八进四和车八进六。现分述如下。

第一种走法：车八进四

10. 车八进四　…………
红方升车巡河，是力求稳健的走法。
10. …………　炮8平7　　11. 马七进六　车8进5
12. 马六进七　炮2平1　　13. 车八进五　马3退2

14. 马七进九　炮 7 平 1

黑如改走马 2 进 1，红则车四平三，炮 7 平 6，炮五进四，车 8 平 3，车三退一，车 3 退 2，炮五退一，车 3 进 1，车三退二，车 3 平 5，车三进三，红方易走。

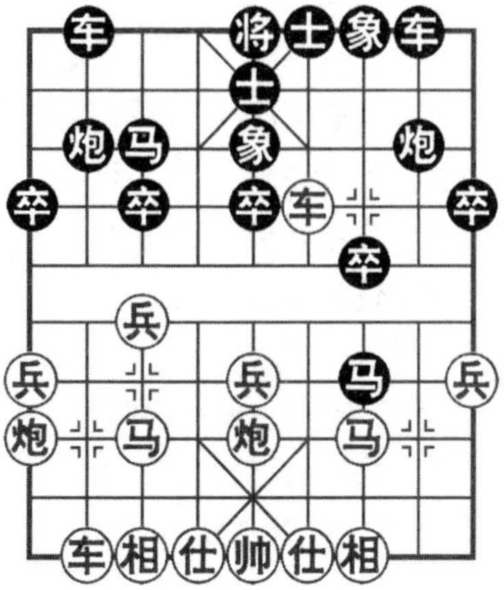

图 13

15. 车四退三　卒 7 进 1

16. 兵五进一　车 8 退 1

17. 炮五进四　马 2 进 4

18. 炮五退一　马 4 进 2

19. 仕六进五　马 2 进 4

20. 兵七进一　…………

红方乘机渡兵过河，加强攻防力量，并由此确定了优势。

20. …………　马 4 进 5　　21. 兵七平六　炮 1 平 4

22. 马三进五　马 5 进 3　　23. 马五进七　马 3 进 1

24. 相七进九　车 8 退 1　　25. 车四平八

红方大占优势。

第二种走法：车八进六

10. 车八进六　…………

红方左车过河，力争主动的走法。

10. …………　炮 8 平 7　　11. 炮五平六　车 8 进 8

12. 仕六进五　马 7 退 8　　13. 炮九退一　车 8 退 2

14. 相三进五　卒 7 进 1　　15. 车四平二　…………

红方平车牵住黑方车马，是积极有力之着。

15. …………　炮 2 平 1

黑方平炮兑车，力求简化局势。

16. 车八进三　马 3 退 2　　17. 马三退一　车 8 退 1

18. 相五进三　车 8 平 7

黑方平车吃相，准备弃子争先。

19. 车二退一　车 7 平 3　　20. 车二平八　…………

红方右车左移，紧凑的走法。

20. …………　马 2 进 4　　21. 车八退三　炮 1 平 3

22. 炮九平六　炮 7 退 1　　23. 马七进六　车 3 进 4

24. 仕五退六　车 3 退 4　　25. 马六进四　象 5 进 7
26. 马四进六　车 3 进 3　　27. 前炮进六　炮 7 平 4
28. 炮六进七　车 3 平 9

红方多子，大占优势。

小结：红方平车捉马变例是黑龙江著名特级大师王嘉良在 1956 年全国象棋赛中首创，并以此取得良好的成绩。其布局特点是比较稳健，是策略性的着法。随着大量的实践和研究，黑方逐渐找到了有效的抗击手段，红方先发制人的战术受到抑制，使先手方效率难以发挥，故这种攻法目前在实战中出现较少。20 世纪 80 年代以来，经过棋手们的推陈出新，使此变例又以新的面貌出现：红方先平肋车捉马，再平边炮，这样两翼子力均衡发展，布局结构较为合理。

第三节　红退车巡河变例

第 14 局　红退车巡河对黑退右炮

1. 炮二平五　马 8 进 7　　2. 马二进三　车 9 平 8
3. 车一平二　马 2 进 3　　4. 兵七进一　卒 7 进 1
5. 车二进六　马 7 进 6　　6. 马八进七　象 3 进 5
7. 车二退二　…………

至此，形成中炮过河车对屏风马左马盘河，红退车巡河变例。红方退车巡河，避开黑方盘河马的威胁，是稳健的走法。

7. …………　炮 2 退 1

黑方退炮，准备策应左翼，伺机反击。如改走士 4 进 5，则车二平四，马 6 退 7，炮八平九，红方占先手。

8. 车九进一　卒 7 进 1

黑方弃卒摆脱红车牵制，正着。此处另有两种走法：

①炮 2 平 6，马七进八，卒 7 进 1，车二平三，炮 8 平 7，马八进七，炮 6 平 7，车三平四，车 8 进 4，车九平四，车 1 平 2，前车进一，车 8 平 6，车四进四，车 2 进 7，车四进三，前炮进 5，马七进五，红方大占优势。

②炮 2 平 7，车二平四，炮 7 进 5（如卒 7 进 1，则车四进一，卒 7 进 1，车九平四，士 4 进 5，前车平二，炮 7 进 6，车四进一，车 1 平 2，炮八平九，红方占优），相三进一，马 6 退 7，马七进八，士 4 进 5，车九平六，红方先手。

9. 车二平三　炮 8 平 7　　10. 马七进六　…………

红方进马，准备通过兑子来化解黑方的反击计划，正着。

10. ………… 马6进4

黑方兑马，势在必行。如改走炮2平7，则马六进四，后炮进4，马四进三，车8进2，前马退五，红方占优。

11. 车三进三(图14)…………

红方进车吃炮，正着。如改走车三平六吃马，则炮2平7，红方三路线受攻，明显处于下风。

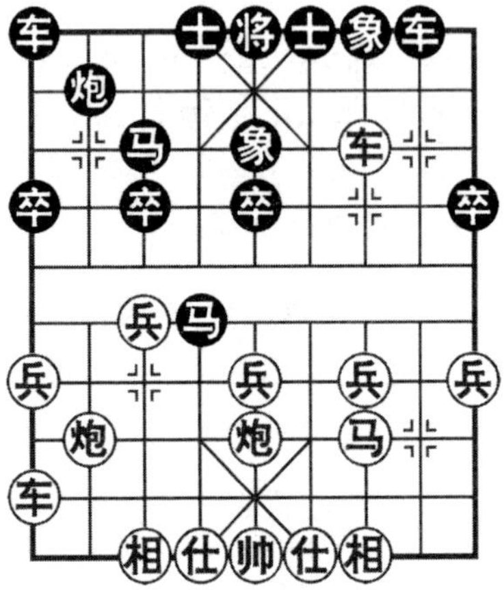

图14

如图14形势，黑方有两种走法：士4进5和卒3进1。现分述如下。

第一种走法：士4进5

11. ………… 士4进5

黑方补士活通右车，正着。

12. 车九平六 …………

红如改走车三退一，黑则车8进4，兵三进一，车1平4，车九平六，车8平4，马三进四，车4平6，马四退三，马4进6，车六平四，车4进7，炮八进一，车6平4，仕四进五，马6进5，仕六进五，前车平3，黑方大占优势。

12. ………… 车1平4 13. 车三退三 …………

红方退车捉马是正着。如改走车六进二，则车8进4，炮五平六(如车三退三，则炮2进4，车三平四，卒3进1，车四退三，卒3进1，车四平七，车8平3，炮五平六，炮2退4，炮六进二，车4进5，车六进一，卒3平4，车七进四，象5进3，黑方占优)，卒3进1，兵七进一，车8平3，炮六进二，车3进3，炮八进五，车3平7(如马3进2，则马三退五，车3进1，炮六平二，车3平5，仕四进五，车4进6，双方大体均势)，红方无根车炮被牵，黑方占优。

13. ………… 炮2进4 14. 炮五平六 …………

红如改走车六进二，黑则卒3进1，相七进九，卒3进1，相九进七，马4进6，车六进六，士5退4，相七退九，马6进7，帅五进一，马7退5，相三进五，双方局势平稳。

14. ………… 马4进3

黑如改走车4平1，红则炮六进一，卒3进1，车六平七，车8进4，炮八平六，马4进6，兵七进一，炮2进2，相三进五，车1平2，兵七进一，车2进6，前炮平七，马3退2，车三平四，红方易走。

15.车三进二　车4进6

黑如改走炮2退1,红则兵三进一,车8进6,相三进五,车8平7,车六平七,马3退2,仕四进五,炮2进3,车七平八,红方先手。

16.车六平七　马3退4　17.炮六进二　炮2平4

18.仕六进五　车8进4　19.车三退二　炮4退5

黑方稍优。

第二种走法:卒3进1

11.…………　卒3进1

黑方送卒,先弃后取之着。

12.兵七进一　车8进4

黑方升车捉兵,乃稳健的走法。如改走马4进2,则车九平八,炮2进6(如马2退3,则炮八平七,前马进4,炮五平六,红方占优),车八进一,马2退3,炮五平六,红方稍好。

13.车三退三　…………

正着。红如改走车九平七,黑则马4进2,兵七平八,炮2平3,车七平六,车8平4,车六进四,炮3进8,帅五进一,马3进4,车三平四,士4进5,炮五进四,车1平3,黑方占优。

13.…………　马4进5　14.兵七进一　车8平3

15.相三进五　车3退1　16.车三平八　…………

红方宜改走炮八平六。

16.…………　炮2进6　17.车八退二　车1进1

18.车九平四　车1平8　19.兵三进一　车3进1

20.车四进二　车8进6　21.马三退五　车8退3

双方大体均势。

小结:红退车巡河变例,是20世纪五六十年代全国象棋大赛中常出现的走法。由于红方退巡河车偏于保守、攻击力不强、局面简化,易形成平稳局势,故近年来这种变例在实战中很少被棋手采用。

第四节　红进中兵变例

第15局　红平车捉马对黑冲7卒(一)

1.炮二平五　马8进7　2.马二进三　车9平8

3. 车一平二　马 2 进 3　　4. 兵七进一　卒 7 进 1

5. 车二进六　马 7 进 6　　6. 马八进七　象 3 进 5

7. 兵五进一　…………

至此，形成中炮过河车对屏风马左马盘河红冲中兵变例。红方冲兵直攻中路，是急攻型的走法。

7. …………　卒 7 进 1

黑方冲卒捉车，正着。

8. 车二平四　卒 7 进 1

黑方冲卒去兵兑马，使局势趋向简化。

9. 车四退一　…………

红方退车吃马，正着。如改走马三进五（如马三退五，则马 6 退 4，黑方有卒过河，易走），则炮 8 平 7，马五进三，马 6 退 4，马七进五，卒 7 平 6，马三进二，卒 6 平 5，炮五平二，马 4 进 5，车四平三，炮 7 进 7，仕四进五，车 8 进 3，车三平二，车 1 进 1，车二退三，车 1 平 7，炮二退二，炮 7 退 5，车二退一，炮 7 平 5，黑方弃子占势，易走。

9. …………　卒 7 进 1　　10. 兵五进一　…………

红方冲兵渡河，打通中路，发挥中炮威力，是攻杀型棋手所喜用的走法。如改走马七进五，则炮 8 平 7，相三进一，车 8 进 6，马五进三（如马五退三，则车 8 平 7，黑方反占先手），炮 2 进 3，黑方易走。

10. …………　炮 8 平 7

黑方平炮打相，既能逼红相飞边，又可活通车路，是有力之着。

11. 相三进一（图 15）　…………

如图 15 形势，黑方有两种走法：士 4 进 5 和车 8 进 6。现分述如下。

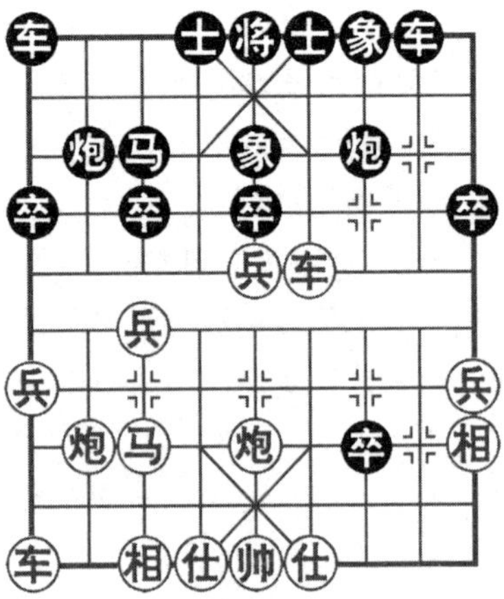

图 15

第一种走法：士 4 进 5

11. …………　士 4 进 5

黑方补士巩固中防，稳健的走法。如改走卒 5 进 1，则马七进五，卒 7 进 1，马五进三，卒 5 进 1，炮八进二，红方大占先手。

12. 马七进五　…………

红如改走兵五进一，黑则车 1 平 4，

黑方易走。

12.………… 车8进6

黑方升车捉马，控制红方兵线，佳着。

13.马五进六 …………

红方跃马助攻，推动攻势。如改走马五进三（如马五退三，则车8平7），则炮2进3打马，黑方易走。

13.………… 炮2进2

黑方进炮拴链红方车马兵，正着。如改走卒7进1，则车九进一，卒7平8，炮五平三，红优。

14.炮八平三 …………

红方平炮打卒，正着。如改走兵七进一，则卒3进1，炮八平三，马3进4，兵五平六，车8平4，车四进一，炮2平4，车四平五，车1平4，仕四进五，炮7进4，车九平八，炮7平5，帅五平四，炮4进5，车八进七，后车进2，双方大体均势。

14.………… 炮2平5

黑炮打兵，免去后患，正确。如误走车8平4，则兵七进一，卒3进1，炮三进七，象5退7，马六进七，红优。

15.炮五进四 车8平5

黑方平车叫将，保持变化。如改走马3进5吃炮，则车四平五，车8平7（如马5进7，则炮三进五，马7进6，马六进五，马6进4，帅五进一，象7进5，车五进二，车8平7，炮三平一，红优），炮三进五，马5退7，速成和势。

16.仕四进五 …………

正着。如改走仕六进五，则车5平7，炮三平五，马3进5，车四平五，马5进7，马六进五，象7进5，车五进二，炮7进1，车五退二，马7进6，车五平三，炮7平5，黑优。

16.………… 车5平7　　17.炮三平五 …………

红如改走车四平五，黑则车7进1，红无便宜可占。

17.………… 马3进5

黑如改走炮5进1，红则前炮退一，红方占先手。

18.车四平五 马5进7

黑方进马对攻，正着。如改走车7退2兑车，则车五进一，车7平4，车五平三捉炮得象，红方易走。

19.车九平八 …………

红如改走马六进五，黑则象7进5，车五进二，炮7平6，车五平九，士5退

4,车九进二,马7进6,黑优。

19. ………… 马7进6　20. 车五平四　马6进7

21. 车四退四　车1平4　22. 车八进五　炮7平6

双方大体均势。

第二种走法:车8进6

11. ………… 车8进6

黑方进车兵线禁止红马盘头,对攻的走法。

12. 马七进六 …………

正着。如急于兵五进一打开中路,则士4进5,兵五进一(如马七进六,则车1平4,马六进七,车4进7,炮八平九,炮2进4,黑方有攻势),炮2平5,车四平五,炮5进5,炮八平五,卒7平6,炮五进一,车1平4,仕六进五,车4进6,黑方占优。

12. ………… 车8平7

黑如改走卒7进1,红则马六进五,马3进5,兵五进一,士4进5,兵五进一,象7进5,车九进一,车8平5,车九平三,红方易走。

13. 马六进五　炮7平8　14. 马五进七　炮8平3

15. 兵五进一　士4进5　16. 炮八平九　炮2进4

对攻中,黑方可以抗衡。

第16局　红平车捉马对黑冲7卒(二)

1. 炮二平五　马8进7　2. 马二进三　车9平8

3. 车一平二　马2进3

4. 兵七进一　卒7进1

5. 车二进六　马7进6

6. 马八进七　象3进5

7. 兵五进一　卒7进1

8. 车二平四　卒7进1

9. 车四退一　卒7进1

10. 车四平二(图16)…………

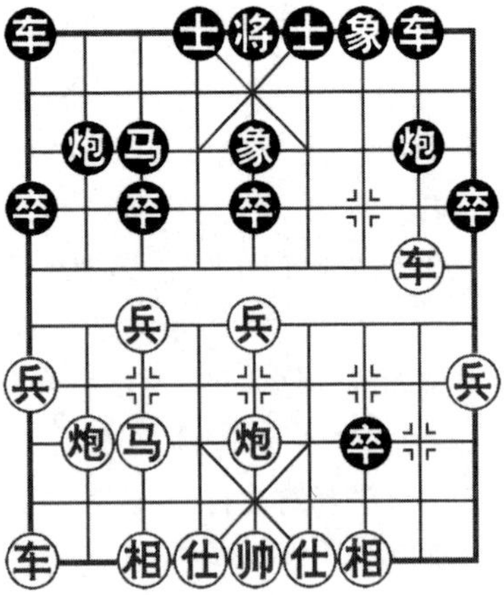

图16

红方平车牵住黑方无根车炮,着法稳健。

如图16形势,黑方有三种走法:卒7平6、士4进5和车1进1。现分述如下。

第一种走法:卒7平6

10. ………… 卒7平6

黑方平卒捉炮,扰乱红方阵势。

11. 炮五进一 卒6进1 12. 车九进一 …………

红方升车捉卒,逼迫黑卒换仕,加快大子出动速度,是力争主动的走法。

12. ………… 卒6进1 13. 帅五平四 车8进1

黑如改走车1进1,红则车九平四,炮8平6,车四进六,红方得子占优。

14. 车九平三 …………

红方横车过宫掩护右翼。也可改走兵五进一,黑则士4进5,兵五平六,车8平7,相七进五,炮8平6,炮八进四,车7进5,车九平六,炮6进5,车六进二,象5进7,马七进六,炮6退5,帅四平五,卒5进1,马六进四,车7平6,兵六平五,红方占优。

14. ………… 士4进5

黑方补士,正着。如改走车8平6,则帅四平五,车6进1(如炮8平9,则车三进八),兵五进一,卒5进1(如士4进5,则兵五平四,黑方失子),车三进八,士4进5,车三平二,炮8平7,后车平五,红方占优。

15. 帅四平五 …………

红如改走车三进六,黑则卒3进1,车三平二,车8平7,黑方弃子占先,以下不难走。

15. ………… 炮2退1 16. 车三进六 …………

红如改走兵五进一,黑则车1平4,兵五平四,车4进6,车二退二,车4退2,兵四进一,炮8进2,仕六进五,炮8平5,车二进六,炮2平8,黑不难走。

16. ………… 炮8平9 17. 车二进三 炮2平8

18. 马七进八 炮9进4 19. 炮五平三 炮9进3

20. 帅五进一 …………

红方虽缺兵少仕,但子力占位较好,并不难走。

第二种走法:士4进5

10. ………… 士4进5 11. 炮八平九 车1平2

12. 车九平八 车8进1 13. 马七进五 炮2进5

14. 兵五进一 …………

红方冲中兵,紧凑有力之着。如改走马五退三,则车8平7,黑方可摆脱牵制。

14. ………… 卒7平6 15. 兵五进一 …………

红方冲兵弃炮，有胆有识，是扩大先手的有力之着。如改走炮五退一（如炮五平七，则卒5进1，黑方反先），则炮2平5，炮五平八，炮5退3，黑方大占优势。

15. ………… 卒6平5　　16. 炮九平五　象5退3

17. 马五进六　马3进5　　18. 马六进七　…………

红方应改走车二进一捉马，这样较为紧凑有力。

18. ………… 炮8平5

黑方弃车摆脱牵制，机警之着，否则两翼车炮被牵，黑方只有坐以待毙。

19. 炮五进五　象7进5　　20. 车二进三　马5退3

21. 车二退二　车2进6

黑应改走炮2平3，红则车八进九，马3退2，车二平一，马2进3，车一平六，象3进1，黑方较为顽强。

22. 相七进五　车2退3　　23. 车二平一　卒1进1

24. 车一平六

红方胜势。

第三种走法：车1进1

10. ………… 车1进1

黑方高横车，是灵活的走法。

11. 兵五进一　卒5进1

黑如改走车1平8，红则兵五进一，士6进5，兵五进一，炮2平5，仕六进五，炮8平9，车二平五，炮5进5，炮八平五，炮9平5，车九平八，炮5进5，相七进五，前车进3，车五退一，卒7进1，形成红多一相、黑有过河卒，双方各有顾忌的局面。

12. 车二平五　士4进5　　13. 马七进五　炮8平7

14. 相三进一　卒7进1

黑方冲卒，保留实力，正着。

15. 车九进一　车8进8　　16. 炮八退一　车8退2

17. 炮八进二　车8进2　　18. 车五平四　车1平4

19. 马五进六　车8退2

黑方退车捉炮，摆脱牵制。

20. 炮八退三　…………

红如改走炮八平五，黑则卒3进1，黑方占优。

20. ………… 车8平7

黑方有卒过河，不难走。

第17局　红平车捉马对黑进马踩兵(一)

1. 炮二平五　马8进7　　2. 马二进三　车9平8
3. 车一平二　马2进3　　4. 兵七进一　卒7进1
5. 车二进六　马7进6　　6. 马八进七　象3进5
7. 兵五进一　卒7进1　　8. 车二平四　马6进7

黑方进马踩兵，着法含蓄，局势相对激烈、复杂。

9. 兵五进一　…………

红方冲中兵，直攻中路。如改走车四平三，则马7退5，马七进五，炮2进3，红方无便宜可占。

9. …………　士4进5

黑方补士，巩固中防。

10. 马三进五　…………

红方亦可改走炮八平九，黑如接走车1平2，红则车九平八，卒5进1，马三进五，卒5进1，马五进三，炮8进5，车四退三，炮2进1，车四平三，炮8平3，兵七进一，炮3退2，兵七进一，炮3平7，车三进一，炮2进3，仕六进五，卒5进1，炮五进五，象7进5，兵七进一，红优。

10. …………　炮8进5

黑方进炮牵制红方子力，防御的要着。

11. 兵五进一　炮2进1(图17)

黑方高炮拴链车兵，延缓红方攻势，着法含蓄有力。如改走炮8平3，则兵五进一，炮2平5，炮五进五，象7进5，马五退七，马7退5，车四平七，车1平2，炮八平九，红优。

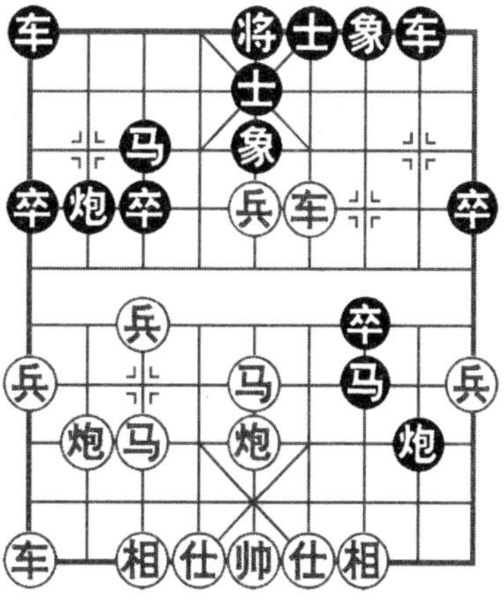

图17

如图17形势，红方有两种走法：车四退四和兵七进一。现分述如下。

第一种走法：车四退四

12. 车四退四　…………

红如改走兵五平六，黑则炮8平3，马五退七，马7退5，红方乏味。

12. …………　炮8平5　　13. 炮八平五　马7进5

14. 相七进五　炮 2 平 5　　15. 仕六进五　车 8 进 4
16. 马五进三　车 1 平 4　　17. 马七进五　车 8 平 7
18. 车四进四　车 4 进 5　　19. 车九平六　车 4 平 5
20. 车四平一　卒 1 进 1　　21. 车六进三　车 5 平 3
22. 车一退一　车 7 平 9　　23. 马三进一　…………

双方大体均势。

第二种走法:兵七进一

12. 兵七进一　炮 8 平 3　　13. 兵七进一　马 7 退 5

黑方此着河口献马,是把握局势的好棋。黑另有两种走法:

①马 7 进 5,炮八平五,炮 2 平 5,兵七进一,炮 5 进 4,相七进五,炮 3 退 3,马五进三,红方多兵占优。

②车 8 进 6,炮八进一,马 7 进 5,炮八平二,马 5 进 3,帅五进一,马 3 进 1,兵七平八,卒 7 平 8,炮二平三,红方多兵占势,较优。

14. 炮五进二　炮 2 平 5　　15. 兵七进一　炮 5 进 3
16. 车四退三　炮 3 退 3　　17. 车四平五　…………

红方用车吃炮,准备一车换双,势在必行。如改走炮五进一,则炮 5 退 1,黑方大占优势。

17. …………　炮 3 平 5　　18. 车五退二　炮 5 进 4
19. 仕六进五　卒 7 平 6　　20. 炮五平七　车 8 进 6

黑方优势。

第 18 局　红平车捉马对黑进马踩兵(二)

1. 炮二平五　马 8 进 7　　2. 马二进三　车 9 平 8
3. 车一平二　马 2 进 3　　4. 兵七进一　卒 7 进 1
5. 车二进六　马 7 进 6　　6. 马八进七　象 3 进 5
7. 兵五进一　卒 7 进 1　　8. 车二平四　马 6 进 7
9. 兵五进一　士 4 进 5　　10. 马三进五　炮 8 进 5
11. 车四退四　…………

红方退车,着法稳健。

11. …………　马 7 进 8(图 18)

黑如改走炮 8 平 5,红则相七进五,卒 5 进 1,马五进三,红优。

如图 18 形势,红方有两种走法:车四退一和车四平三。现分述如下。

第一种走法:车四退一

12. 车四退一　炮 7 平 3

13. 马五退七　马8退7

黑方退马，正着。如改走卒5进1，则炮五平二，卒5进1，车四平二，车8进6，车二平三，卒5平6，车三平五，红优。

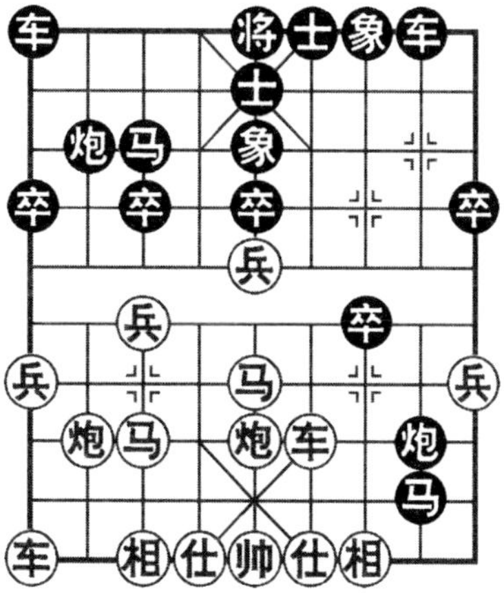

图 18

14. 车四进二　卒5进1

15. 炮八进二　马7进8

16. 炮八平三　车8进6

17. 车四退二　车1平2

18. 车九进一　车8平3

19. 车四平二　车3进1

20. 车二平七　车3进1

21. 车九平七　炮2进7

22. 车七进二　卒5进1

黑方易走。

第二种走法：车四平三

12. 车四平三　…………

红方平车，稳健的走法。

12. …………　卒7进1　　13. 车三退一　炮8平3

14. 马五退七　…………

红如改走车九进一，黑则车1平4，马五退七，车4进6，车三平二，车8进8，车九平二，车4平3，马七退五，卒5进1，黑方弃子抢先，多卒占优。

14. …………　卒5进1

黑如改走车1平4，红则炮八平九，炮2进2，局势复杂，双方各有顾忌。

15. 车九进一　马8退9　　16. 车三进二　马9退8

17. 车三平二　马8退7　　18. 车二进六　马7退8

19. 车九平二　马8进7　　20. 车二进五　马7进6

21. 车二平四　马6进7　　22. 车四平七　车1平3

23. 马七进五　马3退4　　24. 车七进三　象5退3

25. 炮五进三　炮2平5　　26. 仕六进五

红方优势。

第19局　红平车捉马对黑进马踩兵(三)

1. 炮二平五　马8进7　　2. 马二进三　车9平8

3. 车一平二　马 2 进 3　　4. 兵七进一　卒 7 进 1
5. 车二进六　马 7 进 6　　6. 马八进七　象 3 进 5
7. 兵五进一　卒 7 进 1　　8. 车二平四　马 6 进 7
9. 兵五进一　卒 5 进 1

黑方以卒吃兵嫌软，这样易于使红方掌握先手。

10. 马三进五(图 19)　…………

如图 19 形势，黑方有两种走法：卒 7 平 6 和卒 5 进 1。现分述如下。

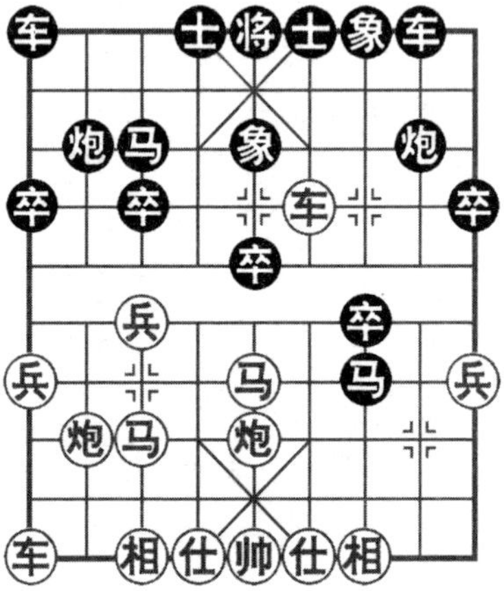

图 19

第一种走法：卒 7 平 6

10. …………　卒 7 平 6
11. 炮五进三　士 4 进 5
12. 车四退二　车 1 平 4
13. 车九进一　…………

红方高横车，攻守兼备。如改走车四平二，则马 3 进 5，红方无后续手段。

13. …………　炮 8 进 7

黑方沉底炮是寻求对攻。如改走炮 8 平 9，则较为稳健。

14. 车九平三　炮 2 进 4

黑方进炮保马，华而不实。宜改走车 8 进 4，红如接走炮五进三，黑则士 6 进 5，车三进二，车 4 进 6，黑方缺士，稍被动，但尚无大碍。

15. 马五进三　车 4 进 6　　16. 马三进四　…………

红方亦可走炮五退二，黑则马 7 进 8(如炮 2 平 5，则车三进二，红优)，炮五平八，车 4 平 2，马三进四，红方大占优势。

16. …………　炮 2 退 5　　17. 炮五退二　马 7 进 8
18. 车四退三　车 4 平 3　　19. 车四平七　…………

红方平车保马，似笨实佳！

19. …………　马 3 进 5

正着。如改走马 8 退 9，则车三平六，红优。

20. 车三平二　车 8 进 8　　21. 车七平二　炮 8 平 9

黑方平炮，保留子力。如改走车 3 进 1，则炮八进四，黑要丢子。

22. 车二进一　马 5 进 4　　23. 马四退五

红方多子占优。

第二种走法:卒5进1

10. ………… 卒5进1　11. 马五进三　炮8平7

12. 车四退三　士4进5

黑如改走车8进5,红则炮五平三,卒5平6,车四进一,士4进5,车四退一,炮7进2,炮八进二,红方先手。

13. 炮八进二　…………

红方高炮瞄卒,着法紧凑。

13. ………… 车8进5　14. 炮五平三　…………

红如改走马三进四,黑则炮7进7,仕四进五,车8进4,车九进一,车1平4,黑可弃子抢攻。

14. ………… 车8进2　15. 炮三平五　卒5平6

黑如改走车1平4,红则炮八平五,车4进3,车九平八,马3进5,前炮退一,车8退2,马三进四,红优。

16. 炮八平四　马3进5　17. 炮四进四　…………

红可改走炮四平五,黑则马5进7,前炮退一,红方较优。

17. ………… 车1平4　18. 炮五进五　士5进6

19. 炮五平三　炮2平7　20. 车四平五　车4进3

21. 车九平八　车8平3　22. 马三进二

红方优势。

第20局　红平车捉马对黑进马踩兵(四)

1. 炮二平五　马8进7　2. 马二进三　车9平8

3. 车一平二　马2进3　4. 兵七进一　卒7进1

5. 车二进六　马7进6　6. 马八进七　象3进5

7. 兵五进一　卒7进1　8. 车二平四　马6进7

9. 马三进五　炮8进5　10. 车四退四　…………

红方退车邀兑嫌缓,应先走兵五进一,再退车邀兑。

10. ………… 马7进8

黑如改走炮8平5,红则炮八平五,马7进5,相七进五,卒7进1,车九平八,车1平2,兵五进一,卒5进1,马五进六,红优。

11. 车四平三　…………

红如改走车四退一,黑则炮8平3,马五退七,车8进6,黑方较优。

11. ………… 卒7进1

黑方进卒捉车嫌软，应改走炮 8 平 5，红则炮八平五（如车三平五，则卒 7 平 6，黑优），卒 7 进 1，车三退一，卒 7 平 6，兵五进一，卒 6 平 5，马七进五，车 8 进 6，马五进六，卒 5 进 1，马六进七，炮 2 进 4，黑优。

12. 车三退一　炮 8 平 3（图 20）

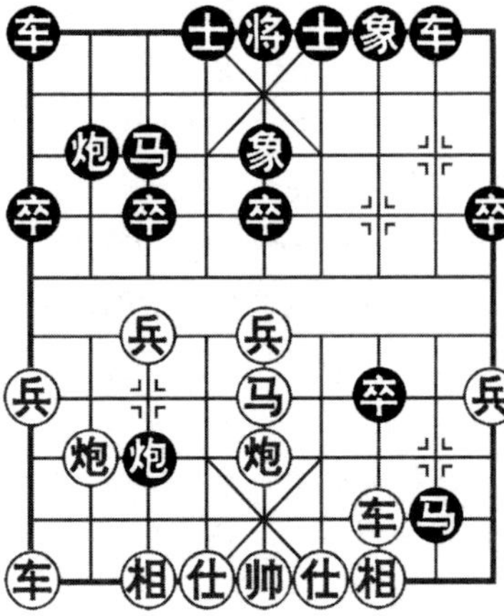

图 20

如图 20 形势，红方有两种走法：车九进一和马五退七。现分述如下。

第一种走法：车九进一

13. 车九进一　…………

红方进车捉马，嫌软。

13. …………　炮 3 退 1

14. 马五进三　马 8 退 9

15. 马三进四　炮 3 平 5

16. 仕六进五　卒 7 进 1

17. 马四进三　将 5 进 1

18. 车三平四　炮 5 平 7

19. 马三退四　…………

红方退马，必走之着。如改走相三进一，则马 9 退 7，黑方多子占优。

19. …………　将 5 退 1　　20. 相三进一　车 1 进 1

黑如改走马 9 退 8，红则马四进三，将 5 进 1，车四进八，炮 2 退 2，炮五进四，象 5 进 3，车四退六，车 8 进 1，炮八平五，红优。

21. 车四进二　马 9 退 8　　22. 马四退二　车 8 进 4

23. 车四平三　车 1 平 4

黑方略优。

第二种走法：马五退七

13. 马五退七　…………

红方退马吃炮，正常的选择。

13. …………　炮 2 退 1

黑方退炮，准备弃子争先，好棋！如改走卒 7 平 6，则车九进一，马 8 退 7，车九平六，红优。

14. 炮五平二　…………

正着。如误走车九进一，黑则炮 2 平 7 打车得子。

14. …………　卒 5 进 1　　15. 车九进一　卒 5 进 1

16. 车三平二　炮 2 平 5　　17. 车九平四　车 1 平 2

18. 仕四进五 车 2 进 6　　19. 车四进五 马 3 进 5
20. 车二平四 马 5 进 6　　21. 炮二平四 卒 7 平 6
22. 炮四进二 车 2 进 1

互缠中，黑不难走。

第 21 局 黑冲卒捉车对红退车捉马

1. 炮二平五 马 8 进 7　　2. 马二进三 车 9 平 8
3. 车一平二 马 2 进 3　　4. 兵七进一 卒 7 进 1
5. 车二进六 马 7 进 6　　6. 马八进七 象 3 进 5
7. 兵五进一 卒 7 进 1
8. 车二退一（图 21）…………

红方退车捉马，是改进后的走法。

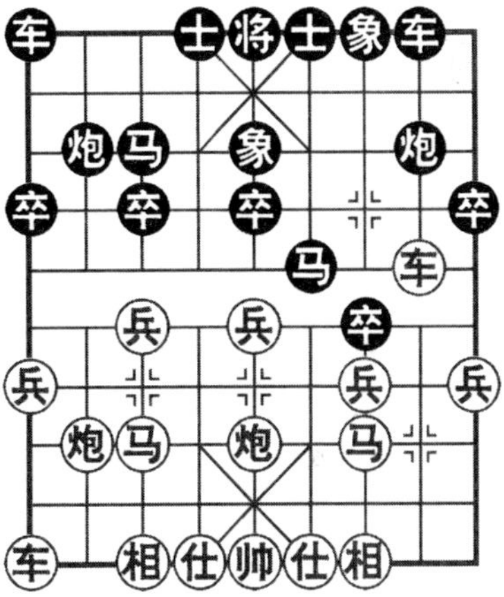

图 21

如图 21 形势，黑方有三种走法：马 6 进 7、马 6 退 7 和卒 7 进 1。现分述如下。

第一种走法：马 6 进 7

8. ………… 马 6 进 7
9. 兵五进一 卒 5 进 1

黑如改走卒 7 平 6，红则车二退二，卒 6 进 1，马七进六，红方主动。

10. 车二平五 …………

红如改走马三进五，黑则卒 7 平 6，炮五进三，士 4 进 5，红无便宜可占。

10. ………… 士 4 进 5
11. 炮八平九 炮 8 平 7　　12. 车九平八 车 1 平 2

黑如改走马 7 进 5，红则炮九平五，炮 7 进 5，马七进五，红方易走。

13. 马七进六 车 8 进 3　　14. 车八进六 车 8 平 4
15. 马六进七 马 7 进 5　　16. 相七进五 卒 7 进 1
17. 马三进五 卒 7 平 6　　18. 马五进四 炮 7 进 2
19. 车五退一 车 4 进 1

双方各有顾忌。

第二种走法：马 6 退 7

8. ………… 马 6 退 7　　9. 车二退二 …………

红如改走车二进一，黑则卒 7 进 1，车二平三，卒 7 进 1，马七进五（如车三进一，则卒7平6，炮五进一，卒6进1，黑优），炮8进2，车三进一，炮8平7，相三进一，车8进6，马五进三，炮2进3，黑方反占先手。

9. ………… 卒7平6

黑如改走卒7进1，红则车二平三，马7进8，车三进三，红方易走。

10. 兵三进一 卒6平7

黑如改走卒6平5，红则兵三进一（如炮八进二，则炮8退1，炮八平五，卒5进1，黑方反先），象5进7，炮八进二，红方先手。

11. 兵五进一 …………

红如改走马七进五，黑则炮2进2，马五进三，炮2平8，车二平八，前炮平7，炮五平七，马7进8，黑方足可抗衡。

11. ………… 炮2进2

黑如改走士4进5，红则马七进五，炮8平9，车二进六，马7退8，马五进三，车1平4，炮八平九，红方先手。

12. 车二平五 炮8退1　　13. 马七进六 炮8平5

14. 马六进七

红方先手。

第三种走法：卒7进1

8. ………… 卒7进1

黑方冲卒，是简明的走法。

9. 兵五进一 …………

红方冲中兵，准备弃子取势。如改走马三退五，则马6退7，车二进一，炮8平9，车二平三，车8进2，兵五进一，士4进5，马七进五，炮2进1，黑方易走。

9. ………… 马6退7　　10. 车二进一 卒7进1

11. 马七进五 卒7进1　　12. 车九进一 …………

红如改走车二平三捉马，黑则卒7平6，车三进一，炮8进7，马五退三，卒6进1，马三退四，卒5进1，黑方较优。

12. ………… 炮8平9

黑如改走卒7进1吃相，红则车九平三，卒7平6，帅五平四，炮8平9，马五进四，红优。

13. 车二平三 卒7进1　　14. 车九平四 车8进2

15. 马五进三 炮2进1

黑方优势。

第22局　红冲中兵对黑补右士

1. 炮二平五　马8进7　2. 马二进三　车9平8
3. 车一平二　马2进3　4. 兵七进一　卒7进1
5. 车二进六　马7进6　6. 马八进七　象3进5
7. 兵五进一　士4进5

黑方补士，嫌缓。

8. 兵五进一　卒5进1
9. 马七进五(图22)…………

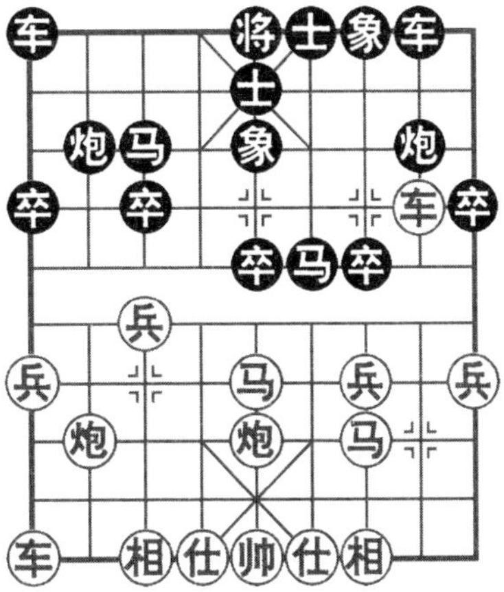

图22

如图22形势，黑方有两种走法：卒5进1和马6进5。现分述如下。

第一种走法：卒5进1

9. …………　卒5进1
10. 炮五进二　马6进5

黑方另有两种走法：

①卒7进1，车二平四，马6进7(如马6进5，则马三进五，红优)，炮五进一，红方先手。

②车1平4，炮五进四，士6进5，马五进四，车4进7，炮八平九，红方占优。

11. 马三进五　车1平4　12. 马五退七　…………

红方回马，以退为进。如改走炮八平二，则车4进5，炮五平二，炮2进1，车二进一，车8进2，后炮进五，车5平8，马五进六，车8退3，马六进八，双方大体均势。

12. …………　车4进6

黑如改走车8进1，红则炮八平九(如炮五平二，则象5退3，黑不难走)，炮2退1，车九平八，炮8平9，车二平三，车8平7，车三平一，炮2平1，仍是红方先手。

13. 炮八平九　车4平2

黑如改走车4平3，红则车九平八，红方占优。

14. 相七进五　车2进1　15. 马七进五　车2退1
16. 马五退七　车8进1　17. 炮九进四　炮2进1
18. 车二平七　车8平6　19. 仕六进五　车6进3

20. 炮九退二　车6平5　　21. 车九平六　马3退1
22. 炮五平四　车2平3　　23. 炮四进四　士5进4
24. 车七平二
红方优势。

第二种走法:马6进5

9. ………… 　马6进5　　10. 马三进五　车1平4
11. 马五进四　…………
红如改走炮八平七,黑则卒5进1,炮五进二,车4进5,炮七平五,车4进1,马五退三,炮2进1,车二退二,炮2进3,黑方可以应付。
11. ………… 　车8进1
黑如改走炮2进1,红则车二平七,炮8进7,炮五进五(如车七平八,则车4进8,黑优),士5进6,红方易走。
12. 炮八平九　炮2进1　　13. 车二平七　…………
正着。红如改走车二退二,黑则炮8进1,立可解围。
13. ………… 　炮8进7
黑方弃子抢攻,逼走之着。如改走马3退1,则车七平二,炮2进1,马四进五,象7进5,炮五进五,士5进4,车九平八,红方大占优势。
14. 马四进五　象7进5　　15. 炮五进五　士5进6
16. 车九平八　马3退1　　17. 炮五平九
红方大占优势。

小结:中炮过河车急进中兵对屏风马左马盘河,是对攻激烈、变化比较复杂的一种变例。它属于典型的急攻型战术,兴起于20世纪60年代,常被攻杀型棋手所采用。红冲中兵,其作用主要是通过中路攻击来发动攻势。这种下法现在已很少见到,原因是红方的急攻容易遭到黑方的强烈反击。黑方应对红方冲中兵,主要在第8回合以冲7卒(卒7进1)或进马踩兵(马6进7)应变,前者变化简明,易于掌握,后者变化复杂,对攻激烈。

第五节　红高左炮变例

红方高左炮变例是中炮过河车对屏风马左马盘河布局中最常见的一种攻击体系,始见于1959年第一届全运会象棋赛,20世纪60年代初开始流行,至今仍在发展之中。红方进炮俗称"高左炮",这种着法的特点是双方对攻激烈,容易出现弃子抢攻的复杂局面,常被喜爱攻杀的棋手所采用,至今仍是攻击盘河马的主流变化。应对红方高左炮变例,黑方有多种对抗应法。本节列举了

30例典型局例，分别介绍这一布局中双方的攻防变化。

第23局　红平车捉马对黑进马踩兵（一）

1. 炮二平五　马8进7　2. 马二进三　车9平8
3. 车一平二　马2进3　4. 兵七进一　卒7进1
5. 车二进六　马7进6　6. 马八进七　象3进5
7. 炮八进一　…………

至此，形成中炮过河车对屏风马左马盘河红高左炮的变例。高左炮是20世纪60年代初兴起的走法，至今在大赛中也常出现。

7. …………　卒7进1

黑方冲卒逐车，是常见的选择。

8. 车二平四　…………

红方平车捉马，容易促成激烈的对攻局面。

8. …………　马6进7

黑方进马踩兵，正着。如改走马6进8，则马三退五，卒7进1，炮八平三，红方主动。

9. 炮五平六　…………

红方平炮六路，准备联相困马。这是20世纪60年代比较流行的走法。

9. …………　炮8进5

黑方兑炮，正着。如改走士4进5，则车四平三，车1平4，炮六进二，红优。

10. 相七进五　炮2进2

黑方右炮巡河，准备左移助攻，灵活的走法。

11. 马七进六　…………

红方跃马河口，是力争主动的走法。

11. …………　炮2平7

黑方右炮左移，加强对红方右翼的威胁，正着。

12. 车四进二　…………

红方进车压象眼，急攻的走法。如改走车九平八，则马7进5，相三进五，炮8平9，车四进二，炮9进2，相五退三，双方另有复杂攻守。

12. …………　士4进5

黑方补士，下伏出肋车策应左翼进行反击，是旧式走法。

13. 炮八进四　…………

红方进炮打象，嫌急。

13. ………… 象 5 退 3

14. 马六进四(图 23) …………

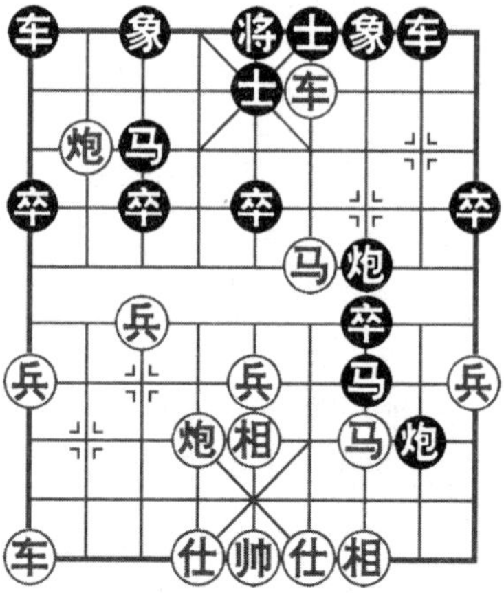

图 23

如图 23 形势，黑方有两种走法：车 1 平 2 和马 7 进 5。现分述如下。

第一种走法：车 1 平 2

14. ………… 车 1 平 2

黑如改走卒 5 进 1，红则车四平三，红优。

15. 车九平八 马 7 进 5

黑方弃马踏相后再平边炮，抢先之着。

16. 相三进五 炮 8 平 9

黑方平边炮，是弃马踏相的后续手段。

17. 仕四进五 炮 9 进 2　　18. 帅五平四 卒 7 进 1

19. 马四退三 车 8 进 9　　20. 帅四进一 车 8 退 3

21. 车八进二 炮 7 进 3　　22. 炮六平三 车 8 平 7

23. 炮三平四 炮 9 退 2

黑方优势。

第二种走法：马 7 进 5

14. ………… 马 7 进 5

黑方弃马踏相，展开对攻。

15. 相三进五 炮 8 平 9　　16. 车九平八 …………

红如改走马四进六，黑则车 1 进 1，红无后续手段。

16. ………… 炮 9 进 2　　17. 相五退三 车 1 平 2

黑如改走炮 7 进 3，红则马四进六，黑方难应。

18. 马四进六 车 2 进 1　　19. 车四退三 …………

红方退车，正着。如误走炮八平九，则炮 7 平 5，黑方胜势。

19. ………… 炮 7 进 3　　20. 炮八平九 车 2 平 1

21. 炮九平八 车 8 进 8

黑方升车下二路，下伏车 8 平 7 绝杀，此乃凶狠有力之着。

22. 车四退三 炮 7 平 4　　23. 车四平六 士 5 进 4

24. 炮八进一 车 8 退 7

黑方退车捉炮，似不如改走车 8 进 1 用炮攻相更佳。

25. 车六平八　象 7 进 5　　26. 前车进五　卒 7 平 6

27. 后车进二　车 8 平 7

黑方优势。

第 24 局　红平车捉马对黑进马踩兵(二)

1. 炮二平五　马 8 进 7　　2. 马二进三　车 9 平 8

3. 车一平二　马 2 进 3　　4. 兵七进一　卒 7 进 1

5. 车二进六　马 7 进 6　　6. 马八进七　象 3 进 5

7. 炮八进一　卒 7 进 1　　8. 车二平四　马 6 进 7

9. 炮五平六　炮 8 进 5　　10. 相七进五　炮 2 进 2

11. 马七进六　炮 2 平 7　　12. 车四进二　士 4 进 5

13. 车九平八　…………

红方出车捉炮，是正确的选择。

13. …………　车 1 平 2

黑方出车，使红方进炮打象，嫌软。

14. 炮八进四　…………

红方进炮打象，着法有力。

14. …………　象 5 退 3

黑方退象，必然之着。如改走马 3 退 4，则炮六进七，车 2 平 4，马六进七，马 7 进 5，相三进五，炮 7 进 3，炮八进二，车 4 进 7，炮八平九，黑方难应。

15. 车四平三(图 24)　…………

如图 24 形势，黑方有两种走法：象 7 进 5 和车 8 进 4。现分述如下。

第一种走法：象 7 进 5

15. …………　象 7 进 5

16. 马六进七　马 7 进 5

黑方弃马踏相，嫌急，宜改走车 8 进 2。

17. 相三进五　炮 8 平 9

18. 炮八平五　…………

平炮轰象，着法凶悍，红方由此入局。

18. …………　象 3 进 5

19. 马七进五　…………

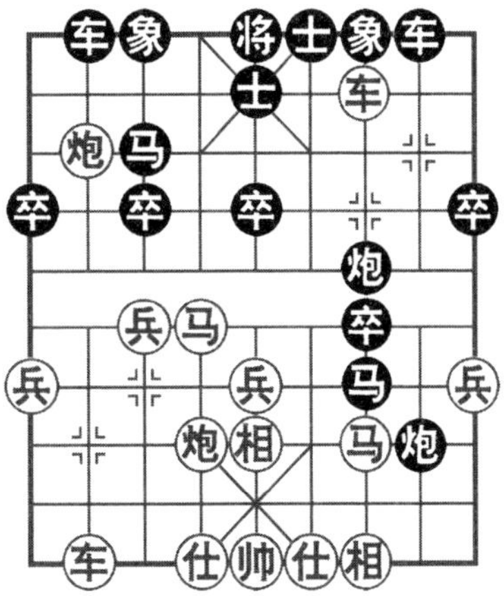

图 24

红方弃车踩象，是平炮轰象的后续手段。

19. ………… 炮9进2　20. 马三退二　车2平3

黑如改走车2进9，红则马五进七，将5平4，车三退三，黑方难以应付。

21. 车三退三　士5进6　22. 马五进七　车3进1

23. 车八进九　车3退1　24. 车八平七

红方胜势。

第二种走法：车8进4

15. ………… 车8进4　16. 马六进四　卒5进1

17. 车三退一　卒7平6　18. 车三平七　炮7进3

19. 马四进五　…………

红方马入象口，伏炮八平五抽车，获胜关键之着。如改走炮六平三，则马7退6，黑方兵种齐全，又有一卒过河，占优。

19. ………… 炮7平4　20. 马五进三　将5平4

21. 车七退一　士5进4

黑如误走炮4退5，红则炮八退二，下伏炮八平六，红方呈胜势。

22. 炮八退四　炮4退1　23. 车七平六　士6进5

24. 车六退三　车8退3　25. 车六进四　…………

红方弃车杀士，精妙之着！

25. ………… 士5进4　26. 炮八平六　士4退5

27. 马三退四

红方胜势。

第25局　红平车捉马对黑进马踩兵（三）

1. 炮二平五　马8进7　2. 马二进三　车9平8

3. 车一平二　马2进3　4. 兵七进一　卒7进1

5. 车二进六　马7进6　6. 马八进七　象3进5

7. 炮八进一　卒7进1　8. 车二平四　马6进7

9. 炮五平六　炮8进5　10. 相七进五　炮2进2

11. 马七进六　炮2平7　12. 车四进二　士4进5

13. 车九平八　马7进5

黑方弃马，双方展开激烈对攻。

14. 马六退五　…………

红方退马吃马，稳健的走法。如改走相三进五，则炮8平9，车四退七，炮

9 进 2，帅五进一，黑方弃子有攻势。

14. …………　车 1 平 2

黑可改走车 1 平 4，红如接走仕六进五，黑则车 4 平 2，车四退五，炮 8 平 5，相三进五，车 8 进 7，黑方夺回一子，占优。

15. 炮八进四(图 25)　…………

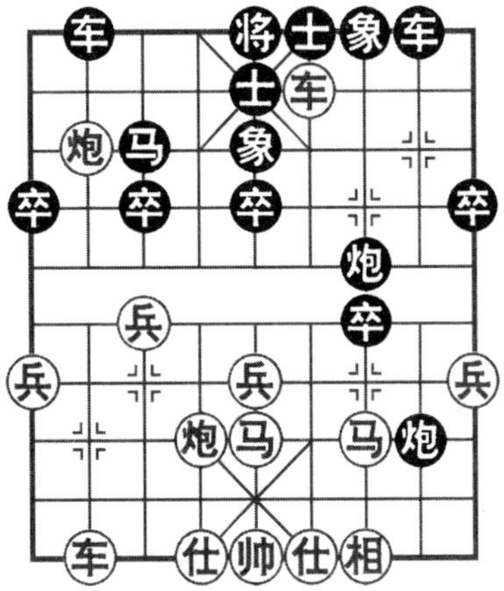

图 25

如图 25 形势，黑方有两种走法：卒 7 进 1 和象 5 退 3。现分述如下。

第一种走法：卒 7 进 1

15. …………　卒 7 进 1

黑方弃象，争抢速度。

16. 炮八平五　将 5 平 4

17. 车八进九　马 3 退 2

18. 炮五平三　炮 7 进 3

19. 炮三退五　卒 7 进 1

20. 车四退三　将 4 平 5

21. 车四平八　…………

正着。如改走炮六平三，则炮 8 平 5，相三进五，车 8 进 6，车四平三，象 7 进 5，车三进二，车 8 平 5，帅五进一，红方仍可稍占上风。

21. …………　马 2 进 3　　22. 车八进一　炮 8 平 5

23. 相三进五　卒 7 进 1　　24. 车八平七

红方多兵占优。

第二种走法：象 5 退 3

15. …………　象 5 退 3

黑方退象，改进后的走法。

16. 兵七进一　…………

红方弃兵，妙手。如改走车八进五，则车 8 进 4，伏有卒 3 进 1 的先手，红无便宜可占。

16. …………　卒 7 进 1

黑方挺卒逼马，略嫌软。应改走卒 3 进 1，红如接走炮六平七，黑则炮 7 退 2(如卒 7 进 1，则炮七进五，卒 7 进 1，炮七平三，红方大占优势，另如马 3 进 2，则车四退三，红亦优)，炮七进五，车 2 进 2，车八进七，炮 7 平 2，车四平三，车 8 进 2，黑方占优。

17.马五进三　…………

红方弃还一子，正着。如改走兵七进一，则卒7进1，红方难应。

17.…………　炮8平4　18.兵七进一　炮7进3

黑如改走车8进6，红则马三进四，炮7进5，仕四进五，炮4退6，车四退二，炮7平9，仕五进六，红优。

19.兵七进一　车8进6　20.马三进四　炮4退6

21.车四退二　车8平6

双方各有顾忌。

第26局　红平车捉马对黑进马踩兵(四)

1.炮二平五　马8进7　2.马二进三　车9平8

3.车一平二　马2进3　4.兵七进一　卒7进1

5.车二进六　马7进6　6.马八进七　象3进5

7.炮八进一　卒7进1　8.车二平四　马6进7

9.炮五平六　炮8进5　10.相七进五　炮2进2

11.马七进六　炮2平7　12.车四进二　马7进5

黑方弃马搏象，针锋相对的走法。

13.相三进五　…………

红如改走马六退五，黑则车1平2，炮八平七，车2进7，仕六进五，炮8进2，黑方弃子获得攻势。

13.…………　炮8平9(图26)

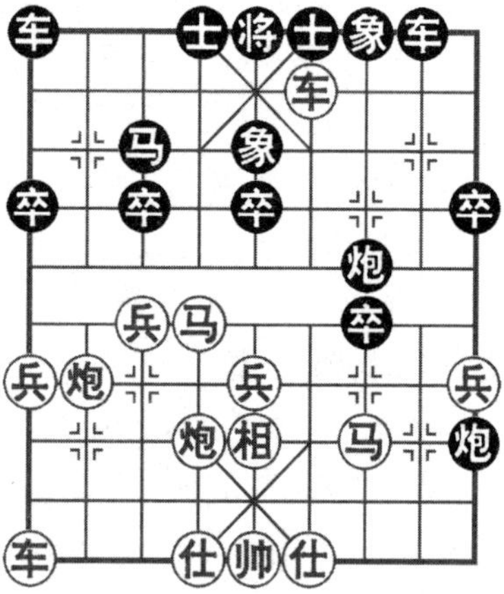

图26

如图26形势，红方有三种走法：马六进四、马三退一和马三退五。现分述如下。

第一种走法：马六进四

14.马六进四　炮9进2

15.相五退三　车1进1

16.炮八进五　士4进5

17.车九平八　车8进8

黑方伸车下二路，乃取势要着。

18.马四进六　士5进4　19.炮六进五　卒7平6

黑方平卒作杀，入局紧凑。如改走士6进5，则炮六进二，将5平4(如士5

进4，则炮八平七，卒7进1，炮六平三，士4退5，车八进九，士5退4，车四平六，红胜），马六进五，马3退5，车四进一，将4进1，仕六进五，红优。

20. 马三退五　…………

红如改走马三进四，黑则车8平7，马四退三，车7进1，黑优。

20. …………　车8平6　21. 马五进六　车6平7

22. 后马退五　炮7进5　23. 马五退三　车7进1

24. 车四平二　…………

红如改走帅五进一，黑则炮9平6打双车。

24. …………　车7退8　25. 车二退八　车1平2

26. 车八进八　车7平2　27. 车二平一　车2平4

黑方找回失子，占优。

第二种走法：马三退一

14. 马三退一　…………

红方退马弃炮，嫌软。

14. …………　炮9平4　15. 车九进二　炮4进1

16. 马六进四　车1进1

黑如改走士4进5，红则炮八进四，红方先手。

17. 车四平九　马3退1　18. 炮八进六　…………

红如改走车九平六，黑则炮4平8，马一进二，炮7退3，马二退四，炮8进1，相五退三，车8进4，黑优。

18. …………　象5退3　19. 车九平六　马1进3

20. 炮八退五　…………

红如改走炮八平九，黑则炮4平8，黑方易走。

20. …………　炮4平8　21. 炮八平三　士6进5

22. 马四进六　炮7退3　23. 车六进三　象7进5

24. 车六平四　士5进4　25. 车四进三　炮7进3

黑方优势。

第三种走法：马三退五

14. 马三退五　…………

红方退窝心马，改进后的走法。

14. …………　炮9进2

黑方沉底炮，对攻之着。如改走炮9平4吃炮，则车九进二再相五进三，黑方不利。

15. 马五退三　车 8 进 8

黑方同样进车，不如改走车 8 进 9 为好。

16. 车九平八　…………

正着。如改走马六进七，则车 1 进 1 兑车，黑优。

16. …………　车 1 平 2　　17. 炮八进五　士 4 进 5

18. 车八进二　车 8 退 2　　19. 马六进七

正着，如改走马六进四，则车 8 平 6，马四进五，车 6 退 5，马五进七，将 5 平 4，炮八退五，车 6 进 8，帅五进一，车 6 平 4，黑优。

19. …………　车 8 平 5　　20. 帅五进一　炮 7 进 5

21. 马七进五　士 5 进 4　　22. 炮六平七　…………

红方平炮打马，正着。如改走车八进五，则炮 7 退 1，车八平七，炮 9 退 1，帅五退一，炮 7 平 3，仕四进五，炮 3 退 6，车四进一，将 5 进 1，车四平八，炮 3 平 5，炮八平九，炮 5 平 8，黑优。

22. …………　马 3 进 4　　23. 车四进一　将 5 进 1

24. 车四平八　马 4 进 6　　25. 炮八平九　马 6 进 4

26. 炮七平六　马 4 进 2　　27. 车八退一　将 5 退 1

28. 马五进六

红方胜势。

第 27 局　红平车捉马对黑进马踩兵(五)

1. 炮二平五　马 8 进 7　　2. 马二进三　车 9 平 8

3. 车一平二　马 2 进 3　　4. 兵七进一　卒 7 进 1

5. 车二进六　马 7 进 6　　6. 马八进七　象 3 进 5

7. 炮八进一　卒 7 进 1　　8. 车二平四　马 6 进 7

9. 炮五平六　炮 8 进 5　　10. 相七进五　炮 2 进 2

11. 马七进六　炮 2 平 7　　12. 车九进二　…………

红方高车保炮，防止黑方马 7 进 5 踏相取势。

12. …………　车 1 平 2　　13. 炮八平七　车 2 进 6

14. 车九平七　马 7 退 5(图 27)

黑方虎口献马捉车，可谓巧妙！也是算度颇为深远的一个战术计划。

如图 27 形势，红方有两种走法：兵五进一和车四进二。现分述如下。

第一种走法：兵五进一

15. 兵五进一　…………

红方用兵吃马，似乎无可非议，但如改走车四进二保持复杂变化，则要好于实战。

15.…………　车8进6

黑方挥车过河，先弃后取夺回一子，其构思可谓巧妙！

16.炮七进三　…………

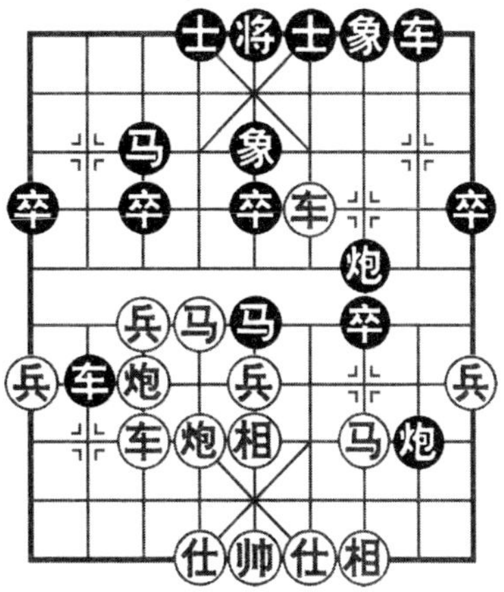

图27

红如改走马六进七，黑则车8平3，车七进一，车2平3，车四进二，象5退3，车四平二（如车四平七，则卒7进1，车七退一，卒7进1，炮六平三，象7进5，车七进一，士6进5，车七平六，炮8退6，车六退七，炮8进5，黑方占主动），炮8退1，兵九进一，士4进5，兵五进一，象7进5，兵五进一，炮7进3，炮六平三，炮8平5，仕四进五，车3退1，车二退五，车3退2，车二平五，车3平5，车五进三，马3进5，和势。

16.…………　车2平4　　17.马六进五　车4退3

18.兵五进一　车4平3　　19.兵七进一　炮7平3

20.马五退七　…………

红方退马吃炮，弃车抢攻。如改走仕四进五，则马3进5，兵五进一，车3平2，车七进二，卒7进1，车七退一，炮3平7，也是黑方易走。

20.…………　车3平6　　21.兵五进一　车6平5

黑方舍车吃兵，简明有力。红如续走马七进五，黑则马3进5，相五进三，炮8平4，车七平六，车8平7，也是黑方易走。

22.马七进六　将5进1　　23.车七进五　将5平6

互缠中，黑方易走。

第二种走法：车四进二

15.车四进二　…………

红方进车塞象眼，改进后的走法。

15.…………　卒7进1　　16.兵五进一　炮7进3

17.炮六平三　卒7进1　　18.兵七进一　…………

红方也可改走兵五进一，黑如卒5进1，红再马六进四抢攻。

18.…………　车2进2　　19.马六进七　…………

红方可改走炮七进三，下伏车七退一兑车的手段，这样较为稳健。

19. ………… 象5退3

黑方退象避捉，稳健的走法。如改走象5进3，则炮七平五，红方形势不弱。

20. 车七平六 车8进2 21. 炮七平五 卒7进1

22. 车六进六 士6进5

黑方补士，攻不忘守，老练的走法。如误走卒7平6，则炮五进三，马3进5，车六进一，将5平4，车四进一，红优。

23. 兵五进一 车2平6

黑方平车邀兑，抢占肋道，刻不容缓。

24. 车四平三 将5平6

黑方弃象出将，连消带打，配合双车炮协助小卒攻击红帅，令红方防不胜防。

25. 车三进一 将6进1 26. 兵五平四 …………

红如改走仕六进五，黑则车8平6，车三平二，炮8进1，黑方胜定。

26. ………… 车6退4

黑方大占优势。

第28局 红平车捉马对黑进马踩兵(六)

1. 炮二平五 马8进7 2. 马二进三 车9平8

3. 车一平二 马2进3 4. 兵七进一 卒7进1

5. 车二进六 马7进6 6. 马八进七 象3进5

7. 炮八进一 卒7进1

8. 车二平四 马6进7

9. 炮五平六 炮8进5

10. 相七进五 炮2进2

11. 马七进六 炮2平7

12. 车九进二 车1平2

13. 炮八平七 士4进5(图28)

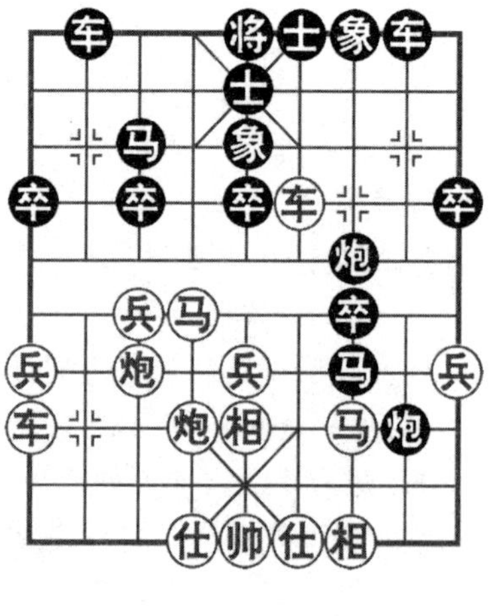

图28

如图28形势，红方有两种走法：车九平七和兵七进一。现分述如下。

第一种走法：车九平七

14. 车九平七 车8进4

15. 车四退一 马7进5

舍马搏相，在红方右翼寻找突破口，是中炮过河车对屏风马左马盘河高左炮变例中的常用战术手段。实战证明，这也是一种行之有效的反击手段。

16. 相三进五　车 8 退 2　17. 车四退四　…………

红方退车加强防守，过于谨慎。不如改走兵七进一，黑如炮 8 平 9(或炮 7 平 3，则炮七平六，红方易走)，红则马三退一，炮 7 平 3，炮六平一，炮 3 进 3，炮一平七，红方多子易走。

17. …………　炮 8 退 1　18. 车四进二　…………

红方不如改走炮七平二兑炮，简化局势为宜。

18. …………　炮 8 进 2　19. 车七退一　车 2 进 7

20. 马六退七　…………

红方应改走炮七退一打车，这样要比实战走法好。

20. …………　车 2 退 3　21. 炮七平六　炮 8 退 1

22. 马三退五　…………

红方退马献炮，企图通过先弃后取的手段摆脱黑方牵制，误算。应改走车七平二，这样不致迅速溃败。

22. …………　炮 8 平 4　23. 马五退七　车 2 进 2

24. 兵五进一　卒 7 平 6

黑方平卒捉车，巧妙一击，令红方顿感难以应付。红如接走车四进一，黑则车 2 平 4，车七平六，车 4 平 5，车六进一，炮 7 进 5，帅五进一(如仕四进五，则炮 7 平 9，黑优)，车 5 退 1，黑方大占优势。

25. 车四平三　车 8 进 5

黑方进车捉相，是平卒捉车的后续手段，实战中弈来十分紧凑有力。

26. 车七平六　车 8 平 5　27. 仕四进五　炮 4 进 2

28. 马七进九　车 2 平 3　29. 车六退一　车 5 退 2

黑方弃子有攻势，占优。

第二种走法：兵七进一

14. 兵七进一　…………

红方冲兵，展开攻击。

14. …………　象 5 进 3　15. 马六退四　炮 7 平 4

16. 车四平三　车 2 进 9　17. 仕四进五　卒 7 平 6

18. 车三退三　卒 6 进 1

黑如改走炮 4 进 2，红则车三进四，卒 6 进 1，车三平七，象 7 进 5，炮六平八，炮 4 进 1，仕五进六，卒 6 进 1，炮七平八，车 2 退 2，车九平八，车 8 平 7，车八退一，车7进7，车八平二，红方多子胜势。

19. 车三平四　炮8进2　　20. 马三退二　车8进9

21. 炮七进三　卒9进1　　22. 车九平七

红方优势。

第29局　红平车捉马对黑进马踩兵(七)

1. 炮二平五　马8进7　　2. 马二进三　车9平8

3. 车一平二　马2进3　　4. 兵七进一　卒7进1

5. 车二进六　马7进6　　6. 马八进七　象3进5

7. 炮八进一　卒7进1　　8. 车二平四　马6进7

9. 炮五平六　炮8进5　　10. 相七进五　炮2进2

11. 马七进六　士4进5

黑方补士，以静制动，试探红方如何应手。

12. 炮八平七　…………

红方平七路炮，准备出左车加强攻势。

12. …………　炮2平7(图29)

黑方右炮左移，加强对红方右翼的威胁，正着！如改走车8进4，则兵七进一，车8平3，马六进八，车3平2，炮七进四，马7进5，相三进五，卒7进1，车四平三，车1平4，炮六平七，卒7进1，车三退四，炮8进2，车三退二，车2平8，仕六进五，车4平2，车九平六，红方多子占优。

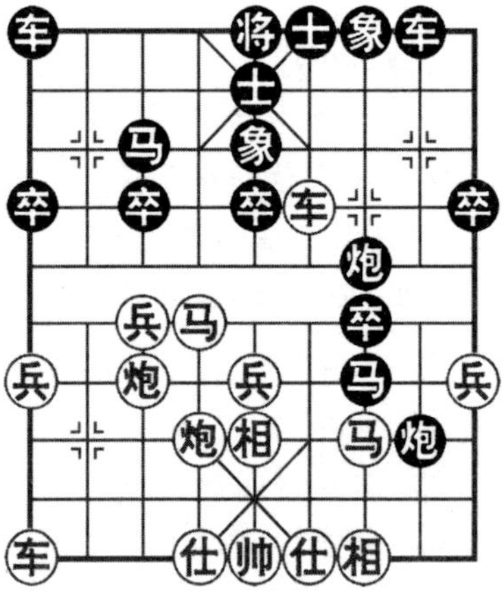

图29

如图29形势，红方有三种走法：车九平八、车九进一和兵七进一。现分述如下。

第一种走法：车九平八

13. 车九平八　马7进5

黑方弃马踏相，实施弃子取势计划。

14. 相三进五　…………

红如改走马六退五，黑则车1平4，车八进二，车4进6，黑方易走。

14. …………　炮8平9

黑方平边炮攻击红方底线，是弃子取势计划的续进手段。

15. 仕四进五　炮 9 进 2　　16. 帅五平四　车 8 进 9

17. 帅四进一　车 8 退 1　　18. 帅四退一　车 1 平 4

黑方献车捉马,强劲有力,使红方措手不及,难以招架,精妙!

19. 马六退四　…………

红如改走炮六进七吃车,黑则炮 7 进 3,即成绝杀。

19. …………　炮 7 进 3　　20. 炮六平三　卒 7 进 1

黑方胜势。

第二种走法:车九进一

13. 车九进一　…………

红方高横车,为了增援右翼。

13. …………　车 1 平 2　　14. 兵七进一　象 5 进 3

15. 车九平二　…………

红如改走车四平三,黑则象 7 进 5,马六进四,车 2 进 7,车九平六,马 7 进 5,相三进五,车 2 平 4,车六进一,炮 7 进 3,黑方有利。

15. …………　车 2 进 7

黑如改走车 2 进 5,红则马六进四,车 2 进 2,炮六进二,车 2 平 4,炮七进一,卒 7 平 6,仕四进五,车 4 退 1,相五进三,卒 5 进 1,车四平六,卒 5 进 1,车六平七,卒 5 平 4,炮七平四,车 8 进 2,双方各有顾忌。

16. 炮七退一　车 2 退 2

黑方进车捉炮打个顿挫,再退车捉马,扰乱红方阵势。

17. 马六进四　卒 7 平 6　　18. 相五进三　…………

红方飞高相别马腿,兼驱赶黑炮,一举两得。

18. …………　炮 8 退 1　　19. 炮七进四　车 2 进 1

20. 炮六进四　车 2 平 5

黑车砍中兵,虎口献车,先弃后取,争先取势的佳着。

21. 马三进五　马 7 进 8　　22. 仕四进五　卒 6 进 1

23. 马五退七　炮 7 进 5

黑方多卒多相,占优。

第三种走法:兵七进一

13. 兵七进一　…………

红方弃兵,逼黑方飞起高象,并为巡河一线打开通道,改进后的走法。

13. …………　象 5 进 3　　14. 车九平八　…………

红可改走车九进一,黑如车 1 平 2,红则车九平二,车 2 进 7,炮七退一,车

2退2,炮七进二,车2进2,炮七退二,车2退2,炮七进二,炮7平5,车二平七,炮8退2(如马7进5,则相三进五,卒7进1,马六进四,红方占先手),马六退四,车2平3,车七进三,炮8平3,马四进五,卒5进1,相五进七,红方稍占主动。

14.………… 马7进5 15.相三进五 炮8平9

16.车四退五 …………

红方退车下二路固守,正着。如改走车四退三,则炮9进2,帅五进一,卒7进1,黑优。

16.………… 炮9进2 17.帅五进一 象7进5

18.马三退一 卒5进1 19.炮七平六 卒7平6

20.马六进四 卒6进1

黑方弃卒,意在引离红炮,以便出肋车。

21.车八进四 卒6进1

黑方强行弃卒,正确之着。

22.后炮平四 车1平4 23.炮六退二 车8进7

24.炮四进七 车4进7

黑方进车捉相,正着。如改走士5退6,则马四进五,士6进5,车八进四,黑方难应。

25.车四进一 车8退7 26.炮四退一 车8进1

双方对攻,各有顾忌。

第30局 红平车捉马对黑进马踩兵(八)

1.炮二平五 马8进7 2.马二进三 车9平8

3.车一平二 马2进3 4.兵七进一 卒7进1

5.车二进六 马7进6 6.马八进七 象3进5

7.炮八进一 卒7进1 8.车二平四 马6进7

9.炮五平四 …………

红方平四路炮,是高左炮变例中较为稳健的走法。

9.………… 炮8进5

黑方进炮邀兑,准备弃士对攻,并可避免红方车四平二拴链无根车炮的手段。

10.相七进五 …………

红方补相,稳健的走法。

10. …………　炮 2 进 2(图 30)

黑方右炮巡河，准备随时左移助攻，是灵活的走法。

如图 30 形势，红方有三种走法：炮四进七、马七进六和相五进三。现分述如下。

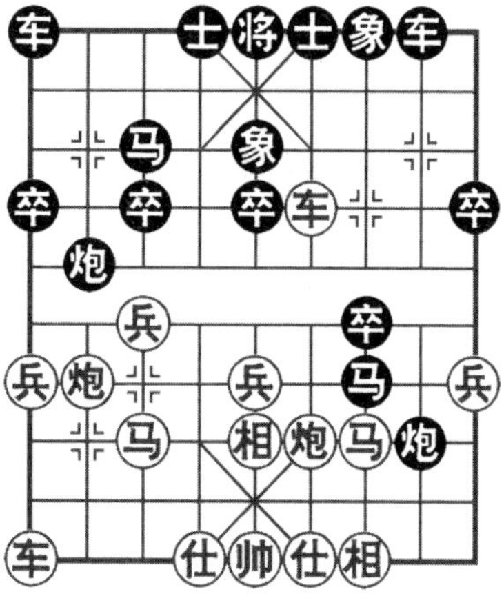

图 30

第一种走法：炮四进七

11. 炮四进七　…………

红方进炮轰士，准备弃子抢攻。

11. …………　车 8 进 1

黑方高车，正着。如改走象 7 进 9，则炮四退二，车 8 平 6，车四平二，红方易走。

12. 车九进一　车 1 进 1　　13. 炮四平六　…………

红方挥炮再打一士，是力求一搏的走法。如改走炮四退二，则车 1 平 6，车四平三(如车九平四，则马 7 进 5，马七进六，士 4 进 5，马六退五，车 6 进 1，前车进一，士 5 进 6，车四进六，炮 2 平 7，黑优)，车 6 进 1，车三退二，马 7 进 5，相三进五，炮 8 平 5，黑优。

13. …………　马 3 退 4　　14. 车九平四　车 1 平 4

黑方平车保马，算准在对攻中己方有惊无险，可以稳占多子之利。

15. 炮八进一　马 7 进 5　　16. 马七进六　卒 7 进 1

17. 马三退二　炮 8 退 1

黑方退炮瞄中兵，威胁红方中路，紧凑有力之着。

18. 马六退五　炮 8 平 5　　19. 马五进三　炮 2 平 5

20. 马三进五　车 4 进 6

黑方进肋车，伏车 8 平 4 作杀手段，黑方胜利在望。

21. 前车进三　将 5 进 1　　22. 马二进三　将 5 平 4

黑方优势。

第二种走法：马七进六

11. 马七进六　士 4 进 5　　12. 仕六进五　…………

红方补仕，准备开出左车助战。如改走相五进三，则车 1 平 4，马六进七，车 4 进 6，炮四进一，车 4 进 1，马七进九，炮 2 平 1，仕六进五，车 4 退 6，车九平七，炮 1 退 2，兵七进一，炮 1 退 2，炮八平七，马 3 退 4，兵七进一，车 4 进 4，车七平六，车 4 进 4，帅五平六，车 8 进 4，黑方多子占优。

12. ………… 炮2平7

黑如改走车1平4,红则车九平六,炮2平7,相五进三,炮8平6,车四退四,车8进7,马六进七,红优。

13. 相五进三 …………

红方飞相去卒困马,正着。

13. ………… 车1平2　14. 炮八平七 炮8平6
15. 车四退四 车8进5　16. 相三进一 车8进2
17. 马六进四 马7退5　18. 兵五进一 车8平7
19. 车四平三 炮7进3　20. 马四进六 车2进1
21. 兵七进一

红方优势。

第三种走法:相五进三

11. 相五进三 …………

红方飞相去卒,准备围困红马,稳健的选择。

11. ………… 炮2平7　12. 马七进六 …………

红方跃马旨在控制河口。如改走相三退五,则马7退8,马三进四,士4进5,马四进六,车1平2,双方展开对攻。

12. ………… 车1平2　13. 炮八平七 …………

红如改走炮四进七,黑则车8进1,车九平八,炮8退2,马六退四,炮7平4,车四退一,车2进4,马四退五,炮8平3,车四退二,炮4平7,炮四退二,车8平6,马五进七,卒3进1,相三进五,炮3进1,兵五进一,马3进4,仕六进五,士4进5,炮四退二,车2进1,兵九进一,士5退4,兵五进一,炮7平5,炮四平六,车6进5,炮八平四,车2平7,黑方占优。

13. ………… 车2进4

黑如改走马7退5,红则兵五进一,炮7进3,车九平七,红优。

14. 车九进二 士4进5　15. 马六进四 炮8平6
16. 车九平四 车8进6　17. 相三进五 车2进2
18. 炮七平三 炮7进2　19. 后车进一

红方多子占优。

第31局　红平车捉马对黑进马踩兵(九)

1. 炮二平五 马8进7　2. 马二进三 车9平8
3. 车一平二 马2进3　4. 兵七进一 卒7进1

5. 车二进六　马 7 进 6　　6. 马八进七　象 3 进 5

7. 炮八进一　卒 7 进 1　　8. 车二平四　马 6 进 7

9. 炮五平四　炮 8 进 5　　10. 相七进五　炮 8 平 6

黑方兑炮，失策。

11. 车四退四　炮 2 进 2　　12. 相五进三　炮 2 平 7

13. 马七进六(图 31)　…………

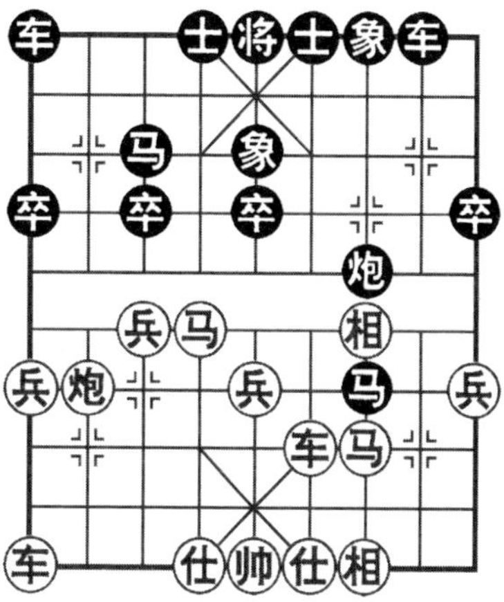

图 31

如图 31 形势，黑方有两种走法：车 1 平 2 和车 8 进 1。现分述如下。

第二种走法：车 1 平 2

13. …………　车 1 平 2

14. 马六进四　…………

红方不逃炮，反而硬进肋马，力争主动的走法。

14. …………　车 2 进 6

黑方舍弃左车进车吃炮，虽可打通中路，但少子之弊大于占先之利，似不如改走车 8 进 6 保马、坚守待变为佳。

15. 马四进三　士 4 进 5

16. 马三进二　车 2 平 5

17. 仕四进五　车 5 平 2　　18. 车九进二　马 7 退 5

19. 车四进二　卒 5 进 1　　20. 相三退一　卒 3 进 1

黑如改走车 2 平 7，红则车四平三，车 7 平 8，马二退三，车 8 退 4，前马退四，车 8 平 6，马三进二，车 6 进 2，车三平五，卒 5 进 1，马二进四，红亦胜势。

21. 马三进二　卒 3 进 1　　22. 马二进三　炮 7 进 2

黑如改走车 2 平 8，红则马三退五，车 8 退 6，车四平五，卒 3 进 1，车九平八，也是红方大占优势。

23. 帅五平四　卒 3 平 4　　24. 车九平七　马 3 进 5

25. 车七进四　马 5 进 3　　26. 马二退一　…………

红马退边，紧凑有力之着。黑如接走象 7 进 9 飞马，红则马三进五，车 2 退 6，马五进三，将 5 平 4，车四进五，将 4 进 1，车四平八，红方速胜。

26. …………　车 2 退 4　　27. 马一进三　…………

红方献马卧槽硬将军，实战中弈来煞是精彩好看，也出乎黑方所料，同时加快了胜利步伐。

27. ………… 炮7退5　28. 车四进四　炮7进1

29. 马三进五　…………

红方马踏中象,又是一步精彩之着,黑方难以招架了。

29. ………… 车2平3　30. 马五进三

红方得车胜定。

第二种走法:车8进1

13. ………… 车8进1

黑方进车限制红马活动,逼走之着。

14. 马六进四　车8平6　15. 车九进二　…………

红如改走仕四进五,黑则马7退9,相三退五,车1平2,炮八平七,马9退8,马四进五,车6进6,马五进七,将5进1,仕五进四,炮7退3,兵七进一,也是红优。

15. ………… 马7退9

黑如改走马7退5,红则马四进六,车6平2,兵五进一,黑方失子。

16. 马四进五　车1进1　17. 兵一进一　炮7进3

18. 车四进六　车1平6　19. 车九平三　车6平2

20. 马五退七　车2进5　21. 相三退五

红方多兵多相,占优。

第32局　红平车捉马对黑进马踩兵(十)

1. 炮二平五　马8进7　2. 马二进三　车9平8

3. 车一平二　马2进3　4. 兵七进一　卒7进1

5. 车二进六　马7进6　6. 马八进七　象3进5

7. 炮八进一　卒7进1　8. 车二平四　马6进7

9. 炮五平四　炮8进5　10. 炮四进七　…………

红方进炮轰士与平炮四路的战略方案似有不符,从实战效果来看,也不够理想。

10. ………… 象7进9　11. 炮四退二　车8平6

12. 相七进五　士4进5　13. 车四平二　车6进2

14. 车二退四　车1平4　15. 仕六进五　…………

红如改走相五进三,黑则车4进6,也是黑方反夺先手,但红消灭了过河卒,局势相对平稳。

15. ………… 车4进6(图32)

如图 32 形势,红方有两种走法:炮八进一和马七退九。现分述如下。

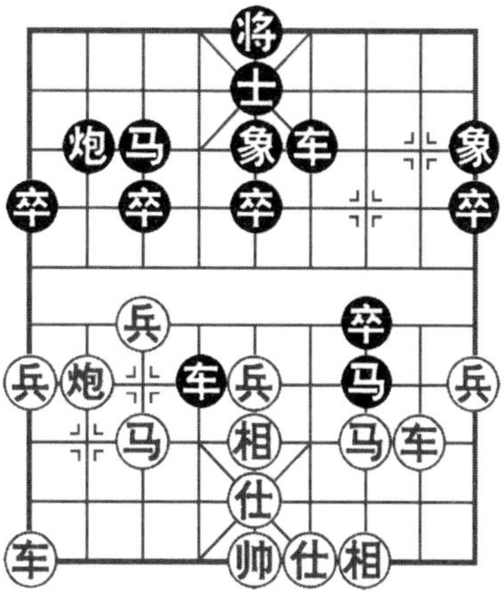

图 32

第一种走法:炮八进一

16. 炮八进一　车 4 平 3

17. 车九平七　卒 7 平 6

保住过河卒,黑方先手逐渐扩大。

18. 车二进一　卒 6 进 1

19. 兵一进一　象 9 退 7

20. 车二进一　卒 6 进 1

黑方冲卒逼马,嫌急,被红方车二平三反捉马后,局势迅速改观。应改走炮 2 进 2,伺机而动为好。

21. 车二平三　马 7 进 5

黑如改走卒 6 平 7,红则车三退一,这样形势平稳,容易成和。

22. 仕五进四　…………

红方弃仕谋马,准备决一胜负。如改走相三进五,则卒 6 平 7,车三退二,车 6 进 2,黑方较易走。

22. …………　马 5 进 4　　23. 帅五平六　车 6 进 5

24. 相三进五　车 6 平 5　　25. 马三退五　车 5 平 8

黑方平车,细腻,否则红有车三退二兑死车的手段。

26. 帅六平五　炮 2 进 2

形成红方多子、黑方有攻势,双方各有顾忌的局面。

第二种走法:马七退九

16. 马七退九　…………

红方退马保炮,新的尝试。

16. …………　卒 7 平 6　　17. 车九平六　…………

红方兑车,是简化局势的走法。

17. …………　车 4 进 3　　18. 帅五平六　车 6 平 7

19. 炮八平七　卒 3 进 1

黑方兑兵开通马路,是灵活的走法。

20. 兵七进一　象 5 进 3　　21. 车二进一　马 3 进 2

黑方进马捉炮,先弃后取之着。

22. 炮七平三　…………

红如改走车二平三，黑则卒6平7，车三进一，车7进3，相五进三，马2进3，双方均势。

22. ………… 卒6进1

黑方易走。

第33局 红平车捉马对黑进马踩兵（十一）

1. 炮二平五 马8进7 2. 马二进三 车9平8
3. 车一平二 马2进3 4. 兵七进一 卒7进1
5. 车二进六 马7进6 6. 马八进七 象3进5
7. 炮八进一 卒7进1 8. 车二平四 马6进7
9. 炮五平四 士4进5

黑方补士，准备尽快开出右车。

10. 车四平二 …………

红方平车拴住黑方车炮，是力争主动的走法。

10. ………… 车1平4

黑如改走炮2进1，红则炮四进四，车1平4，相七进五，车8进1，仕六进五，车4进6，炮八进一，车8平6，车九平六，车4进3，帅五平六，卒7平8，兵七进一，炮8平7，炮八平四，车6平7，车二平三，卒8进1，兵七进一，红方大占优势。

11. 相七进五（图33） …………

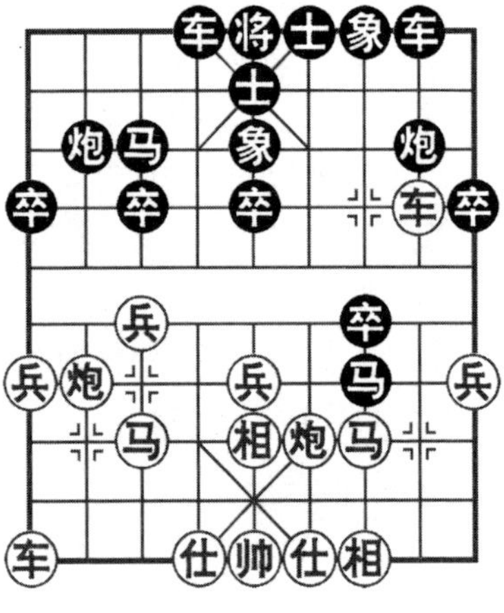

图33

如图33形势，黑方有三种走法：卒3进1、车4进6和炮2进1。现分述如下。

第一种走法：卒3进1

11. ………… 卒3进1

黑方兑卒，稳健的走法。如改走炮2进2，则仕六进五，炮2平7，相五进三，车4进6，炮八进一，车4平2，车九平六，红优。

12. 兵七进一 象5进3 13. 仕六进五 …………

红亦可改走相五进三，黑如车4进6，红则炮八退二，车4进2，炮八进二，车4退2，炮八退二，形成二打一还打，黑方必须变着，这样也是红方易走。

13. ………… 车4进6 14. 炮四进一 车4退4

15. 车九平六　车4进7　16. 仕五退六　象7进9
17. 炮四进三　车8平7　18. 炮四平三　炮8平5
19. 相五进三　马7退5　20. 兵五进一　炮5进3
21. 马七进六　车7进2　22. 马六进七　车7平4
23. 车二退三　卒5进1

红方多子占优。

第二种走法:车 4 **进** 6

11. …………　车4进6　12. 炮八进一　…………

红炮巡河打卒,稳健的走法。如改走炮四进一,则车4退2,炮四进三,卒3进1,兵七进一,车4平3,车九平七,马3进4,马七进八,马4退6,车七进五,象5进3,炮八进四,马6退7,炮八平三,象7进5,相五进三,红优。

12. …………　马7进5

黑如改走卒3进1,红则炮八平三,卒3进1,仕六进五,马3进2,车二退一,卒3进1,车二平八,卒3进1,炮四平七,炮8平6,车九平六,车4平3,炮七平九,车3平1,炮九平八,炮2平4,车六进六,红方略优。

13. 相三进五　卒7进1　14. 马三退一　卒7平6
15. 炮四平一　卒6平5　16. 马一进三　卒5进1
17. 马三进四　…………

红如改走炮一平五,黑则车4进1,马七进六,车4平2,黑方得回失子,形势有利。

17. …………　车4平9　18. 炮一平二　炮8进5
19. 车二进三　炮8平3　20. 车二退六

红方多子占优。

第三种走法:炮 2 **进** 1

11. …………　炮2进1

黑方高炮,加强卒林线的防御,坚守的走法。

12. 炮四进四　…………

红方进炮卒林,针锋相对之着。

12. …………　马7进5

黑方弃马踏相,对攻的走法。如改走车8进1,则仕六进五,车4进4,相五进三,车4进2,马七退九,炮2进1,车九平六,车4平3,相三进五,炮2平5,车六进二,卒3进1,兵七进一,炮5平7,兵七进一,马7退5,兵五进一,炮7进3,仕五进四,至此,红优。

13.相三进五　车4进6　14.炮八进二　车4退2
15.炮八退一　卒7进1　16.马三退五　…………

红方退马，意欲保持多子之利。

16.…………　炮2进1　17.炮四平七　车8进1
18.马七进六　炮2退3　19.马五进七　炮8平9
20.车二平一　车8进8　21.车九进一　卒7进1
22.车九平四

红方多子占优。

第34局　红平车捉马对黑进马踩兵(十二)

1.炮二平五　马8进7　2.马二进三　车9平8
3.车一平二　马2进3　4.兵七进一　卒7进1
5.车二进六　马7进6　6.马八进七　象3进5
7.炮八进一　卒7进1　8.车二平四　马6进7
9.炮五平四　士4进5(图34)

如图34形势，红方有两种走法：车四平三和相七进五。现分述如下。

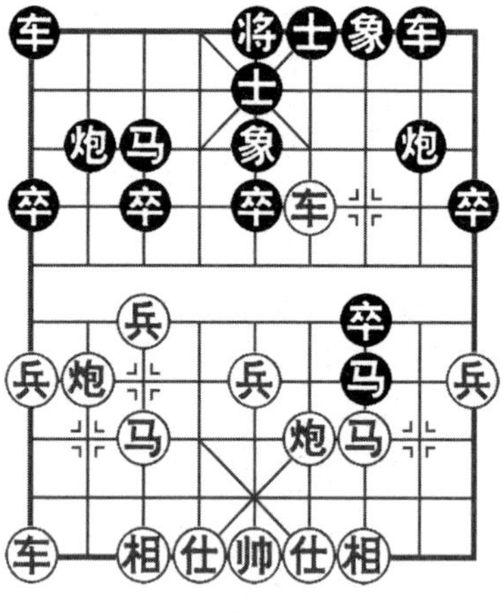

图34

第一种走法：车四平三

10.车四平三　…………

红方平车捉卒，稳健的走法。

10.…………　炮8进5

黑方进炮邀兑，亮出左车支援困马，必然之着。如改走炮2进2，则车三退二，炮2平7，炮八平三，炮8平7，车三进一，象5进7，炮三进四，红方多子占优。

11.炮四平二　…………

红如改走车三退二，黑则炮8平6，炮八平三，车1平2，以下双方平稳。

11.…………　车8进7　12.马七退五　车8进1

黑方进车塞相眼，恰好救活困马，巧着！

13.车三退二　…………

红如改走炮八退一，黑则车1平4，黑优。

13.…………　马7进9　14.马五进四　车1平4

黑应改走马9进7，红则马四退三，车8平7，仕六进五，车1平4，相七进五，炮2进3，车三进二，车4进6，双方大体均势。

15. 仕六进五　车4进6　　16. 炮八退一　马9进7

17. 马四退二　车8平7　　18. 相七进五　车7平6

19. 车三平四…………

红方兑车，抢先的走法。

19. …………　车6退3

黑如改走车6平8，红则车四进一，仍属红优。

20. 马三进四　车4平5　　21. 车九平六

红方子力灵活，易走。

第二种走法：相七进五

10. 相七进五　车1平4　　11. 车四平二　车8进1

黑方高车，灵活的走法。如改走卒3进1，则兵七进一，象5进3，仕六进五，车4进6，炮四进一，车4退4，车九平六，红方易走。

12. 仕六进五　车4进6

黑方进车捉炮嫌急，应改走卒3进1为宜。

13. 炮八进一　卒7平8

黑方弃卒活马，正着。如改走马7进5，则相三进五，卒7进1，马三退一，卒7平6，炮四平二，炮8进5，车二进二，炮8平3，炮八退二，炮3进1，车九平六，车4平5，马一进三，车5进1，车六进二，车5退2，车二退四，车5退1，车二退一，红优。

14. 炮八平二　马7退6　　15. 车二退一　马6进8

16. 车二退一　车4平2　　17. 马三进四　炮2退1

黑方退炮使左车生根，正着。

18. 马四进六　炮8平6　　19. 车二进四　炮2平8

双方大体均势。

第35局　红平车捉马对黑进马踩兵（十三）

1. 炮二平五　马8进7　　2. 马二进三　车9平8

3. 车一平二　马2进3　　4. 兵七进一　卒7进1

5. 车二进六　马7进6　　6. 马八进七　象3进5

7. 炮八进一　卒7进1　　8. 车二平四　马6进7

9. 炮五平四（图35）　…………

如图35形势，黑方有两种走法：象7进9和炮2进2。现分述如下。

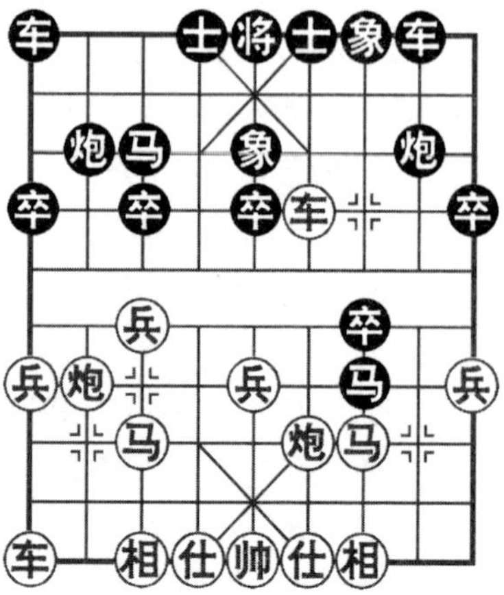

图35

第一种走法：象7进9

9. ………… 象7进9

黑方飞边象，阵势容易散乱。

10. 车四平二 车1进1

11. 炮四进五 …………

红方进炮打马，抢先的走法。

11. ………… 车8进1

12. 炮八平三 …………

红方以炮兑马，准备亮出左车争先。

12. ………… 卒7进1

13. 车九平八 卒7进1

14. 车八进七 象5退7 15. 车八退一 车1平7

16. 相七进五 卒7平6 17. 仕六进五 卒6进1

18. 炮四平一 马3退5

黑如改走车7进8，红则炮一平七，车8平6，炮七进二，士4进5，车八进三，对攻中红方易走。

19. 车八进一

红方优势。

第二种走法：炮2进2

9. ………… 炮2进2

黑方右炮巡河，另辟蹊径。

10. 相七进五 …………

红方飞相是一种选择，也可改走仕六进五，炮2平7，车九平八，其变化相对激烈、复杂。

10. ………… 炮2平7 11. 相五进三 车1平2

12. 炮八平三 炮7进2 13. 相三退五 炮8进6

黑方进炮，准备平肋道胁相，是争先的走法。

14. 车九进一 士4进5 15. 车四退三 炮7退4

16. 马三进四 车2进4 17. 车四平二 …………

红方兑车，简化局势的走法。

17. ………… 车8进6 18. 马四退二 炮8平2

19. 马二进四　炮7进6

黑方进炮打车，摆脱牵制，是有力之着。

20. 车九退一　炮2平6

黑方平炮打马，扰乱红方阵形，巧妙之着。

21. 马四退二　炮7退2

黑方退炮，是控制局面的好棋。

22. 车九进一　炮6平2　23. 兵一进一　炮2退2

黑方退炮生根，是灵活的走法。

24. 车九平八　卒3进1　25. 兵七进一　车2平3

26. 马七进六　炮2平4　27. 马二退三　车3进1

黑方进车捉马，取势要着。

28. 马六退四　…………

红方退马，无奈。如改走车八进六(如马六进四，则车3平6)，则马3进4，黑优。

28. …………　炮7平5　29. 相五退七　…………

红如改走仕四进五，黑则车3平7，炮四退二，车7进2，黑方胜势。

29. …………　车3进2　30. 炮四平一　车3平7

31. 马四进二　炮4退1

黑方胜势。

第36局　红平车捉马对黑进马踩兵(十四)

1. 炮二平五　马8进7　2. 马二进三　车9平8

3. 车一平二　马2进3　4. 兵七进一　卒7进1

5. 车二进六　马7进6　6. 马八进七　象3进5

7. 炮八进一　卒7进1　8. 车二平四　马6进7

9. 炮五平四　车1进1(图36)

黑方高横车，准备策应左翼。

如图36形势，红方有两种走法：马七进六和相七进五。现分述如下。

第一种走法：马七进六

10. 马七进六　…………

红方跃马河口，力争主动。如改走车四平三(如炮四进七，则车8进1，炮四退二，车1平6，黑方反先)，则车1平6，仕六进五，车8进1，车三退二，车8平7，车三退一，车7进5，炮八平三，车6平7，车九平八，炮2平1，相七进五，车7进5,马三退二,双方均势。

10. ………… 车1平7

黑如改走炮8进5,红则车九进二,车1平4,马六进四,士4进5,车四平二,车8进3,马四进二,炮8平6,车九平四,车4进5,炮八退一,车4平5,仕四进五,至此,红方子力位置较好,黑方多卒,对比之下,红方前景乐观。

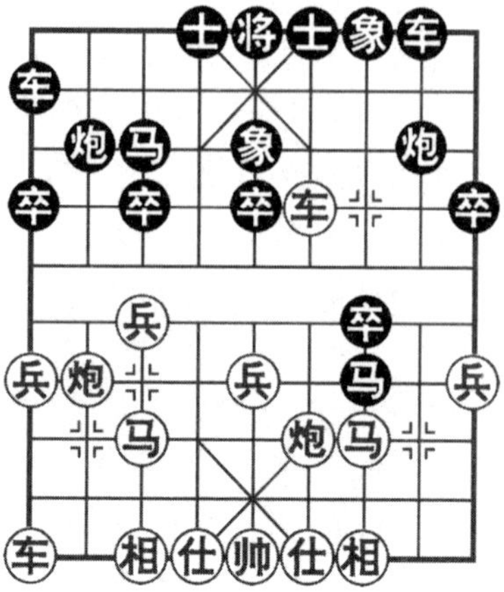

图36

11. 车九进二 士4进5
12. 马六进七 卒7平6
13. 车四退二 马7退8
14. 车四进一 炮8平7
15. 马三进二 马8退9
16. 马二退一 马9进7
17. 炮四平三 马7进8
18. 炮三进六 马8退6
19. 炮三平四 车8进1
20. 炮四退二 车8进2
21. 炮四进二 马6进5
22. 炮八平七 马5退7
23. 炮四平三 马7退5
24. 车九平三 马5退3
25. 车三进五 后马退4
26. 炮七进三 卒5进1
27. 炮七进三 马4进3
28. 炮七平九

红方优势。

第二种走法:相七进五

10. 相七进五 …………

红方飞相,稳健的走法。

10. ………… 车1平7
11. 马七进六 士6进5
12. 马六进四 炮2进1
13. 相五进三 车7进4
14. 炮八平三 炮8平6
15. 车九平八 马3退1
16. 炮四平九 车8进4
17. 相三进五 车7退1
18. 炮九进四 …………

红方炮打边卒,嫌急。似可改走炮三进六,黑如接走象5退7,红则马四退六,卒3进1,车四退二,卒3进1,马六进五,车7平5,马五进七,马1进3,车八进六,卒3进1,车八平七,象7进5,车七退三,红方稍优。

18. ………… 炮6进2
19. 炮九退一 炮6平2

20. 车八进五　车 7 平 2　　21. 炮九平二　车 2 平 8
22. 炮三进五　车 8 平 7　　23. 炮三平九　车 7 进 3

黑方易走。

小结:第 23～36 局为红高左炮对黑进 7 卒逐车变化,红方第 8 回合车二平四捉马局型,双方攻守变化复杂,经常出现弃子搏杀的惊险场面。大量的实战结果表明:黑方反扑力甚强,红方不易控制局势。

第 37 局　红平车捉马对黑进马踩兵(十五)

1. 炮二平五　马 8 进 7　　2. 马二进三　车 9 平 8
3. 车一平二　马 2 进 3　　4. 兵七进一　卒 7 进 1
5. 车二进六　马 7 进 6　　6. 马八进七　象 3 进 5
7. 炮八进一　卒 7 进 1　　8. 车二平四　马 6 进 7
9. 车四平三　…………

红方平车捉卒,稳健的走法。

9. …………　马 7 进 5　　10. 相七进五　炮 8 平 6

黑方平炮士角兼通左车,正着。

11. 车三退二　…………

红如改走炮八平七,黑则车 8 进 4,车九平八,车 1 平 2,炮七进三,炮 2 进 5,车三退二,卒 9 进 1,车三平六,车 8 平 6,马三进二,车 6 平 8,马二退三,车 8 平 6,马三进二,车 6 平 8,双方不变作和。

11. …………　车 8 进 4(图 37)

如图 37 形势,红方有两种走法:炮八平七和仕六进五。现分述如下。

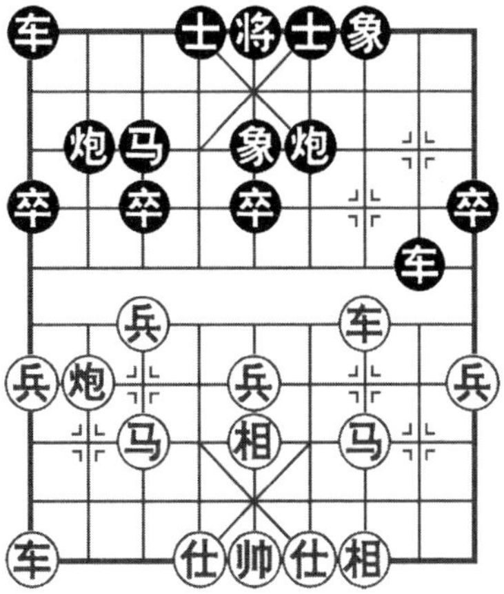

图 37

第一种走法:炮八平七

12. 炮八平七　…………

红方平炮,防止黑方兑卒活马,正着。

12. …………　车 1 平 2

黑如改走卒 3 进 1,红则兵七进一,车 8 平 3,炮七进四,车 3 进 3,炮七平四,炮 2 平 6,车三进二,红方略优。

13. 车九平八　…………

红方亦可改走炮七进三,黑如卒 9 进 1,红则车三平六,车 8 平 6,仕六进五,炮

2平1，车六进二，士4进5，炮七平五，马3进5，车六平五，卒1进1，兵五进一，卒1进1，形成红方多兵、黑方占位好，双方各有顾忌的局面。

13.………… 炮2进5　　14.炮七进三　卒9进1

黑方挺卒，不让红方炮七平一打兵右移，这是细腻的走法。

15.车三平六　…………

红如改走马三进四，黑则士4进5，炮七平六，车8平2，炮六退五，炮2平1，车八平七，前车进4，炮六平三，前车平6，仕六进五，车2进8，炮三进一，马3进4，马七进六，炮1进1，马四退六，马4退6，车三退一，炮1平5，黑方胜势。

15.………… 车8平6

黑方平车控肋，紧要之着，否则红可马三进四，再马四进六抢攻。

16.仕六进五　士4进5　　17.马三进二　…………

红如改走兵五进一，黑则车6进4，马七进五，车6退2，马五退七，车6平2，黑方子力灵活，易走。

17.………… 车6平8　　18.马二退三　车8平2

19.车六退四　…………

红方退底车，化解炮2平5打相的手段，属无奈之着。

19.………… 后车进3　　20.兵七进一　车2平3

21.马七进六　卒1进1　　22.马三进二　车3平4

黑方同样用车顶马，应改走车3平8为宜。

23.炮七退三　炮2退3　　24.车八进四　炮6进1

25.炮七平六　车4平3　　26.炮六退一　士5退4

黑方退士，劣着，应改走车3进2为宜。

27.炮六平九　车3进2　　28.马六进四　炮2平4

29.车八平三　车2退2　　30.车三进二　炮6退1

31.马四进二　车3平1　　32.炮九平七　炮6平8

33.马二进四

红方优势。

第二种走法：仕六进五

12.仕六进五　士4进5

黑如改走卒3进1，红则兵七进一，车8平3，马七进六，士4进5，车九平六，炮2平1，车三进二，车1平2，马三进二，卒9进1，马二进四，车2进6，马六退八，车3平6，双方平稳。

13. 车九平六　炮 2 平 1　　14. 炮八平七　…………

红如改走马七进八，黑则炮 1 进 4，马八进七，车 1 平 2，炮八平七，卒 1 进 1，马三进四，车 2 进 4，马四进三，车 8 平 4，车六进五，车 2 平 4，炮七退一，车 4 进 2，车三平六，车 4 平 3，炮七平九，象 5 进 7，黑方易走。

14. …………　车 1 平 2　　15. 炮七进三　卒 9 进 1

16. 马三进四　车 2 进 3　　17. 炮七平六　车 8 平 6

18. 马四退三　…………

红如改走马七进六，黑则车 6 平 2，马六进五，马 3 进 5，马四进五，炮 1 平 4，黑方得子。

18. …………　车 2 进 4　　19. 炮六平七　炮 1 进 4

黑方略优。

第 38 局　红平车捉马对黑进马踩兵(十六)

1. 炮二平五　马 8 进 7　　2. 马二进三　车 9 平 8

3. 车一平二　马 2 进 3　　4. 兵七进一　卒 7 进 1

5. 车二进六　马 7 进 6　　6. 马八进七　象 3 进 5

7. 炮八进一　卒 7 进 1　　8. 车二平四　马 6 进 7

9. 车四平二(图 38)　…………

红方平车牵住黑方车炮，是力争主动的走法。

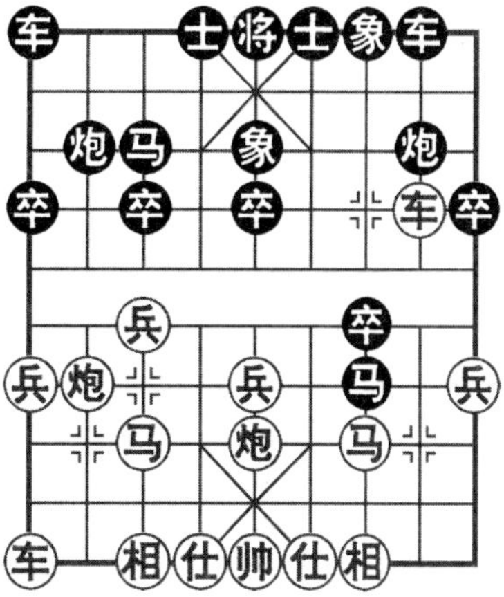

图 38

如图 38 形势，黑方有两种走法：车 1 进 1 和炮 2 进 1。现分述如下。

第一种走法：车 1 进 1

9. …………　车 1 进 1

黑方出高车，开动右翼主力。

10. 炮五平六　…………

红如改走炮八平七，黑则车 8 进 1，车九平八，炮 2 退 2，炮五平六，炮 2 平 3，马七退九，炮 8 平 9，车二进二，车 1 平 8，相七进五，车 8 进 6，仕六进五，炮 9 进 4，相五进三，车 8 平 7，相三退五，车 7 进 1，炮七退二，马 7 进 6，黑优。

10. …………　车 8 进 1　　11. 相七进五　炮 8 平 9

12. 车二平一　…………

红方平车吃卒谋取实利，是保持变化的走法。

12. …………　车 8 平 4　　13. 仕六进五　炮 2 进 2
14. 炮八进一　车 4 进 5　　15. 炮八平三　车 4 平 3
16. 车九平八　炮 2 平 5

黑如改走车 3 进 1，红则车八进五，卒 3 进 1，车八退一，卒 3 进 1，车八平七，车 3 退 2，相五进七，红方稍好。

17. 马七退六　车 1 平 6　　18. 车一平三　车 6 进 5
19. 车八进六　炮 5 平 7

黑如改走卒 3 进 1，红则车八平七，卒 3 进 1，炮三进五，象 5 退 7，车七进一，红方易走。

20. 车八平七　炮 9 平 6　　21. 炮六进六　士 6 进 5
22. 炮六平七　象 7 进 9　　23. 车七平五　象 5 退 3
24. 车五平七

红方多兵占优。

第二种走法：炮 2 **进** 1

9. …………　炮 2 进 1

黑方高炮牵制红方过河车，是含蓄的走法。

10. 车二退一　士 4 进 5　　11. 炮五平六　车 1 平 4
12. 炮六进二　车 8 进 1

黑方高车准备摆脱牵制，是灵活的走法。

13. 相七进五　炮 2 退 2　　14. 炮八平六　车 4 平 2
15. 前炮进四　…………

红如改走相五进三，黑则炮 8 平 7，车二进三，炮 2 平 8，黑不难走。

15. …………　士 5 进 4　　16. 相五进三　炮 8 平 7
17. 车二平八　炮 2 平 1　　18. 车九平八　车 2 进 4
19. 车八进五　车 8 进 6

黑可抗衡。

小结：第 37 和 38 局分别是红方车四平三和车四平二的攻法，此局势趋向平稳，难以保持先手，黑方可以从容取得抗争机会，故红方这种走法在实战中已很少被采用。

第 39 局　红平车捉马对黑冲卒胁马(一)

1. 炮二平五　马 8 进 7　　2. 马二进三　车 9 平 8

3. 车一平二　马 2 进 3　　4. 兵七进一　卒 7 进 1

5. 车二进六　马 7 进 6　　6. 马八进七　象 3 进 5

7. 炮八进一　卒 7 进 1　　8. 车二平四　卒 7 进 1(图 39)

黑方冲卒胁马,展开对攻,也是其中的一路变例。

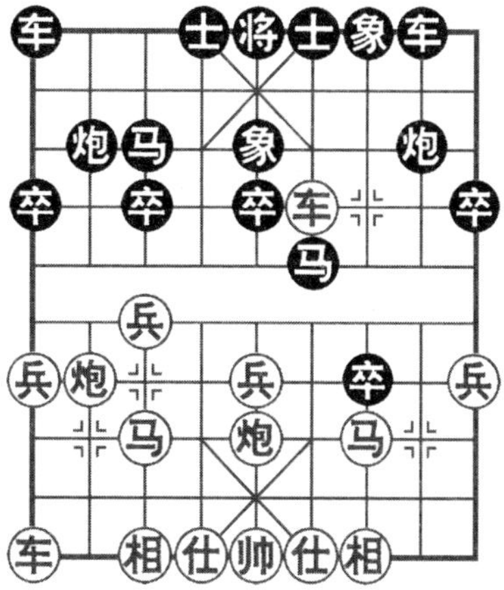

图 39

如图 39 形势,红方有两种走法:马三退五和马三退一。现分述如下。

第一种走法:马三退五

9. 马三退五　马 6 退 4

黑如改走马 6 进 8,红则炮八平三,士 4 进 5,车九平八,炮 2 平 1,马七进六,炮 8 平 6,马六进七,车 8 进 4,车八进三,车 8 平 6,车四退一,马 8 退 6,炮三平二,炮 6 进 1,马七进九,车 1 进 2,炮二进四,炮 6 退 1,马五进七,红方易走。

10. 车四退二　车 1 进 1

11. 炮八平三　…………

红方平炮打卒,消除隐患。也可改走炮八进三,黑如接走炮 8 进 7,红则炮八平六,车 8 进 1,车九平八,车 1 平 6,车四进四,车 8 平 6,马五进三,卒 7 进 1,仕六进五,炮 2 退 2,车八进七,炮 8 退 7,炮六平九,车 6 进 4,炮五进四,士 6 进 5,炮五退二,炮 2 平 3,相七进五,卒 7 进 1,炮九平一,红方多兵占优。

11. …………　车 1 平 7　　12. 炮三平二　…………

红方平炮打车,防止黑炮沉底进攻。

12. …………　炮 8 平 9　　13. 炮二平四　车 7 进 5

14. 炮四进六　…………

红方挥炮破士,展开对攻。如改走车九平八,则卒 3 进 1,兵七进一,马 4 进 2,马七进八,象 5 进 3,局势相对平稳。

14. …………　车 8 进 8　　15. 炮五平三　马 4 进 3

16. 相七进五　…………

红如改走车四平七,黑则车 8 平 6,黑方易走。

16. …………　车 7 进 1

黑方应改走马 3 进 5,谋取多卒为宜。

17. 相五进七

互缠中,红较易走。

第二种走法:马三退一

9. 马三退一　…………

红方退边马,是改进后的走法。

9. …………　炮8进5

黑如改走马6退4,红则车四平二,马4进3,车九进一,也是红方易走。

10. 车四退一　炮8平3　　11. 炮八平三　车8进8

12. 炮三进四　士4进5

黑方补士,嫌缓。如改走炮2进6,则炮三平七,炮2平9,炮五进四,士4进5,车九平八,也是红优。

13. 车九平八　炮2进6　　14. 仕六进五　…………

红方未急于兑子,而是抢先补仕,构思极为巧妙。

14. …………　车1平2

黑如改走车8平9,红则车八进一,车1平3,车八平七,炮3平4,车四平六,红方优势。

15. 炮三平七　车8平9　　16. 车四平六　…………

红方平车抢占肋道,是紧要之着。

16. …………　车9退2　　17. 车六退四　…………

红方退车捉炮,可以谋得一子,由此奠定胜局。黑如接走炮2退2,红则车六平七,黑方也要丢子。

17. …………　车2进2　　18. 车八进一　车2平3

19. 车八进二　士5退4　　20. 车六平七　炮3平2

21. 车七进二

红方多子胜势。

小结:此局中黑方第8回合冲卒胁马是少见的应法,实战效果欠佳。

第40局　红退车捉马对黑冲卒胁马(二)

1. 炮二平五　马8进7　　2. 马二进三　车9平8

3. 车一平二　马2进3　　4. 兵七进一　卒7进1

5. 车二进六　马7进6　　6. 马八进七　象3进5

7. 炮八进一　卒7进1　　8. 车二退一　…………

红方退车捉马,可保留牵制黑方车炮的手段,是改进后的走法。

8. …………　卒7进1

黑方冲卒胁马，正着。

9. 马三退五　…………

红方退窝心马，保持变化。如改走车二平四，则卒 7 进 1，车四平二，车 1 进 1，车九进一，车 8 进 1，黑方易走。

9. …………　马 6 退 7　　10. 车二进一　车 1 进 1

黑方高右横车，准备实施弃子抢攻战术。

11. 马七进六　…………

红方跃马控制河口，是稳健的选择。

11. …………　车 1 平 6

黑方平车左肋，正着。如改走车 1 平 4，则马五进七，卒 7 进 1，炮八平六，车 4 平 2，车九平八，卒 7 平 6，炮五平六，炮 2 进 6，仕六进五，车 2 进 5，相七进五，卒 6 进 1，炮六退一，卒 6 平 5，仕四进五，车 2 平 4，车八进一，炮 8 平 9，车二平三，马 7 退 9，仕五退四，卒 9 进 1，炮六平一，红优。

12. 炮八平三（图 40）　…………

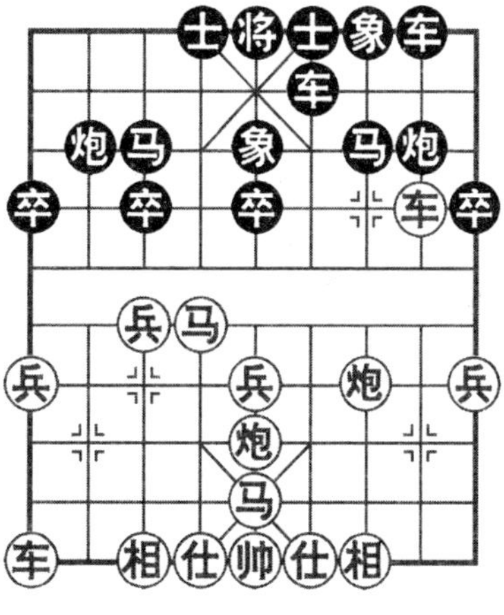

图 40

红方平炮打卒，消除隐患。如改走马五进七，则卒 7 进 1，仕六进五，马 7 进 6，马六进四，车 6 进 3，马七进六，车 6 平 4，炮八进一，炮 8 平 7，车二平三，车 8 进 2，黑方稍优。

如图 40 形势，黑方有两种走法：车 6 进 4 和炮 2 进 3。现分述如下。

第一种走法：车 6 进 4

12. …………　车 6 进 4

黑方进车捉马，嫌软。

13. 马五进七　炮 2 进 2

14. 车九平八　炮 2 平 4

15. 炮五平三　炮 8 平 9

黑如改走炮 4 退 1，红则车二退五，炮 8 平 9，车八进一，红方先手。

16. 车二平三　马 7 退 5　　17. 车八进八　…………

针对黑方窝心马的弱点，红方伸车下二路，此乃凶狠之着。

17. …………　马 5 退 3　　18. 车八平七　士 6 进 5

19. 仕六进五　卒 9 进 1　　20. 相七进五　炮 9 平 6

黑方应改走后马进 1，较为顽强。

21. 前炮进六　象5退7　　22. 车七进一　象7进5
23. 车七退一　车8进4　　24. 炮三平四　炮4退1
25. 车三退三　车6平8　　26. 车三平四

红方优势。

第二种走法:炮2**进**3

12. …………　炮2进3

黑方进炮打马,争先之着。

13. 马五进七　…………

红如改走兵七进一,黑则卒3进1,车二平三,车6进7,马五进七,炮8进7,仕六进五,车6平7,帅五平六,车7进1,帅六进一,炮2退4,黑优。

13. …………　炮2平4　　14. 马七进六　车6进4
15. 车二平三　…………

红如改走炮五平三,黑则炮8平9,车二平三,车6平4,前炮进四,车8进6,双方大体均势。

15. …………　炮8进7　　16. 仕六进五　车6平4
17. 炮三进四　象5退3　　18. 相七进九　车8进7
19. 炮五平三　士6进5　　20. 车九平六　车4平6
21. 车六进二　炮8平9　　22. 炮三平五　车8退1

黑方易走。

第41局　红退车捉马对黑冲卒胁马(三)

1. 炮二平五　马8进7　　2. 马二进三　车9平8
3. 车一平二　马2进3　　4. 兵七进一　卒7进1
5. 车二进六　马7进6　　6. 马八进七　象3进5
7. 炮八进一　卒7进1　　8. 车二退一　卒7进1
9. 马三退五　马6退7　　10. 车二进一　车1进1
11. 车二平三　…………

红方平车压马,力争主动。

11. …………　车1平6

黑方平车抢占肋道,准备弃马争先。

12. 炮八平三　…………

红如改走车三退三,黑则马7进8,车三进一,车6进7,炮八退二,车6退3,车三进二,马8进9,黑方易走。

12. ………… 车6进7

黑方进车塞相眼，暗伏杀机。

13. 炮五平二 …………

红方不敢吃马，否则炮8进7难以应付。

13. ………… 炮8平9　14. 炮二进四 …………

红方进炮封车，必走之着。另有两种走法：

①炮二平六，马3退5，炮六退一，车6退1，炮六进六，车8进8，炮三进四，马5进7，马五进三，马7退8（如车6平3，则炮六平三，炮2平7，车三进一，车8平7，相七进五，双方局势平稳），车九平八，炮9平4，车八进七，炮4进1，车三退二，车6平3，黑方多子胜势。

②车三进一（如炮三进四，则车8进7，下伏车8平6杀着），车8进7，马七进六，炮9进4，马五进七，炮9进3，黑方优势。

14. ………… 马3退5

黑如改走炮2进1，红则车九平八（如炮五平二，则卒5进1，后炮进六，炮2平7，黑优），马3退1，炮三进四，卒5进1，车八进六，马1进2，相七进五，车8进1，马五退七，马2退1，仕六进五，红优。

15. 炮三平二（图41） …………

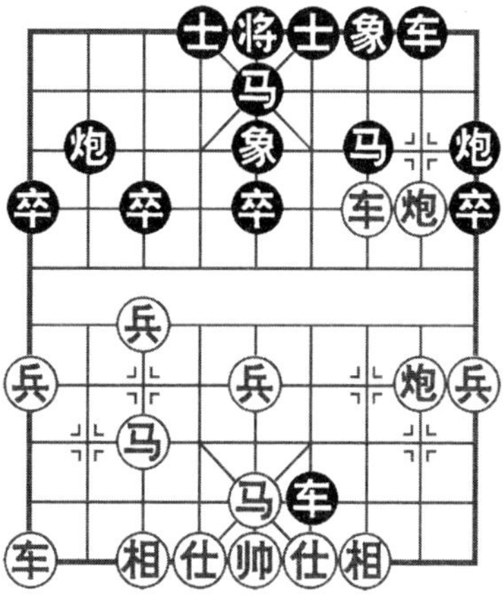

图41

如图41形势，黑方有两种走法：车8平9和炮9退1。现分述如下。

第一种走法：车8平9

15. ………… 车8平9

16. 马七进六 …………

红方跃马，控制河口。如急于车九平八捉炮，则炮2平4，马七进六（如前炮平五，则马7进5，车三平五，车9平8，黑方易走），炮4进1，车三进一，炮4进6，帅五平六，车6进1，帅六进一，马5进7，车八进八，车6退4，马六进七，车9进1，马五进三，车6平3，黑方胜势。

16. ………… 炮9退1　17. 前炮进二 …………

红方进炮拦炮，是红方跃马河口的续进手段，正着。如改走马五进四，则炮9平7，车三平四，马7进8，车四进二，炮2退1，车四退一，车9进2，车四平一，象7进9，车九进二，马5进7，黑呈反占先手之势。

17. ………… 炮9进5

黑如改走车6退7，红则车三平二（如前炮平五，则士6进5，车三平二，炮

9平7,黑方易走),车9平8,马五进七,马7进6,马六进四,车6进3,车九平八,红方先手。

18.马五进七　卒9进1　　19.车九平八　马5退3

20.炮二平八　车9平8　　21.炮二进三　炮2平4

22.炮八进一　炮9进3　　23.仕六进五　炮4进1

24.车三进一　炮4平8

红方优势。

第二种走法:炮9退1

15.…………　炮9退1

黑方退炮,是先弃后取之着。

16.后炮进六　炮9平7　　17.车九平八　…………

红方出车捉炮,正着。另有两种走法:

①车三进一,马5进7,相三进一,马7进6,车九平八,炮2平3,车八进七,炮7进1,后炮进二,炮7平6,马五进六,车6进1,帅五进一,炮3进3,黑方弃子占势,易走。

②炮二平五,炮7进2,炮二退三,炮7进3(如炮7进1,则炮五退二,马7进6,马五进六,车6平4,车九平八,车4退2,车八进七,车4退3,炮二进三,车4平5,相七进五,马5进7,马七进六,红方呈胜势),炮五退二,马7进6,炮二退三,炮7退4,马五进六,马6进7,马六进五,车6退4,黑方易走。

17.…………　炮2平3

黑如改走炮7进2,红则车八进七,马7退8,炮二平五,马8进7,炮五退二,红方稍优。

18.车三进一　马5进7　　19.相三进一　马7进6

20.车八进七　炮7进1　　21.后炮进二　炮7平6

22.马五进六　车6进1　　23.帅五进一

双方对攻,各有顾忌。

第42局　红退车捉马对黑冲卒胁马(四)

1.炮二平五　马8进7　　2.马二进三　车9平8

3.车一平二　马2进3　　4.兵七进一　卒7进1

5.车二进六　马7进6　　6.马八进七　象3进5

7.炮八进一　卒7进1　　8.车二退一　卒7进1

9.马三退五　马6退7　　10.车二进一　炮8平9

黑方平炮兑车，是高左炮对屏风马左马盘河中的又一种布局变例。

11. 车二进三　…………

红方兑车，是稳健的走法。

11. …………　马7退8

12. 炮八平三　…………

红方平炮打卒，消除隐患。也可改走马七进六，控制河口。

12. …………　车1进1

13. 车九平八　炮2退1(图42)

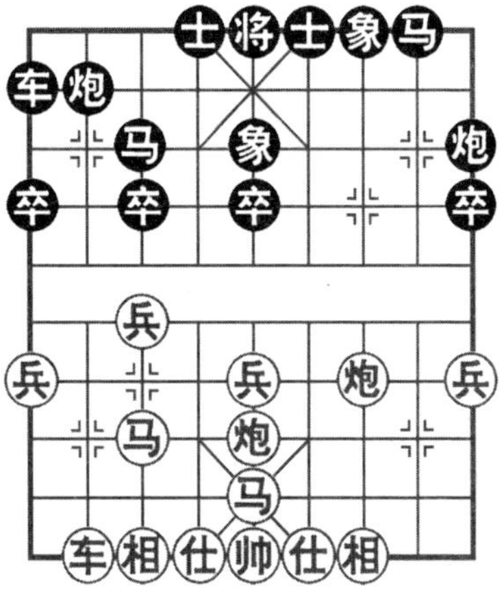

图42

如图42形势，红方有四种走法：车八进五、马七进六、炮三进五和兵五进一。现分述如下。

第一种走法：车八进五

14. 车八进五　马8进7

15. 炮五平三　卒3进1

16. 前炮进六　…………

红方弃炮破象，与前面走法似有不符。稳健的走法是车八退一，马7进6，兵七进一，马6进7，兵七进一，马7退8，车八平二，马8退6，兵七进一，炮9平3，相三进五，红不难走。

16…………　象5退7　　17. 炮三进七　士6进5

18. 车八平七　炮2进1

黑方高炮保马兼通车路，正着。

19. 马五进三　…………

红如改走车七平三，黑则炮9退1，使红方七路兵不能渡河，如改走马七进六，则车1平4，马五进七，车4进3，车七进一，炮2退1，兵七进一，车4平8，黑方有退车捉炮和平炮打车等手段，占优。

19. …………　车1平4　　20. 马三进四　车4进6

21. 马七进八　…………

红如改走马四进三，黑则马3进4，仕四进五，车4退1，红车不能右移来配合沉底炮攻势，也是黑方占优。

21. …………　车4退2　　22. 马四进三　马3进4

黑方进马拦车，好棋！这样黑方在稳固的防守中可逐步发挥多子的潜在优势。

23. 炮三平一　车 4 进 3　　24. 马八进七　炮 9 退 1

25. 车七平八　炮 2 平 4　　26. 仕四进五　炮 9 平 7

黑方多子易走。

第二种走法:马七进六

14. 马七进六　…………

红方跃马河口,是稳健的走法。

14. …………　马 8 进 7

黑方进马,控制红河口马进路。如改走炮 2 平 9,则马五进七(若马六进五,则车 1 平 7,炮三退一,车 7 进 5,兵五进一,后炮平 5,兵五进一,马 3 进 5,炮五进四,炮 9 进 4,兵九进一,炮 5 进 2,兵五进一,炮 9 退 2,黑优),车 1 平 7,马六进四,车 7 进 3,马七进六,士 6 进 5,车八进一,车 7 平 8,车八平三,红优。

15. 炮三进三　炮 2 平 7　　16. 炮五平三　炮 7 进 2

17. 炮三进五　车 1 平 4　　18. 马五进七　…………

红如改走炮三平七,黑则车 4 进 4,炮七平一,象 7 进 9,相七进五,车 4 退 1,和势。

18. …………　车 4 进 3　　19. 相七进五　卒 3 进 1

20. 兵七进一　…………

红如改走炮三平七,黑则炮 9 平 3,兵七进一,象 5 进 3,车八进四,象 7 进 5,马七退五,双方均势。

20. …………　车 4 平 3　　21. 炮三平七　炮 9 平 3

22. 车八进五　车 3 进 2　　23. 车八退二　车 3 平 2

24. 马六退八　炮 3 进 4

双方均势。

第三种走法:炮三进五

14. 炮三进五　…………

红方进炮打车,是失先之着。

14. …………　炮 2 进 5　　15. 炮三退二　炮 2 平 9

16. 车八进一　车 1 平 7　　17. 炮三平七　前炮进 3

18. 炮七平六　后炮平 6

黑方平肋炮,是运子取势的好棋。

19. 炮五平六　车 7 进 7

黑方进车下二路,为反击打下伏笔。

20. 车八进七　车7平6　　21. 马五进六　车6进1
22. 帅五进一　士6进5　　23. 兵七进一　车6平5
24. 帅五平六　炮6进6　　25. 炮六平二　车5退2
黑方胜势。

第四种走法:兵五进一

14. 兵五进一　炮2平9
黑方平边炮,寻隙出击。
15. 车八进三　…………
红方进车兵林线,势在必行。
15. …………　车1平6
黑方抢出肋车,是抢先的走法。
16. 炮五平二　前炮进4　　17. 炮二进一　前炮退1
18. 车八平四　车6平7
黑方平车避兑,保持变化,正着。
19. 马七进五　车7进3　　20. 炮二平一　马8进7
21. 炮三进四　车7退2　　22. 相三进五　车7进2
23. 车四平二　卒9进1
黑方略优。

第43局　红退车捉马对黑冲卒胁马(五)

1. 炮二平五　马8进7　　2. 马二进三　车9平8
3. 车一平二　马2进3　　4. 兵七进一　卒7进1
5. 车二进六　马7进6　　6. 马八进七　象3进5
7. 炮八进一　卒7进1　　8. 车二退一　卒7进1
9. 马三退五　马6退7　　10. 车二进一　炮8平9
11. 车二平三　…………
红方平车压马,是保持变化的走法。
11. …………　车8进2　　12. 炮五平四　炮2退1
13. 炮四进六　…………
红方进炮拦炮,必然之着。如改走炮四进五,则炮2平7,炮四平二,炮7进2,黑不难走。
13. …………　卒7平8(图43)
黑方平卒,有力之着。如改走炮9退1,则炮四退一,炮2平7,炮四平二,炮7进2,炮八平三,红方较优。

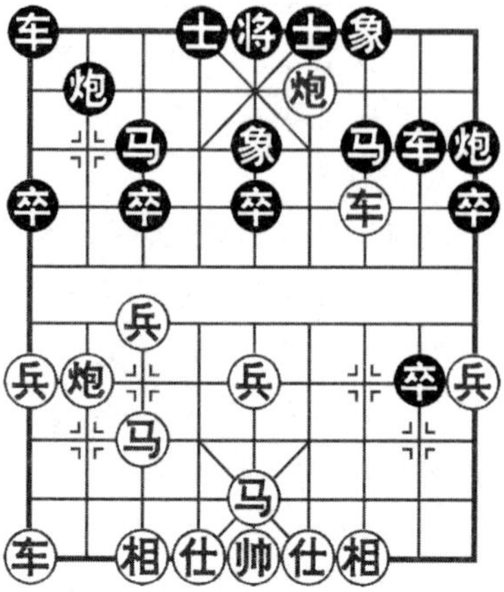

图 43

如图43形势,红方有三种走法:炮八平二、马七进六和车九进一。现分述如下。

第一种走法:炮八平二

14.炮八平二　…………

红方挥炮去卒,是稳健的选择。

14.…………　车8进4

15.车三进一　…………

红如改走车九平八,黑则炮2平4,车三进一,马3退5,车三平四,炮4平6,车四进一,马5退3,马七进六,马3进4,双方大体均势。

15.…………　马3退5

黑方退马,妙手兑炮,红方先手攻势顿时消失。

16.车三平四　炮2平6　　17.车四进一　马5进3

18.车九平八　士4进5　　19.马七进六　车1平4

黑方平车捉马,从而抢出右车。

20.马五进七　车4进4　　21.车八进六　卒3进1

22.兵七进一　车4平3　　23.车四退三　车8退2

24.车四平二　车3平8　　25.相七进五　车8平4

双方均势。

第二种走法:马七进六

14.马七进六　…………

红方进马助攻,推动攻势。

14.…………　马7退8

黑马以退为进,着法老练。

15.马五进七　炮2进2　　16.炮四退二　士4进5

17.车九进一　车8进2　　18.炮四平七　炮9进4

19.车九平四　卒9进1　　20.车四进四　车8平6

21.马六进四　卒5进1　　22.车三退二　车1平4

23.炮八平二　车4进3

双方对抢先手。

第三种走法:车九进一

14. 车九进一　…………

红方高横车防止黑方炮 2 平 4 反击,稳健的走法。

14. …………　炮 9 退 1

黑方退炮打车,是比较积极的走法。

15. 炮四退一　炮 9 平 7　　16. 炮四平二　炮 7 进 2

17. 炮八平二　炮 7 进 3　　18. 马七进六　车 1 平 2

19. 马五进七　炮 2 进 7

黑方进炮拦车,必走之着。

20. 后炮退二　炮 7 退 2　　21. 兵九进一

红方易走。

第 44 局　红退车捉马对黑冲卒胁马(六)

1. 炮二平五　马 8 进 7　　2. 马二进三　车 9 平 8

3. 车一平二　马 2 进 3　　4. 兵七进一　卒 7 进 1

5. 车二进六　马 7 进 6　　6. 马八进七　象 3 进 5

7. 炮八进一　卒 7 进 1　　8. 车二退一　卒 7 进 1

9. 马三退五　马 6 退 7　　10. 车二进一　炮 8 平 9

11. 车二平三　车 8 进 2　　12. 炮五平四　炮 2 退 1

13. 炮四进六　炮 2 平 4　　14. 炮八平三　炮 4 进 2

15. 车三退二　炮 4 退 1　　16. 车九进一　车 1 进 1

17. 车九平六　车 1 平 6

18. 车六进六(图 44)　…………

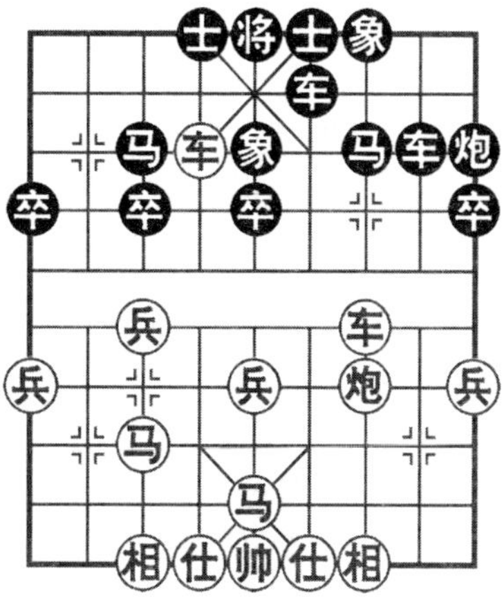

图 44

如图 44 形势,黑方有两种走法:车 6 进 7 和马 7 进 8。现分述如下。

第一种走法:车 6 进 7

18. …………　车 6 进 7

针对红方窝心马的弱点,黑方进车别马,准备弃子抢攻,甚有胆识。如改走车 6 平 3,则车三进二,红方易走。

19. 车六平七　炮 9 进 4

20. 马五进四　马 7 进 6

21. 炮三进六　士 6 进 5

22. 炮三退三　车 6 退 2　　23. 炮三平七　将 5 平 6

24. 仕六进五　马 6 进 5　　25. 车三进四　…………

红如改走马七进五，黑则炮 9 平 5，帅五平六，炮 5 退 2，车三平六，车 8 进 4，也是黑方易走。

25. …………　马 5 退 3

红伏有车七平五再炮七进三的攻杀手段，黑退马踩兵，巧解危局，弈来甚是精妙！

26. 车三退六　…………

红方退车，无奈之举。如改走车七平五，则马 3 进 4，帅五平六（如仕五进六，则车 6 进 3，帅五进一，车 8 进 6，帅五进一，车 6 退 2，黑胜），车 6 平 3，解杀还杀，黑方得车，胜定。

26. …………　炮 9 退 2　　27. 车三进三　…………

红方进车拦炮，防止黑方平中叫将取势。

27. …………　马 3 进 4　　28. 帅五平六　车 6 平 3

29. 车三平四　将 6 平 5　　30. 仕五进六　车 3 进 1

31. 相七进五　车 3 平 4　　32. 帅六平五　车 4 平 3

黑方得仕后，再平车拴链红方车炮，是老练的走法。

33. 炮七退二　炮 9 进 5

黑方优势。

第二种走法：马 7 进 8

18. …………　马 7 进 8

黑方进马，弃子搏杀，是有预见的下法。

19. 车六平七　马 8 进 7

黑马换炮，明智。另有三种走法：

①马 8 进 9，车三进二，马 9 进 8，炮三退二，车 6 进 7（如车 8 平 6，则马五进四），马五进六（也可马五进四），车 8 进 5，车七退一，车 8 平 3，车七平五，红优。

②车 6 进 7，炮三进六，士 6 进 5，马五进六，炮 9 进 4，仕六进五，红优。

③车 6 进 4，炮三进六，士 6 进 5，车三平四，马 8 进 6，马五进四，车 8 进 4（如马 6 进 4，则炮三退八），车七平五，炮 9 平 6，仕六进五，红优。

20. 车三退一　车 6 进 7　　21. 马五进四　…………

红方进马，正着。如改走马五进六，则车 8 进 5，黑方得回失子，红方并不满意。

21. ………… 车8平6

黑方平车捉马，正着。如误走车8进5，则车三进六，炮9平3，马四退二，车6退1，马二进三，车6平3，车三退三，红方占优势。

22. 车七退一 …………

红方退车吃卒，是高明的走法。如改走马七退五，则车6进3，车七退一，炮9平6，马五进七，前车进1，帅五平四，车6进1，帅四平五，车6平7，红方有顾忌。

22. ………… 后车进4　23. 车三平四 车6退2

24. 车七平九 卒5进1　25. 车九平五 炮9退1

26. 车五平一 炮9进5　27. 车一平五

红方多兵易走。

第45局　红退车捉马对黑冲卒胁马(七)

1. 炮二平五 马8进7　2. 马二进三 车9平8

3. 车一平二 马2进3　4. 兵七进一 卒7进1

5. 车二进六 马7进6　6. 马八进七 象3进5

7. 炮八进一 卒7进1　8. 车二退一 卒7进1

9. 马三退一 …………

红方退边马，是马三退五的改进之着。

9. ………… 马6退7　10. 车二进一 炮8平9

黑方平炮兑车，是稳健的走法。如改走车1进1，则车二平三，炮8进5(如马3退5，则车九进一，炮8退1，车九平四，马5退3，车三平四，红优)，炮八平三，炮8平3，炮三进四，红优。

11. 车二平三 …………

红方平车压马，是为了保持变化。亦可改走车二进三，马7退8，炮八平三，车1进1，车九平八，炮2退1，车八进一，卒3进1，兵七进一，炮2平3，马七进六，红方易走。

11. ………… 车8进2

黑如改走马3退5，红则车九进一，炮9退1，车九平四(如车三退三，则卒3进1，兵七进一，车1平3，马七进六，车3进4，黑方满意)，红方先手。

12. 炮五平四(图45) …………

红方平炮仕角，防止黑方退炮打车，是稳健的选择。

如图45形势，黑方有两种走法：马3退5和炮2退1。现分述如下。

第一种走法:马 3 退 5

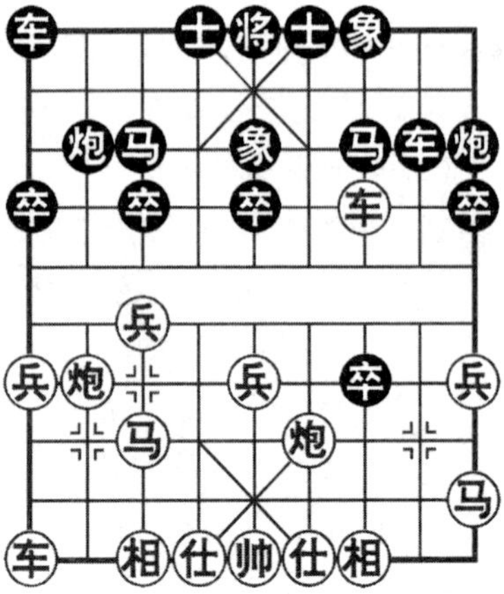

图 45

12. ………… 马 3 退 5

黑如改走炮 9 退 1,红则炮四进五打车,红优。

13. 炮八平三 炮 9 退 1

14. 炮三平二 …………

红如改走车九平八,黑则马 5 退 3,炮三进四,车 8 平 7,车三进一,炮 2 平 7,马七进六,炮 7 平 6,马六进五,车 1 进 1,炮四平九,车 1 平 7,相七进五,车 7 进 5,车八进三,炮 9 进 5,仕六进五,卒 9 进 1,马五退六,士 6 进 5,双方均势。

14. ………… 车 8 进 2

15. 相三进五 车 1 平 3

16. 车九平八 炮 2 平 4　　17. 车八进三 卒 3 进 1

18. 车八平六 车 3 进 2　　19. 炮四平二 车 8 平 6

20. 兵七进一 炮 9 平 7　　21. 车三平二 马 5 退 3

黑如改走车 6 平 3,红则车二进二,也是红方先手。

22. 马七进八 车 3 进 2　　23. 车二进二

红方先手。

第二种走法:炮 2 退 1

12. ………… 炮 2 退 1

黑方退炮,准备打车争先。

13. 炮四进六 …………

红方进炮拦车,正着 。如改走炮四进五,则炮 2 平 7,炮四平二,炮 7 进 2,炮八平三,车 1 进 1,车九进一,车 1 平 8,炮二平五,炮 7 进 6,马一退三,象 7 进 5,双方各有千秋。

13. ………… 炮 2 平 4

黑如改走炮 9 退 1,红则炮四退一,炮 9 平 7,炮四平二,炮 7 进 2,炮八平三,红方先手。

14. 炮八平三 炮 4 进 1　　15. 车九进一 炮 9 退 1

黑如改走车 1 进 1,红则车九平六,车 1 平 6,车六进六,车 6 进 7,车六平七,车 6 平 9,仕六进五,红优。

16. 炮三进四　炮 4 平 7　　17. 相三进五　炮 7 平 6
18. 炮四平七　卒 3 进 1　　19. 兵七进一　车 1 进 1
20. 兵七进一　车 1 平 3　　21. 兵七进一　车 3 进 1
双方各有千秋。

第 46 局　红退车捉马对黑冲卒胁马(八)

1. 炮二平五　马 8 进 7　　2. 马二进三　车 9 平 8
3. 车一平二　马 2 进 3　　4. 兵七进一　卒 7 进 1
5. 车二进六　马 7 进 6　　6. 马八进七　象 3 进 5
7. 炮八进一　卒 7 进 1　　8. 车二退一　卒 7 进 1
9. 马三退一　马 6 退 7　　10. 车二进一　炮 8 平 9
11. 车二平三　车 8 进 2　　12. 车九进一(图 46)　…………

红方高车,开动左翼主力。

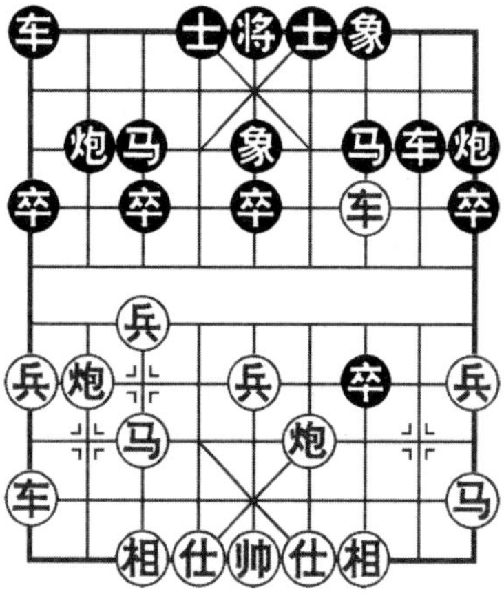

图 46

如图 46 形势,黑方有两种走法:炮 2 退 1 和炮 9 退 1。现分述如下。

第一种走法:炮 2 退 1

12. …………　炮 2 退 1
13. 车九平四　卒 7 进 1

黑如改走炮 2 平 7,红则车三平四,士 4 进 5,前车进二,车 1 平 2,马七退九,炮 7 平 8,炮八平三,象 5 进 7,炮五平三,车 2 进 4,前炮进四,炮 9 平 7,炮三进五,炮 8 退 1,前车平三,象 7 退 9,相七进五,红方多子占优。

14. 车三退四　士 4 进 5
15. 马七进六　炮 9 退 1　　16. 车四平三　车 1 平 4
17. 炮八进一　马 7 进 8　　18. 后车平二　车 4 进 4
19. 仕四进五　炮 2 平 3

黑方平炮,牵制红方左翼底线,正着。

20. 炮五平八　卒 3 进 1　　21. 后炮平六　车 4 平 5

黑方易走。

第二种走法:炮 9 退 1

12. …………　炮 9 退 1　　13. 车三退三　士 4 进 5

黑如改走炮 9 平 7，红则车三平二，车 8 进 4，炮八平二，卒 3 进 1，兵七进一，炮 7 平 3，马七进六，炮 3 进 3，车九平八，车 1 平 2，车八进五，士 4 进 5，马六进五，马 7 进 5，炮五进四，马 3 进 5，车八平五，炮 2 进 7，马一进三，红方多兵易走。

14. 车三平二　…………

红如改走车九平六，黑则车 1 平 4，车六进八，士 5 退 4，车三平二，车 8 进 4，炮八平二，卒 3 进 1，双方均势。

14. …………　车 8 平 9

黑方平车避兑，是后中先的走法。

15. 炮五平三　…………

红如改走车九平六，黑则马 7 进 6，可与红方抗衡。

15. …………　车 1 平 4　　16. 车九平四　炮 2 退 1
17. 车四进三　车 4 进 4　　18. 相三进五　马 7 进 8
19. 车四平二　炮 2 进 3　　20. 车二平六　车 4 进 1
21. 马七进六　马 8 进 6　　22. 车二平四　马 6 进 4

黑方优势。

第 47 局　红退车捉马对黑冲卒胁马(九)

1. 炮二平五　马 8 进 7　　2. 马二进三　车 9 平 8
3. 车一平二　马 2 进 3　　4. 兵七进一　卒 7 进 1
5. 车二进六　马 7 进 6　　6. 马八进七　象 3 进 5
7. 炮八进一　卒 7 进 1
8. 车二退一　卒 7 进 1
9. 马三退一　马 6 退 7
10. 车二进一　炮 8 平 9
11. 车二平三　车 8 进 2
12. 炮八平三　炮 2 退 1(图 47)

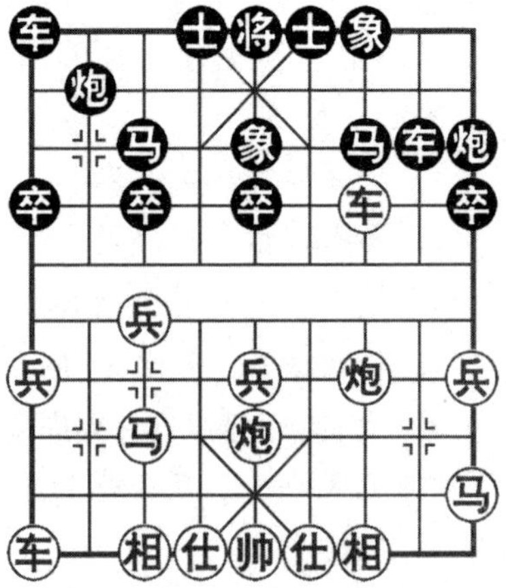

图 47

如图 47 形势，红方有三种走法：炮三平二、炮三进四和炮五平四。现分述如下。

第一种走法：炮三平二

13. 炮三平二　…………

红方平外肋炮，嫌软。

13. ………… 炮2平7　14. 车三平四　车8进2
15. 车九进一　士4进5　16. 车九平四　车1平4
17. 炮五平二 …………

红如改走前车进二，黑则炮7进8，马一退三，车8进2，黑不难走。

17. ………… 炮7进8　18. 马一退三　车8进2
19. 前车平三 …………

红如改走相七进五，黑则马7进8，前车平二，马8进6，也是黑方易走。

19. ………… 车4进7　20. 炮二平三　车4平3
21. 车三进一　炮9进4

黑方反先。

第二种走法：炮三进四

13. 炮三进四 …………

红方以炮换马，是简明的走法。

13. ………… 炮9平7　14. 车九进一　炮2平7
15. 车三平四　车8进3

黑如改走车8进2，红则马七进六，士4进5，马六进五，红方易走。

16. 车九平四 …………

红如改走车四进二，黑则车1进1，炮五进四，马3进5，车四平九，士6进5，车九退二，车8平3，车九进一，车3进1，车九退二，马5进3，车九平六，马3进4，车九退一，士5进4，黑方弃子占势。

16. ………… 士4进5　17. 前车进二　后炮平8
18. 炮五平三　炮7平6　19. 后车进二　炮8进3
20. 相三进五　车1平4　21. 炮三退二　车8进3
22. 后车平二　车8退2

黑如改走车8平9，红则车二进二，车9平7，马七进八，红方先手。

23. 马一进二　炮8平6　24. 车四平二

红方稍优。

第三种走法：炮五平四

13. 炮五平四 …………

红方卸炮，准备士角轰车，是针锋相对的走法。

13. ………… 炮2平7　14. 炮四进五　炮7进2
15. 炮四平二　炮7平8

黑如改走车1进1，红则车九进一，红方先手。

16. 车九进一　马7进6　　17. 炮三进三　车1平2
18. 车九平四　车2进4　　19. 马一进三　炮8进3
20. 马三进四　炮8退1　　21. 马四退二　…………

红如改走炮二退二，黑则车2进3，炮三平七，炮9平6，黑方易走。

21. …………　炮8平4　　22. 车四进三　炮4退4
23. 炮三退四　马6退7　　24. 车四平六　炮4平8
25. 马二进四　卒3进1

双方大体均势。

第48局　红退车捉马对黑冲卒肋马(十)

1. 炮二平五　马8进7　　2. 马二进三　车9平8
3. 车一平二　马2进3　　4. 兵七进一　卒7进1
5. 车二进六　马7进6　　6. 马八进七　象3进5
7. 炮八进一　卒7进1　　8. 车二退一　卒7进1
9. 马三退一　马6退7　　10. 车二进一　炮2进2

黑方右炮巡河，准备左移，是力争主动的走法。

11. 马七进六　…………

红方进马，控制黑马出路。

11. …………　士4进5(图48)

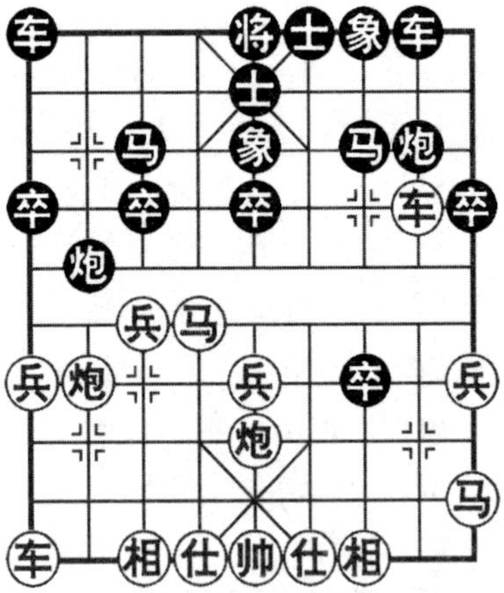

图48

如图48形势，红方有两种走法：兵七进一和炮八平三。现分述如下。

第一种走法：兵七进一

12. 兵七进一　…………

红方弃兵，急于求成。

12. …………　卒3进1
13. 车二平三　卒3进1

黑方冲卒，准备弃子争先，甚有胆识。

14. 马六进四　炮8进7
15. 车三进一　…………

红方应改走炮八平三，较为稳健。

15. …………　卒3进1　　16. 炮八退二　车1平4
17. 炮八平三　炮2进4

黑方进炮打马，巧着！可以追回一子，反夺优势。

18. 车三退四　炮2平9　　19. 炮五平三　车4进4

黑方进车捉马，简明有力。

20. 前炮进七　象5退7　　21. 炮三进八　车8平7

22. 车三进六　车4平6　　23. 仕六进五　车6进2

黑方多子占优。

第二种走法：炮八平三

12. 炮八平三　…………

红方挥炮去卒，消除后顾之忧，是改进后的走法。

12. …………　车1平4

黑如改走炮8平9，红则车二平三，马7退9，车九平八，炮2平9，马一进三，前炮平7，马三退五，车8进6，炮三平四，炮9平6，车三平四，炮6平7，马六进五，马9进8，炮四进六，士5退6，车四进二，红优。

13. 炮五平三　炮8平9

黑方平炮兑车，正着。如改走车4进5，则后炮进五，车4平7，前炮平七，车7进1，车二进一，车8进2，炮七平二，车7平9，车九进一，红方多子占优。

14. 马六退七　…………

红方回马，是以退为进之着。如改走马六进四，则马7进6，车二进三，马6进7，黑方一车换双，红无便宜可占。

14. …………　士5进6

黑如误走车4进4，红则车二进一，卒3进1，兵七进一，车4平3，相三进五，士5退4，车二平三，红方多子胜势。

15. 车二进三　…………

红如改走车二平三，黑则马7退9，车九进一，卒9进1，相三进五，士6进5，黑方具有一定的反击潜力。

15. …………　马7退8　　16. 车九进一　炮9进4

黑如改走车4进4，红则车九平二，马8进7，后炮进五，车4平7，黑方先弃后取，可以满意。

17. 车九平二　马8进9　　18. 前炮进一　车4进4

19. 车二进六　士6进5　　20. 前炮进四　卒3进1

21. 前炮平一

红有攻势。

第49局　红退车捉马对黑冲卒胁马(十一)

1. 炮二平五　马8进7　　2. 马二进三　车9平8

3. 车一平二　马2进3
4. 兵七进一　卒7进1
5. 车二进六　马7进6
6. 马八进七　象3进5
7. 炮八进一　卒7进1
8. 车二退一　卒7进1
9. 马三退一　马6退7
10. 车二进一　炮2进2(图49)

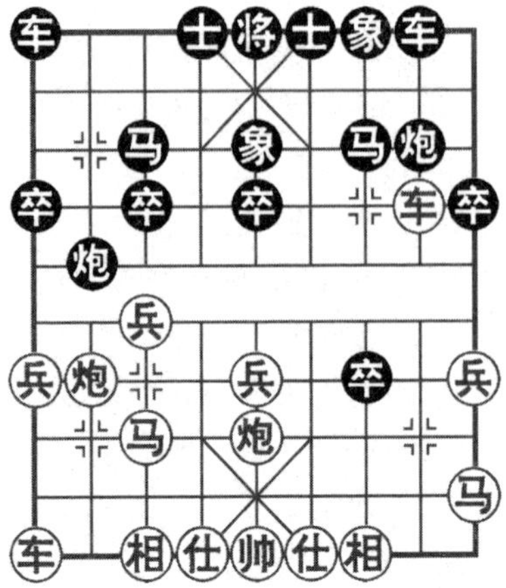

图49

如图49形势，红方有两种走法：车九进一和车二平三。现分述如下。

第一种走法：车九进一

11. 车九进一　马7进6

黑如改走士4进5，红则车二平三，炮8进5，炮八平三，马7退9，车九平二，炮2平7，炮三平四，车8进5，仕四进五，车1平4，仕五进四，车8平6，车二进一，车6进1，仕四退五，车4进6，炮五平四，车4平3，相三进五，炮7平4，车三平一，炮4退3，车二进二，车6平7，车二平六，马9进7，车一退一，炮4退1，双方各有顾忌。

12. 车二平四　卒3进1　　13. 兵七进一　象5进3
14. 炮八平七　马3进4

黑方跃马捉车争先，对形势判断正确。如改走象7进5，则车九平二，红方主动。

15. 车四退一　马4进3　　16. 车四平七　马3进5
17. 相七进五　炮2退3

黑方退炮，着法含蓄有力。如误走车1平2，则车九平八，炮2进3，车七平二，黑方双车双炮受牵制，红优。

18. 车七进三　…………

红方进车捉炮，不如改走车七平二为佳。

18. …………　炮2进1　　19. 车七退一　炮2退1
20. 车七平三　车1平3　　21. 马七进八　炮8平9

黑方平炮亮车，弃卒抢先，是有力的走法。

22. 车三退三　…………

红方退车河口，出于无奈。如改走车三退四去卒，则车8进5捉马，黑方难应。

22. …………　炮9平5　　23. 车九平六　士4进5

黑方子力灵活且有卒过河，占优。

第二种走法：车二平三

11. 车二平三　…………

红方平车压马，是力争主动的走法。

11. …………　炮2平7　　12. 炮八平三　…………

红如改走车三进一，黑则炮8进6，黑有攻势。

12. …………　炮8进6　　13. 炮三平二　车8进5

黑车骑河，正着。如改走炮8平7，则车三平四，车8进5，炮五平二，车8平3，相三进五，车3退1，车九进一，前炮退2，车九平四，红优。

14. 炮五平二　…………

红方卸炮打车，正着。如改走车三进一，则车8平7，黑优。

14. …………　车8平7　　15. 相三进五　车7进2

16. 前炮退二　车7平8　　17. 炮二平九　…………

红方平炮左翼可以掩护右马，正着。

17. …………　马7退8　　18. 车九平八　马8进9

19. 车三平四

红方稍优。

第50局　红退车捉马对黑退马捉车(一)

1. 炮二平五　马8进7　　2. 马二进三　车9平8

3. 车一平二　马2进3　　4. 兵七进一　卒7进1

5. 车二进六　马7进6　　6. 马八进七　象3进5

7. 炮八进一　卒7进1　　8. 车二退一　马6退7

黑方退马捉车，嫌软。

9. 车二退二　…………

红方退车兵线，为以后献兵捉卒创造条件，着法细腻有力。

9. …………　卒7平6

黑方平卒，保持变化。

10. 兵三进一　…………

红方献兵，先弃后取之着。如改走车二进一，则炮2进2，车二平四，炮2平7，黑方易走。

10. …………　卒6平7

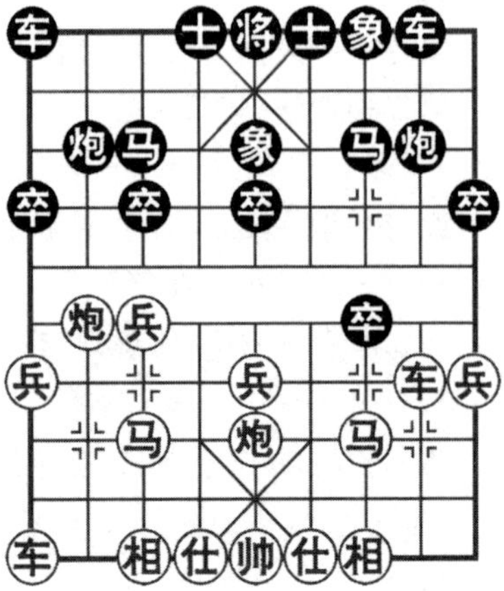

图 50

11. 炮八进一(图 50) …………

如图 50 形势，黑方有两种走法：卒 7 进 1 和炮 8 平 9。现分述如下。

第一种走法：卒 7 进 1

11. ………… 卒 7 进 1

黑方弃卒，摆脱牵制。如改走卒 3 进 1，则兵七进一，象 5 进 3，兵五进一，红优。

12. 车二平三 马 7 进 8

13. 车三进三 炮 8 平 7

黑如改走炮 8 平 6，红则马七进六，士 4 进 5，炮五平六，也是红方先手。

14. 马三进四 马 8 进 6

15. 炮八平四 车 8 进 5

黑应改走炮 7 平 6，红如车九平八，黑则车 1 平 2，可成平稳局势。

16. 炮四进三 士 4 进 5　　17. 车九平八 车 1 平 2

18. 炮四平七 炮 7 平 3　　19. 车八进六 车 8 平 3

20. 马七进八

红方优势。

第二种走法：炮 8 平 9

11. ………… 炮 8 平 9

黑方平炮兑车，是简化局势的走法。

12. 车二进六 车 7 退 8　　13. 炮八平三 车 1 平 2

黑如改走炮 9 平 7，红则车九平八，车 1 平 2，马三退五，炮 2 进 6，马七进六，士 4 进 5，马六进五，马 3 进 5，炮五进四，红方先手。

14. 马三进四 炮 2 平 1　　15. 车九进一 车 2 进 4

16. 炮五平四 炮 9 平 7　　17. 相三进五 马 8 进 9

18. 车九平二 炮 7 进 2　　19. 马七进六 炮 1 进 4

20. 车二进六

红方优势。

第 51 局　红退车捉马对黑退马捉车(二)

1. 炮二平五 马 8 进 7　　2. 马二进三 车 9 平 8

3. 车一平二　马 2 进 3　　4. 兵七进一　卒 7 进 1
5. 车二进六　马 7 进 6　　6. 马八进七　象 3 进 5
7. 炮八进一　卒 7 进 1　　8. 车二退一　马 6 退 7
9. 车二退二　卒 7 进 1　　10. 车二平三　…………

红亦可改走炮八平三，黑则车 1 平 2(如炮 8 平 9，则车二进六，马 7 退 8，车九平八，车 1 平 2，红优)，车九平八，炮 8 进 2，炮三进三，红优。

10. …………　马 7 进 8
11. 车三进三(图 51)　…………

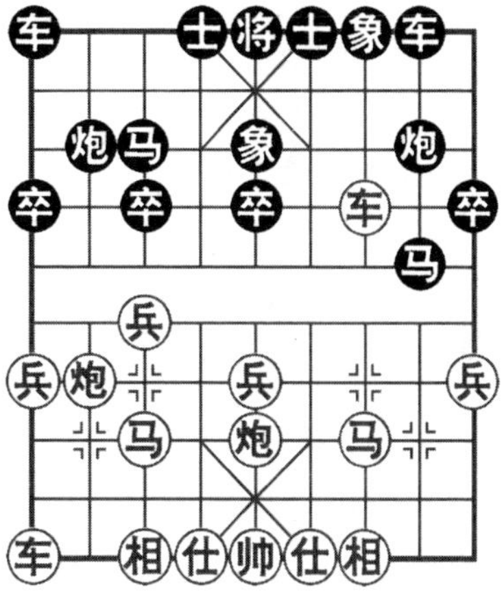

图 51

如图 51 形势，黑方有两种走法：炮 8 平 7 和炮 8 平 6。现分述如下。

第一种走法：炮 8 **平** 7

11. …………　炮 8 平 7

黑方平七路炮，牵制红方右翼子力。

12. 马三进二　马 8 退 9

黑方退马强迫兑子，以防红炮五平二牵制。另有两种走法：

①马 8 进 6，马二进四，马 6 进 5，相七进五，炮 7 平 6，马七进六，红方易走。

②炮 2 退 1，马二进四，炮 2 平 7，马四进三，炮 7 进 2，马三进二，车 1 进 1，车九进一，车 1 平 8，车九平二，车 8 退 1，炮八进三，红方易走。

13. 车三进一　车 8 进 5　　14. 炮五平三　…………

红方卸炮瞄象，是攻守两利之着。

14. …………　车 1 平 3　　15. 炮八进一　车 8 退 2
16. 车三退三　卒 3 进 1　　17. 兵七进一　马 3 退 5
18. 兵七平八　…………

红方平兵兑炮，佳着。

18. …………　车 3 进 7　　19. 炮八进三　马 5 退 3
20. 相七进五　车 3 退 5　　21. 炮八退一　车 8 进 3
22. 兵五进一　卒 9 进 1　　23. 兵五进一

红方优势。

第二种走法：炮 8 **平** 6

11. …………　炮 8 平 6　　12. 兵五进一　…………

红挺中兵,着法灵活。亦可改走炮八平七,则车1平2,车九平八,炮2进4,炮七进三,红方较优。

12.………… 炮2进1 13.兵五进一 士4进5

14.炮八平五 卒3进1

黑如改走卒5进1,红则车三平七,炮2进3,后炮进三,车1平4,车九平八,车4进4(如炮2平3,则前炮平七,炮3退2,兵七进一,红优),车八进三,车4平5,炮五退一,红优。

15.车三退二 卒5进1 16.车九平八 车1平2

17.兵七进一

红方优势。

第52局 黑挺卒逐车对红退车捉马

1.炮二平五 马8进7 2.马二进三 车9平8

3.车一平二 马2进3 4.兵七进一 卒7进1

5.车二进六 马7进6 6.马八进七 象3进5

7.炮八进一 卒7进1 8.车二退一(图52) …………

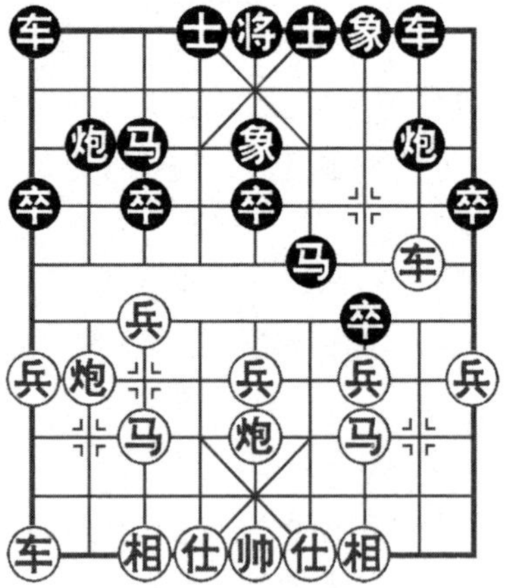

图52

如图52形势,黑方有两种走法:炮2进2和马6进7。现分述如下。

第一种走法:炮2进2

8.………… 炮2进2

黑方高右炮打车,准备弃子抢先,另辟蹊径。

9.车二平四 卒3进1

10.车四进一 …………

红方进车,正着。如改走车四退二,则卒3进1,兵五进一,士4进5,兵五进一,卒5进1,马三进五,车1平4,马五进七,卒5进1,前马进五,炮8进7,马五退三,炮2平7,黑方少子有攻势。

10.………… 卒3进1 11.兵三进一 卒3进1

12.车四平二 …………

红方平车牵住黑方无根车炮,准备弃还一子来保持先手。

12.………… 卒3进1 13.车九进二 卒3平2

14. 车九退一　卒2进1　　15. 车九进一　炮2退3
16. 马三进四　炮2平3　　17. 炮五进四　马3进5
18. 马四进五　车1平2　　19. 马五进三　车8进1
20. 炮八进三

红方优势。

第二种走法:马6**进**7

8. …………　马6进7

黑方进马踩兵,是少见的走法。

9. 炮五平六　…………

红方平炮六路,调整阵形,是稳健的走法。亦可改走车九进一或炮五平四,这样双方另有不同攻守。

9. …………　车1进1

黑方高右车,准备左移取势。如改走士4进5,则相七进五,车1平4,炮六进二,红优。

10. 炮八平六　…………

红方平肋炮,是含蓄有力的走法。

10. …………　车1平8　　11. 车九平八　炮2退1
12. 车二进二　…………

红方一车换双,黑方双马弱点明显,红方占主动。

12. …………　前车进1　　13. 车八进八　后车进1
14. 车八退一　象5退3　　15. 马七进六　马3退5
16. 车八退一　马5进7　　17. 车八平七　象7进5
18. 相七进五

红方优势。

小结:红高左炮对黑进7卒逐车变化,红方第8回合车二退一退车捉马,继续保持对黑方车炮的牵制局型,是对车二平四捉马走法的积极改进,本着法含蓄多变,可以有效遏制黑方的反击,并能保持先手。

第六节　红左横车变例

第53局　红左横车对黑补右士(一)

1. 炮二平五　马8进7　　2. 马二进三　车9平8

3. 车一平二　马2进3　　4. 兵七进一　卒7进1

5. 车二进六　马7进6　　6. 马八进七　象3进5

7. 车九进一　…………

至此，形成中炮过河车对屏风马左马盘河红高左横车变例。红方高左横车，准备抢占肋道，是一种缓步进取的走法。

7. …………　士4进5

黑方补士，巩固阵势，稳健的选择。

8. 车九平六　…………

正着。如改走车九平四，则炮8平6，车二进三，炮6进6，仕四进五，炮2进4，车二退五，炮2平3，相七进九，马6进7，炮五平四，车1平4，车二退三，车4进8，车二平四，车4平3，黑方先弃后取，占优。

8. …………　炮2进2

黑方升炮巡河，策应河口马，应法含蓄。

9. 兵五进一　…………

红方冲中兵攻击黑方中路，是这一变例中的常见走法。

9. …………　卒7进1

黑方冲卒逐车，是力争主动的走法。

10. 车二平四　马6进7

黑方另有两种走法：

①卒3进1，兵七进一，象5进3，兵三进一，炮8平7，兵三进一，炮7进5，炮五进四，马3进5，炮七平三，红占主动。

②卒7进1，车四退一，卒3进1，车四进一，卒7进1，兵七进一，象5进3，车四平二，红优。

11. 兵五进一　…………

红方续中兵，是急攻型的走法。

11. …………　卒5进1

黑如改走炮2退1，红则马三进五，炮8进5，马五进三，马7进5，车四平二，车8进3，马三进二，炮2退2，炮八平五，车1平4，车六平八，炮2平1，马七进五，卒5进1，马五进三，炮8退2，车八进七，车4进3，仕六进五，红优。

12. 马三进五，卒7平6

黑方献卒，延缓红方攻势。

13. 炮五进三　…………

红方炮打中卒，正着。如改走车四退二，则炮8平7，车四平三，象5进7，炮五进三，象 7 进 5，车三平六，车 8 进 3，前车进二，炮 2 退 1，前车平二，炮 2 平 8，炮八进一，马 7 退 5，相三进五，车 1 平 2，炮八进一，马 5 进 3，车六进二，车 2 进 5，车六平七，车 2 退 1，炮五退一，车 2 平 5，炮五平三，双方均势。

13. …………　炮 8 进 4（图 53）

黑方进炮瞄中马，并可摆脱红方车四平二封锁无根车炮的手段。

如图 53 形势，红方有两种走法：车六进四和车六平三。现分述如下。

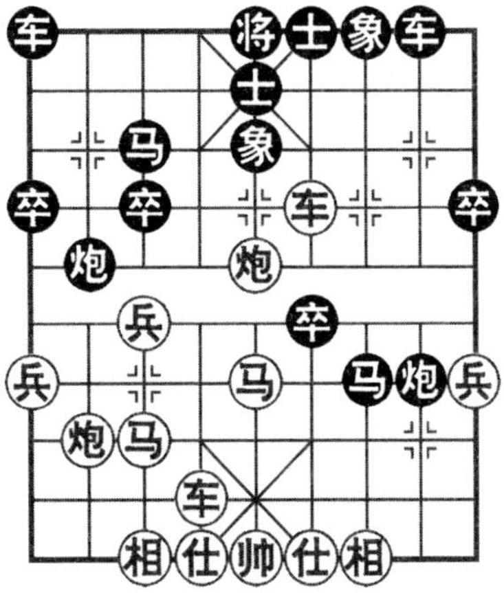

图 53

第一种走法：车六进四

14. 车六进四　…………

红方进车兑炮，力争主动。如改走车四退二，则车 8 进 4，车四平三，炮 8 平 5，马七进五，马 7 进 8，车六平二，车 8 进 4，炮八平三，马 3 进 5，车三进二，车 8 退 2，马五进三，车 8 平 7，相三进五，车 7 进 1，车三平五，车 1 平 4，仕四进五，炮 2 进 5，马三进四，车 4 进 4，黑优。

14. …………　卒 3 进 1

黑方献卒开通马路，是反占先手的关键着法。在以后的变化中，黑方伏有进马捉双的手段。

15. 车六平七　炮 2 平 5　　16. 车七平五　车 1 平 2

17. 炮八进四　…………

红如改走炮八进二，黑则炮 8 平 5，车五退二，马 3 进 4，黑方得子。

17. …………　卒 6 平 5　　18. 马五退三　…………

红如改走马五进三，黑则车 8 进 5，黑方子力灵活，且有卒过河，易走。

18. …………　炮 8 进 2　　19. 炮八退二　车 8 进 7

20. 车四退四　车 2 进 4　　21. 车五平八　马 3 进 2

由于红方在第 14 回合的处理不正确，使黑方及时抓住战机，大兵压境，红方陷入被动挨打的局面。

22. 仕六进五　马 2 退 3　　23. 炮八退二　车 8 退 3

24. 车四进一　车 8 平 7

黑方优势。

第二种走法：车六平三

14. 车六平三　…………

红方平车捉马，正着。

14. ………… 卒6进1 15. 马七进六 车1平4

黑如改走车8进5，红则炮八平三，马7退8(如象7进9，则马六进七，车8平5，马七进五，红方胜势)，车四平三，炮8平7，车三退三，象7进9，前车平四，车8平4，车三平四，马8退7，仕四进五，卒3进1，炮五平八，马3进2，兵七进一，红优。

16. 炮八平二 马7退8 17. 车四退三 车4进5

18. 车四平二 …………

红如改走车三平八，黑则马8进7，车四平三，炮8平5，车三平五，车8进7，车八进四，车8退2，相七进五，车8平5，车五进一，车4平5，双方均势。

18. ………… 车4进1 19. 车三平六 马8进6

黑方进马大兑子，是正确的走法。如改走车4平3，则马五进六，车3平8，马六进八绝杀，红胜。

20. 车二进六 车4平5 21. 车六平五 马6进4

22. 炮二平六 …………

红方只好平炮顶马。如改走车五进二，则马4进3，帅五进一，炮2进4，杀棋。

22. ………… 车5退2 23. 车五进四 马4退5

24. 相三进五

红方稍好。

第54局 红左横车对黑补右士(二)

1. 炮二平五 马8进7 2. 马二进三 车9平8
3. 车一平二 马2进3 4. 兵七进一 卒7进1
5. 车二进六 马7进6 6. 马八进七 象3进5
7. 车九进一 士4进5 8. 车九平六 炮2进2
9. 兵五进一 卒7进1 10. 车二平四 马6进7
11. 兵五进一 卒5进1 12. 马三进五 卒7平6
13. 炮五进三 炮8平7

黑方平炮攻相，准备通过先弃后取的手段来争取主动。

14. 车四平三(图54) …………

如图54形势，黑方有两种走法：车8进4和卒6进1。现分述如下。

第一种走法：车8进4

14. ………… 车8进4

15. 车三进一　…………

红如改走车三退三，黑则车 8 平 5，车三进四，卒 6 进 1，车六平五，卒 6 平 5，车五进二，车 5 进 2，马七进五，双方局势平稳。

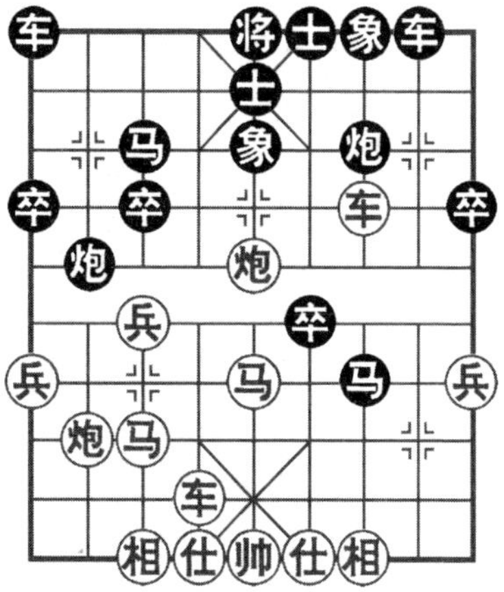

图 54

15. …………　卒 6 进 1

16. 炮五平六　车 8 平 5

17. 炮八进一　…………

红如改走仕四进五，黑则炮 2 进 2，车六进二，炮 2 平 5，马七进五，卒 6 平 5，车六平八，车 5 平 4，车三退四，卒 3 进 1，兵七进一，车 4 平 3，车八平五，和势。

17. …………　卒 6 平 5

18. 炮八平三　卒 5 平 6

19. 仕四进五　卒 6 平 7　　20. 车三退四　车 1 平 4

21. 兵七进一　炮 2 退 4　　22. 兵七进一　炮 2 平 3

23. 兵七进一　车 4 进 4　　24. 车六进四　车 5 平 4

25. 马七退九　车 4 平 3　　26. 相三进五　车 3 进 4

27. 兵七进一

双方均势。

第二种走法：卒 6 进 1

14. …………　卒 6 进 1

黑方进卒捉马弃炮，实施弃子争先计划。

15. 车三进一　…………

红方吃马，接受弃子。如改走马七进六，则卒 6 平 5，车三进一（如车三退三，则车 1 平 4，车三平五，车 8 进 4，炮八平五，车 8 平 7，相三进一，炮 7 平 8，仕四进五，炮 8 进 7，帅五平四，车 4 进 3，车六进二，炮 2 进 4，仕五进六，炮 2 平 9，黑方呈胜势），马 7 退 8，车三退一，马 8 进 6，车三平四，车 8 进 4，马六进七，马 6 进 4，黑方易走。

15. …………　车 8 进 4　　16. 炮五平六　…………

红如改走炮五退一，黑则炮 2 平 7，黑方弃子占势，易走。

16. …………　车 8 平 7　　17. 车三退二　…………

红如改走车三平二，黑则卒 6 平 5，马七进五，车 7 平 5，车六平五，马 7 退

5,炮八平五,车5平4,炮五进二,车1平4,黑方胜势。

17. ………… 炮2平7　18. 炮八进一 …………

红如改走相三进五,黑则卒6平5,马七进五,马7进5,黑优。

18. ………… 卒6平5　19. 炮八平三　炮7平5

20. 仕六进五　卒5平6　21. 帅五平六　卒6平7

黑方有卒过河,易走。

第55局　红左横车对黑补右士(三)

1. 炮二平五　马8进7　2. 马二进三　车9平8

3. 车一平二　马2进3　4. 兵七进一　卒7进1

5. 车二进六　马7进6　6. 马八进七　象3进5

7. 车九进一　士4进5　8. 车九平六　炮2进2

9. 兵五进一　卒7进1　10. 车二平四　马6进7

11. 兵五进一　卒5进1　12. 车四进二 …………

红方进车塞象眼,继续实行急攻的走法。

12. ………… 马7退5

黑方退中马既可防止红炮打象,又可为下一步平7路炮反击做准备,是灵活的走法。如改走炮2退2,则马三进五,卒7平6(如卒5进1,则马五进三,炮8平6,车六进七,马7进5,炮八平五,车8进6,马七进八,红方占先手),车四退四,卒5进1,炮五进二,炮8平7,相三进五,马7退5,车四平五,车8进3,双方各有千秋。

13. 炮五进三　卒3进1

黑方挺卒邀兑红方中炮,化解红方攻势,是机智的走法。如改走车1平4,则车六平四,象7进9,马三进五,炮8进2,炮八进二,马5退7,炮五平二,车8进4,马五进三,马7退6,兵七进一,炮2退3,后车进六,炮2平6,车四平五,车8平7,相三进一,马3退1,车五平八,红方弃子有攻势,占优。

14. 炮五平八　马3进2　15. 炮八进二(图55) …………

如图55形势,黑方有两种走法:马5进3和马5退7。现分述如下。

第一种走法:马5进3

15. ………… 马5进3　16. 马三进五 …………

红如改走炮八平三,黑则卒3进1,马三进五,炮8进7,马五进四,车8进2,炮三进四,车1平4,车六进八,将5平4,也是黑方易走。

16. ………… 卒3进1

17. 马五进四　炮8平7

黑方平炮献炮，是先弃后取的巧妙之着。如改走车1进2保象，则马四进三，车8平9，炮八平三，红方占优。

18. 相三进一　…………

红如改走马四进三吃炮，黑则车8进2，马三进五（如马三退四，则卒3平2，黑方有过河卒，占优），卒3平2，红要丢子。红如改走马四进五，黑则炮7进7，仕四进五，车1平3，炮八平三，车3进2，也是黑占优势。

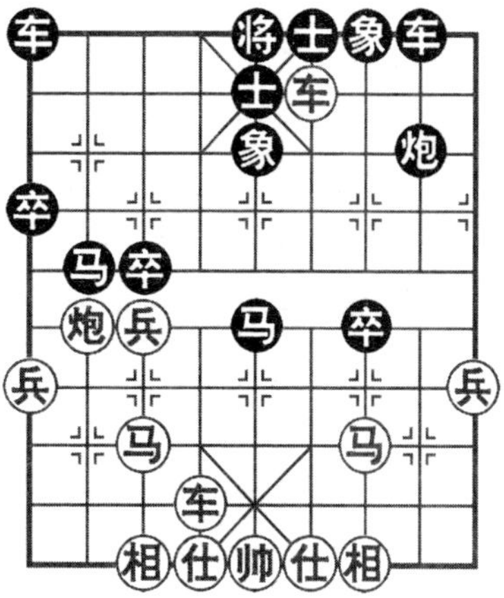

图 55

18. …………　车8进4

19. 炮八平三　…………

红如改走马四进五，黑则车8平5，车六平五，车5进4，帅五进一，车1平3，炮八平三，炮7平6，马五退四，车3进3，也是黑优。

19. …………　炮7平6　　20. 马四进五　…………

红应改走车六进四，黑则马3退5，双方对攻，各有顾忌。

20. …………　车8平5　　21. 车六平五　马3退5

黑方退中马是妙手，由此展开反击。

22. 马五进七　将5平4　　23. 车五平六　卒3平4

24. 后马进五　车1平3　　25. 车六平七　卒4进1

26. 车四平三　象7进9　　27. 炮三平二　车5平8

28. 炮二平四　…………

红方平炮伏炮四进五打士的手段，是力求一搏的走法。如改走车三退四，则马5退4，也是黑方大占优势。

28. …………　炮6平3

黑方平炮拦车捉马，并伏炮3进7攻相的手段，可以谋得一子，为取胜奠定基础，是迅速夺得胜势的巧妙之着！

29. 车七平六　车3进1

黑方得子胜势。

第二种走法：马5退7

15. …………　马5退7　　16. 马三进五　…………

红如改走兵七进一，黑则象5进3。黑方有反架中炮的手段，较为易走。

16.………… 卒3进1 17.炮八平三 炮8进2

黑如改走卒3进1,红则马五进四,红方有攻势。

18.车六平二 象7进9 19.马五进四 车8进2

20.马四进三 炮8退1 21.车四退三 马2退4

22.车四平六 …………

红如改走车四进一,黑则马4进5,黑方反占优势。

22.………… 马7进5 23.马七进五 马5退6

24.车六平五 马6进7 25.马五进三 炮8平5

黑方平炮叫将,是保持变化的走法。如改走车8平7,则车二进五,车7进3,车二平六,立成和势。

26.车五进一 车8进6 27.车五平六 象9进7

黑方飞象顶马,紧要之着。

28.相七进五 卒3进1 29.前马退四 卒1进1

黑方易走。

第56局 红左横车对黑补右士(四)

1.炮二平五 马8进7 2.马二进三 车9平8

3.车一平二 马2进3 4.兵七进一 卒7进1

5.车二进六 马7进6 6.马八进七 象3进5

7.车九进一 士4进5 8.车九平六 炮2进2

9.兵五进一 卒7进1 10.车二平四 马6进7

11.车四平二 …………

红方平车二路封锁黑方车炮,是比较稳健的一种走法。

11.………… 炮2平7

黑方平炮,准备在红方右翼寻隙反击。

12.马七进八(图56) …………

如图56形势,黑方有三种走法:卒7平6、卒1进1和车8进1。现分述如下。

第一种走法:卒7平6

12.………… 卒7平6

黑如改走马7退5,红则仕四进五,卒7进1,马三进五,炮7平5,炮五进二,炮5进2,相三进五,红方易走。

13.车六进二 …………

红方进车，嫌软。应改走兵五进一，黑如卒5进1，红则马八进七，车1平4（如马7进5，则相三进五，车1平2，炮八平七，车2进7，双方各有顾忌），车六进八，马3退4（如士5退4，则马七退五，又如将5平4，则炮五进五，均红优），马七进九，炮7退3，炮五平七，红优。

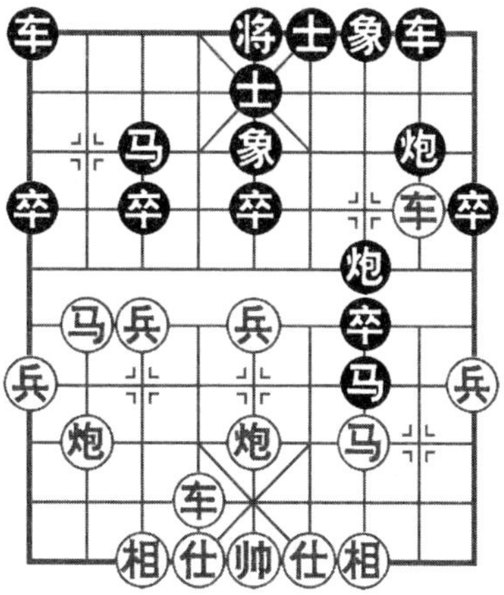

图56

13.………… 马7退6

14.马三进四 炮7进1

15.车二平四 炮7平5

16.仕六进五 炮5平2

17.马四进六 …………

红应改走车四退一，黑如接走炮2平6，红则车四退一，车1平2，车四进四，象5进7，炮八平七，红优。

17.………… 车1平4　18.炮五平六 …………

红方卸炮，稳健之着。如改走车四退一，则卒3进1，兵七进一，马3进4，兵七平六，炮8进7，双方对攻，形成各有顾忌的局面。

18.………… 炮8平6　19.车四退一 炮2退1

20.车四退二 车8进4

双方大体均势。

第二种走法：卒1进1

12.………… 卒1进1

黑方挺边卒，以静制动。

13.兵五进一 …………

红如改走车六进二，黑则卒1进1，马八进七，车1进3，兵七进一（如马七退六，则马7进5，相三进五，卒1平2，炮八平七，卒2平3，炮七进五，卒3平4，车六进一，炮7进3，炮七平二，车1进3，车六进二，炮7退1，黑方易走），马7进5（如象5进3，则炮五进四，马3进5，车二平五，伏有马七进五的凶着，红方较优），相七进五，象5进3，炮八平七，双方大体均势。

13.………… 马7进5

黑方以马踩炮嫌急，宜改走卒1进1，红如接走马八进七，黑则马7进5，相三进五，车1平2，炮八平七，卒5进1，形成黑方多卒但左翼车炮无法动弹，双方各有利弊的局面。

14.相三进五 卒1进1　15.兵九进一 车1进5

16. 马八进七　车1退2　　17. 马七退八　…………

红应改走马三进五，黑则车1平3，炮八平七，车3平2，兵五平四，炮7退2，马五进三，更为积极有力。

17. …………　车1进3　　18. 炮八平七　车1平2

19. 马八进七　卒7进1　　20. 马三退五　卒5进1

21. 车六进三　马3进5　　22. 马七进六　…………

红如改走车二平五，黑则炮8进7，马五退三，车8进8，黑优。

22. …………　卒5进1　　23. 车六进一　马5进6

24. 车二平九

红方胜势。

第三种走法：车8进1

12. …………　车8进1

黑方走高车，是改进后的走法。

13. 兵五进一　卒5进1　　14. 马八进七　马7进5

15. 相三进五　车1平2　　16. 炮八平九　车2进7

17. 马三退五　卒5进1　　18. 相五进三　卒5进1

19. 车六进三　车2平6　　20. 相七进五　车6退1

黑方优势。

第57局　红左横车对黑补右士(五)

1. 炮二平五　马8进7　　2. 马二进三　车9平8

3. 车一平二　马2进3　　4. 兵七进一　卒7进1

5. 车二进六　马7进6　　6. 马八进七　象3进5

7. 车九进一　士4进5　　8. 车九平六　炮2进2

9. 兵五进一　卒7进1　　10. 车二平四　马6进7

11. 车四平二　车8进1(图57)

黑方车8进1，是改进后的走法。

如图57形势，红方有三种走法：兵五进一、马三进五和车六进三。现分述如下。

第一种走法：兵五进一

12. 兵五进一　卒5进1　　13. 马三进五　卒7平6

14. 炮五进三　卒6平5

黑方平卒拱马，正着，可使左翼车炮乘机摆脱牵制。如改走卒6进1，则炮八进一，红优。

15. 马五进三　车 8 平 7

黑方乘机解除拴链，局势顿见明朗。

16. 马三进四　炮 8 平 6

17. 车二进一　车 1 平 4

18. 车六平三　…………

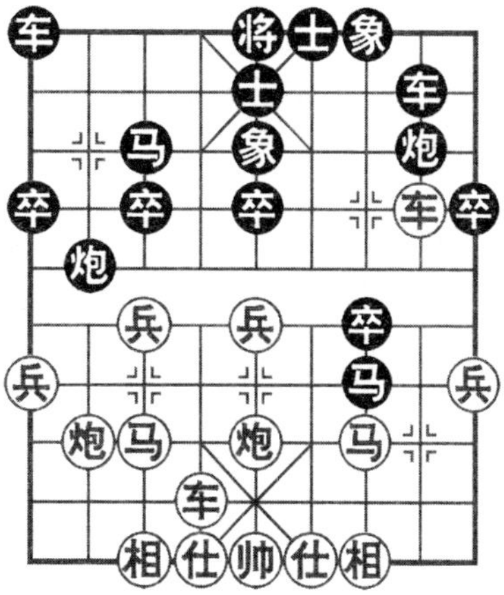

图 57

红如改走车六进八，黑则将 5 平 4，马七进六，卒 5 平 4，炮八平六，卒 4 平 3，车二平四，士 5 进 6，马四退六，车 7 平 4，炮五平八，卒 3 进 1，黑优。

18. …………　卒 3 进 1

黑方挺卒兑炮，解除威胁，必走之着。

19. 炮五平八　马 3 进 2

20. 马四退五　马 2 进 1　　21. 车二退五　…………

红如改走车三进二，黑则马 1 进 3，仕四进五，车 7 进 5，马五退三，卒 3 进 1，黑亦占优。

21. …………　马 1 退 3　　22. 炮八进六　车 4 进 1

23. 炮八退七　马 7 退 5

黑方弃车吃马，是迅速扩大优势的简明之着。

24. 车三进七　马 3 进 4　　25. 炮八平六　马 4 退 6

26. 车二退一　…………

红如改走车二平五，黑则车 4 进 7，车五进二，象 5 进 7，黑方速胜。

26. …………　马 5 进 6　　27. 车二平四　车 4 进 7

28. 仕四进五　前马退 4

黑方献马捉车，构思精巧，令红方顿感难以应付。

29. 车四进二　马 4 进 3

黑方胜势。

第二种走法：马三进五

12. 马三进五　卒 7 平 6　　13. 兵五进一　卒 6 进 1

黑方连续进卒展开反击，着法积极有力。

14. 马五进四　炮 2 平 6　　15. 兵五平四　卒 6 进 1

黑方冲卒捉炮，正着。如改走马 7 退 6，红则车二平四，黑方反落后手。

16. 车二退三　…………

红方如改走炮五进一，黑则卒6进1，红方难应。

16. ………… 马7退6　17. 炮五进一　炮8进3

黑方进炮骑河，是抢先的走法。

18. 车二平四　马6进5　19. 马七进五　炮8平5

20. 仕六进五　车1平2　21. 车六进三　卒5进1

22. 炮八平六　车2进6　23. 炮六进一　车8进6

黑方优势。

第三种走法：车六进三

12. 车六进三　…………

红方升车保兵，是稳健的选择。

12. ………… 卒7平6

黑方平卒，正着。如改走炮2平7，则马七进八，卒7平6，兵五进一，卒6进1，车六退一，卒6进1，炮八平四，炮7进3，车六平三，炮7平5，相三进五，车1平2，马八进七，车2进3，马七退六，车2平4，马六进四，车4进5，仕四进五，卒5进1，车三进四，红方多子占优。

13. 兵五进一　卒6平5　14. 车六退一　马7进5

15. 炮八平五　车8平7　16. 马三退五　炮8平6

17. 车六平八　车1平2　18. 兵五进一　象5退3

19. 车二退二　炮6进3　20. 兵五平六

红方占优。

第58局　红左横车对黑补右士(六)

1. 炮二平五　马8进7　2. 马二进三　车9平8

3. 车一平二　马2进3　4. 兵七进一　卒7进1

5. 车二进六　马7进6　6. 马八进七　象3进5

7. 车九进一　士4进5　8. 车九平六　炮2进2

9. 兵五进一　卒7进1　10. 车二平四　马6进7

11. 马三进五(图58)　…………

红方跃马盘中，是较为稳健的走法。

如图58形势，黑方有三种走法：炮2平7、炮8进5和卒7平6。现分述如下。

第一种走法：炮2平7

11. ………… 炮2平7

黑方平炮，威胁红方右翼。如改走炮8进7，则兵五进一，炮8平9，兵五进一，炮2退1，马五进六，炮2平5，炮五进五，象7进5，马六进五，马7退5，车四平五，马3进5，马五进七，后马退4，马七进九，马4退2，车六进三，红优。

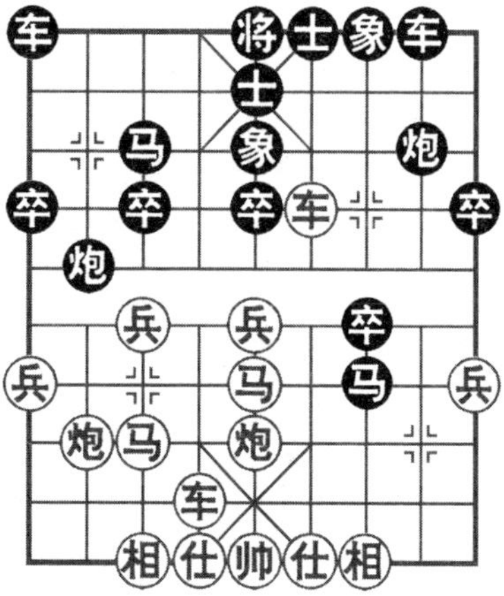

图58

12. 车六进四 …………

红车骑河捉炮，是抢先之着。如改走车四平二，则卒7平6，兵五进一，卒5进1，炮五进三，车1平2，炮八进二，车2进4，炮五平六，炮7进5，仕四进五，卒6进1，炮六退二，车2平8，车二退一，马7退8，马五进四，马8进7，马四进二，马7退6，炮八进二，马6退8，炮八平二，炮8平6，黑方反先。

12. ………… 马7进5

黑方以马换炮，企图简化局势。另有以下两种走法：

①马7进8，车六平三，马8退6，车四退四，象5进7，兵五进一，卒5进1，马五进六，马3退4，炮八进三，红优。

②马7退5，炮五进二，炮7进5，帅五进一，炮8进6，马五进三，炮7退1，帅五进一，车8进6，车四进二，红方大占优势。

13. 相七进五 车1平2

黑如改走象7进9，红则车四平二，红优。

14. 车六平三 …………

换炮后可以拴住黑方左翼无根车炮，是简明有力之着。

14. ………… 车2进7 15. 车三平二 卒7进1

16. 仕四进五 …………

黑方车炮被牵，虽有一卒过河，但得不偿失，红方优势。

16. ………… 卒3进1 17. 兵七进一 象5进3

18. 马七进六 象7进5 19. 兵五进一 卒5进1

20. 马六进四 车2退6 21. 车四平六 …………

平车捉象，红方展开攻击。

21. ………… 马3退4 22. 马五进三 象5进7

23. 车六平三 象3退5 24. 车三平一 …………

红方车吃边卒，并为进边马助战扫清障碍。

24. ………… 卒5进1 25. 车一平七 卒5平6

26. 马三进一 炮8退1 27. 兵一进一

红方优势。

第二种走法:炮8进5

11. ………… 炮8进5 12. 兵五进一 炮8平3

黑如改走卒5进1,红则马五进三,炮8平3,车四退三,车8进4,车四平三,车8平7,炮八进二,红方先手。

13. 马五退七 …………

红方退马吃炮,是稳健的走法。如改走兵五进一,双方对攻激烈,各有顾忌。

13. ………… 车8进6 14. 兵五进一 马7退5

黑方另有三种走法:

①炮2退1,车四进二,炮2平5,炮五进五,士5进4,车六进五,红方大占优势。

②马7进5,炮八平五,车8平3,兵五进一,象7进5,车六进四,红优。

③炮2平5,仕六进五,车1平2,双方对攻,各有顾忌。

15. 车四进二 马3进5

黑如改走车8平3,红则炮八进二,车3退1,兵五进一,车3进2,兵五进一,士6进5,车六进三,红方胜势。

16. 仕四进五 车8平3 17. 炮八进二 车3退1

18. 炮五进四 马5退7 19. 炮五退四 车1平4

20. 马七进五 车4进8 21. 马五进七

红方多子胜势。

第三种走法:卒7平6

11. ………… 卒7平6

黑方平卒,意在削弱红方中路攻势。

12. 兵五进一 …………

红如改走车四退二,黑则炮8平7,炮五平三,马7退8,车四平二,炮7进7,仕四进五,马8退7,车二进五,马7退8,双方大体均势。

12. ………… 卒5进1 13. 炮五进三 炮8进4

黑如改走炮8进7,红则马七进六,卒3进1,炮五平八,马3进2,兵七进一,卒6平5,马六进八,卒5进1,兵七进一,红优。

14. 车六平三 卒6进1 15. 马七进六 车1平4

16. 炮八平二　马 7 退 8　　17. 车四退三　车 4 进 5
18. 车四平二　车 4 进 1　　19. 车三平六　马 8 进 6
20. 车二进六　车 4 平 5　　21. 车六平五　马 6 进 4
22. 炮二平六　车 5 退 2　　23. 车五进四　马 4 退 5
24. 相三进五

红方易走。

第 59 局　红左横车对黑补右士(七)

1. 炮二平五　马 8 进 7　　2. 马二进三　车 9 平 8
3. 车一平二　马 2 进 3　　4. 兵七进一　卒 7 进 1
5. 车二进六　马 7 进 6　　6. 马八进七　象 3 进 5
7. 车九进一　士 4 进 5　　8. 车九平六　炮 2 进 2
9. 兵五进一　车 8 进 1(图 59)

黑方高横车,是寻求变化的走法。

如图 59 形势,红方有两种走法:马三进五和车二退二。现分述如下。

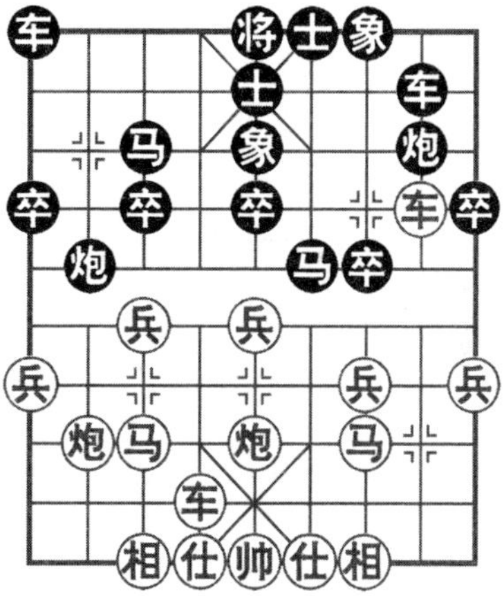

图 59

第一种走法:马三进五

10. 马三进五　卒 7 进 1

正着。如改走车 1 平 4,则车六进八,将 5 平 4,兵五进一,马 6 进 5,马七进五,卒 5 进 1,炮五进三,红优。

11. 车二平四　马 6 进 5
12. 马七进五　卒 7 平 6

黑方平卒,机警之着。如改走卒 7 进 1,则兵五进一,卒 5 进 1,炮五进三,下伏车六平四的攻击手段,黑方难应。

13. 兵五进一　炮 8 进 4　　14. 马五退三　车 8 平 7

黑方平车嫌软,应改走卒 5 进 1。红如接走车四平七,黑则马 3 退 4,车六进四,炮 2 进 2,车六平五,双方基本均势。

15. 兵五进一　车 7 进 5　　16. 兵五进一　炮 2 平 5
17. 仕六进五　象 7 进 5　　18. 车六进四　炮 5 平 7
19. 车六平四　…………

红方平车叫杀,一击中的!令黑方难应。

19. ………… 马3进5

黑方中路献马,无奈。如改走将5平4,红则前车进三,士5退6,车四平六杀。

20. 炮五进五 士5进6　　21. 前车平五 车7进1

22. 相七进五 车7退1　　23. 车四进二

红方大占优势。

第二种走法:车二退二

10. 车二退二 …………

红方退车河口,是稳健的走法。

10. ………… 卒7进1

黑方弃卒,摆脱红方牵制。

11. 车二平三 炮8平7　　12. 兵五进一 …………

红方冲兵,直攻中路。

12. ………… 卒5进1　　13. 马七进五 卒5进1

14. 炮五进二 马6进5　　15. 马三进五 炮2平5

16. 车三进三 车1平2　　17. 车六进四 炮5进2

18. 车六退二 炮5平9　　19. 车六进四 车2进7

20. 车六平七 将5平4　　21. 车七退一

红方易走。

第60局　红左横车对黑补右士(八)

1. 炮二平五 马8进7　　2. 马二进三 车9平8

3. 车一平二 马2进3　　4. 兵七进一 卒7进1

5. 车二进六 马7进6　　6. 马八进七 象3进5

7. 车九进一 士4进5　　8. 车九平六 炮2进2

9. 炮八进一(图60) …………

红方升高炮保兵,是稳健的走法。

如图60形势,黑方有三种走法:卒3进1、车8进1和卒7进1。现分述如下。

第一种走法:卒3进1

9. ………… 卒3进1

黑方兑卒,使河口马生根。

10. 兵七进一 象5进3

11. 车二退五　…………

红如改走炮八平七，黑则马 3 进 4，炮七平八，炮 8 平 4，车二进三，炮 4 进 6，车二退八，炮 4 退 2，红无便宜可占。

11. …………　车 1 平 4

12. 车六进八　士 5 退 4

13. 兵五进一　车 8 进 1

14. 马三进五　象 7 进 5

15. 兵五进一　…………

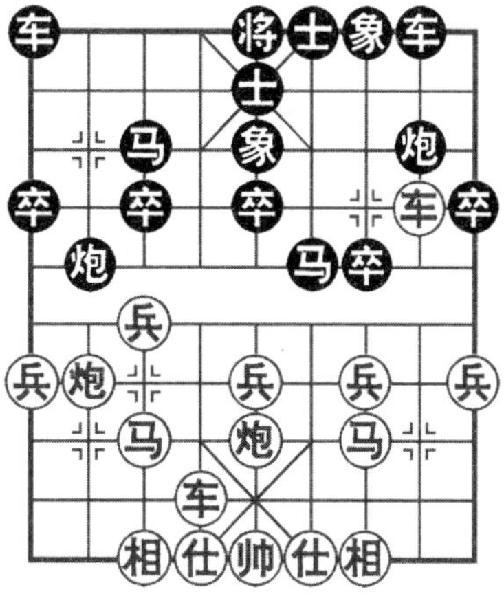

图 60

红如改走仕四进五，黑则马 6 进 5，马七进五，车 8 平 4，马五进七，车 4 进 5，马七退六，炮 8 平 7，车二进五，炮 7 进 4，车二退三，卒 7 进 1，炮八进一，车 4 退 1，黑优。

15. …………　马 6 进 5　　16. 马七进五　炮 2 平 5

17. 炮五进三　卒 5 进 1　　18. 马五进七

红方稍优。

第二种走法：车 8 进 1

9. …………　车 8 进 1　　10. 车二平四　炮 8 进 2

11. 炮八平七　车 1 平 4

黑方兑车，是简化局势的走法。

12. 车六进八　士 5 退 4　　13. 炮五平四　…………

红方卸炮调整阵形，是稳健的走法。

13. …………　士 4 进 5　　14. 相七进五　炮 2 进 2

15. 炮四进二　马 6 进 4　　16. 炮七平六　炮 2 平 3

17. 炮四平二　炮 8 平 9　　18. 兵三进一

红方先手。

第三种走法：卒 7 进 1

9. …………　卒 7 进 1

黑方及时冲卒，正着。

10. 车二平四　马 6 进 7

黑如改走炮 8 平 7，红则车四退一，卒 3 进 1，车四进一，卒 3 进 1，车四平三，炮 7 平 6，兵三进一，卒 3 进 1，马七退九，卒 3 平 2，马九进八，红方先手。

11. 车六进三　马7进5　　12. 相七进五　炮8平7

黑方亦可改走炮2平7，红如接走车六平三，黑则炮7进3，车三退二，炮8进7，车四退二，车8进4，黑方满意。

13. 马三退五　…………

红如改走车六平三，黑则炮7进5，车三退二，车1平4，黑不难走。

13. …………　炮2平7　　14. 车四平三　后炮平6

15. 车六平三　车1平2　　16. 炮八平七　车2进3

17. 前车平四　车8进4　　18. 车三平六　炮7进4

红方先手。

第61局　红左横车对黑补右士(九)

1. 炮二平五　马8进7　　2. 马二进三　车9平8

3. 车一平二　马2进3　　4. 兵七进一　卒7进1

5. 车二进六　马7进6　　6. 马八进七　象3进5

7. 车九进一　士4进5　　8. 车九平六　炮2进2

9. 炮八进二　…………

红方升炮巡河，准备兑马抢先。

9. …………　卒7进1

黑方挺卒逐车，针锋相对。

10. 车二平四(图61)　…………

如图61形势，黑方有两种走法：卒7进1和马6进7。现分述如下。

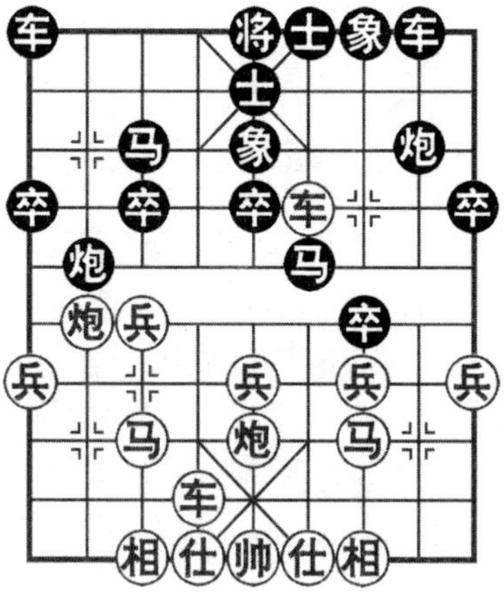

图61

第一种走法：卒7进1

10. …………　卒7进1

11. 马三退一　炮8进5

黑方进炮弃子抢攻，着法凶悍。

12. 车四退一　炮8平3

13. 车四平八　卒3进1

14. 炮八平九

红方平炮打车是最佳选择，如改走车八进一，则卒3进1，黑方弃子夺势，形势乐观。

14. …………　马3进2

黑方当然不能车1平4，因红方兑车后可车八退三捉炮，再兵七进一，黑方吃亏。

15. 炮九进五 卒3进1 16. 车六平八 车8进4
17. 炮五进四 车8平4 18. 仕四进五 将5平4
19. 炮五平二 卒3进1 20. 炮二进二 炮3平8

形成红方多子、黑方有两卒过河,双方各有顾忌的局面。

第二种走法:马6进7

10. ………… 马6进7

黑方进马吃兵,是保持变化的走法。

11. 车四平二 马7进5 12. 相三进五 卒7进1
13. 马三退五 车8进1 14. 炮八退一 卒7进6

黑方平卒,正着。如改走车1进1,则炮八平三,士5退4,车六进五,车1平7,炮三进一,炮2进2,马五进三,红优。

15. 炮八平四 车8平6 16. 炮四进三 炮8平9
17. 马五进三 卒9进1 18. 车二平三 车1平4
19. 车六进八 将5平4

黑如改走士5退4,红则车三进三,车6进2,车三退二,炮9退2,车三平五,马3退5,兵五进一,红方弃子占优。

20. 马七进六 …………

红方进马嫌急,应改走仕六进五为宜。

20. ………… 炮2进3 21. 马三进四 炮2退2

红方进马被黑方乘机简化了局势,应以相五退三避一手,保持变化为宜。

22. 马六进五 马3进5 23. 马四进五 将4平5
24. 炮四平七 车6进5 25. 车三平一 车6平5

黑可抗衡。

第62局 红左横车对黑补右士(十)

1. 炮二平五 马8进7 2. 马二进三 车9平8
3. 车一平二 马2进3 4. 兵七进一 卒7进1
5. 车二进六 马7进6 6. 马八进七 象3进5
7. 车九进一 士4进5 8. 车九平六 炮2进2
9. 炮八进二(图62) …………

如图62形势,黑方有两种走法:卒1进1和车1平3。现分述如下。

第一种走法:卒1进1

9. ………… 卒1进1

黑方挺边卒,嫌缓。

10. 马七进六　…………

红方兑马,可使黑方左翼车炮脱根,正着。

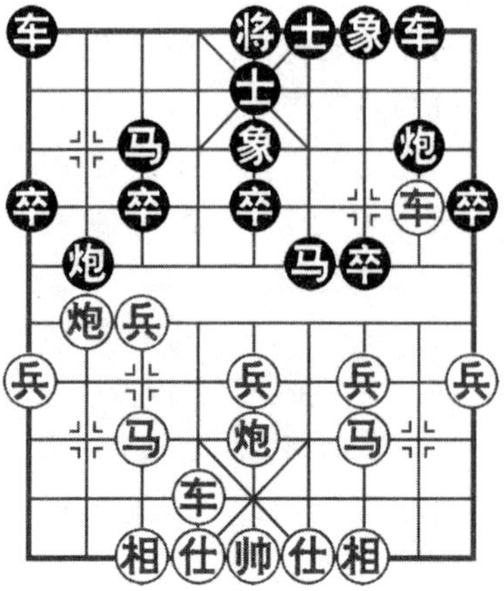

图 62

10. …………　车 1 平 4

11. 帅五进一　…………

红方进帅御驾亲征,取势要着。如改走炮五平六,则炮 2 平 4,红无便宜可占。

11. …………　马 6 进 7

黑如改走马 6 进 4 兑马,红则车六进三,黑方左翼车炮受到牵制,红优。

12. 马六进七　车 4 进 8

13. 帅五平六　炮 2 平 4

14. 炮五平九　…………

针对黑方右翼空虚的弱点,红方及时平炮侧击,走得相当灵活。

14. …………　炮 4 退 1　　15. 车二退二　炮 8 进 2

16. 炮九进三　马 3 进 1　　17. 炮八进一　…………

红方强行抓炮,使黑方失去了反击能力。

17. …………　炮 8 退 1　　18. 帅六平五　车 8 进 2

19. 马七进九　象 5 退 3　　20. 马九进七　炮 4 退 2

21. 炮八进四　士 5 退 4　　22. 炮八退六　马 7 退 6

23. 相三进五　马 6 退 5　　24. 马七退八　马 5 退 7

25. 车二平六　将 5 进 1

黑方上将,无奈之着。如改走炮 8 平 2,则车六进四,士 6 进 5,车六退二,黑方亦难应付。

26. 炮九平八

红方优势。

第二种走法:车 1 平 3

9. …………　车 1 平 3

黑方马后藏车,着法新颖。

10. 马七进六　车 3 平 4　　11. 帅五进一　马 6 进 7

12. 马六进七　车 4 进 8　　13. 帅五平六　车 8 进 1

14. 炮五平七　炮 2 退 3

黑方退炮，准备策应左翼。

15.炮八进三　炮2平4　　16.帅六平五　炮8平7

黑方兑车，是为了摆脱牵制。

17.车二进二　炮4平8　　18.相七进五　炮8进7

19.帅五退一　马7进9　　20.仕六进五　卒7进1

21.帅五平六　卒7进1

黑方优势。

第63局　红左横车对黑补右士(十一)

1.炮二平五　马8进7　　2.马二进三　车9平8

3.车一平二　马2进3　　4.兵七进一　卒7进1

5.车二进六　马7进6　　6.马八进七　象3进5

7.车九进一　士4进5　　8.车九平六　炮2进2

9.马三退一　…………

红方退边马，准备炮五平二打击黑方无根车炮。

9.…………　卒3进1

黑方兑卒活通右马，并使左马生根，是机警的走法。如改走炮2退1，则车二退三，马6退7，炮八进二，卒3进1，兵七进一，象5进3，兵三进一，象3退5，兵三进一，象5进7，车六平三，象7进5，炮八平三，马7进6，炮五平二，红方多子占优。

10.兵七进一　象5进3(图63)

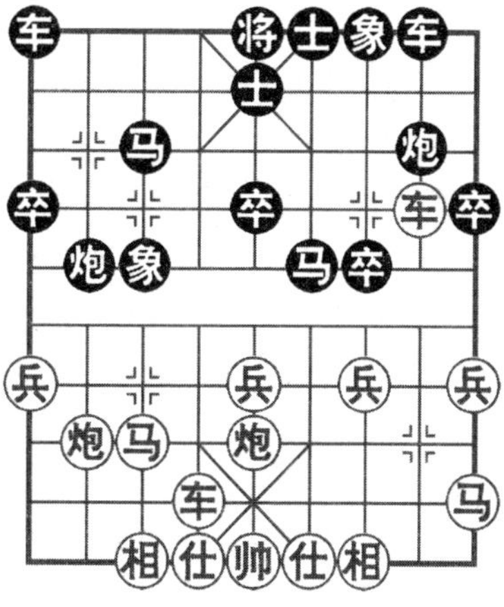

图63

如图63形势，红方有三种走法：炮五平二、炮五进四和车二退三。现分述如下。

第一种走法：炮五平二

11.炮五平二　…………

红方平炮捉炮，对黑方的反击潜力估计不足，失算。

11.…………　卒7进1

12.车二退一　马6进5

13.车二平七　马5进4

黑马踩车，正着。如改走炮8平5，则炮二平五，马5进3，车七退三，炮2平5，仕六进五，马3进2，车七进三，红优。

14. 炮二进七　马4退2　　15. 车七进二　炮2平5

黑方架中炮，准备弃子抢攻，是大局感极强的走法。如改走炮8平6逃炮，则车七退二，红方易走。

16. 车七平三　…………

红方平车捉象，是当前局势下较为顽强的应手。如改走车七平二吃炮，则车1平3，车二退五，卒7进1，黑方大占优势。

16. …………　车1平3　　17. 车三进二　士5退4

18. 车三退五　士6进5　　19. 车三进五　士5退6

20. 车三退三　士6进5　　21. 车三进三　…………

红如改走车三平五，黑则车3进7，车五退一，马2退3，黑亦大占优势。

21. …………　士5退6　　22. 马一进二　炮8进3

黑方进炮献炮顶马催杀，是延缓红方攻势的有力之着，为争取对攻速度抢得了宝贵的时间。

23. 车三退五　士6进5　　24. 车三平二　车3进7

25. 炮二平一　马2退3

对攻中黑占主动。

第二种走法：炮五进四

11. 炮五进四　…………

红方炮击中卒，谋取实利。

11. …………　马3进5　　12. 车二平五　象3退5

黑方退象，佳着。

13. 车六进一　…………

红如改走车五退一，黑则炮8进2，车五平八，马6进5，马七进五，炮8平2，炮八平五，车1平4，车六平八，双方均势。

13. …………　车1平3　　14. 仕六进五　炮8进5

黑应改走炮8进7，红如接走车五平八，黑则炮2平5，兵五进一，炮5进4，黑方得仕占优。

15. 车五平八　…………

红方应以车六平二交换子力为宜。

15. …………　炮8平3　　16. 车八退一　马6进7

17. 炮八退一　车8进3　　18. 车八退三　炮3退3

19. 相三进五　马7进8　　20. 兵五进一　卒7进1

21. 兵五进一　…………

红方应改走相五进三吃卒为宜。

21.………… 卒7进1 22.车六进一 炮3进4

黑方易走。

第三种走法:车二退三

11.车二退三 …………

红方退车兵线,着法含蓄。

11.………… 象3退5 12.炮五平二 炮8进5

黑方一车换双,势在必行。

13.车二进六 炮8平2 14.车二退五 后炮平5

15.仕六进五 炮2退7 16.车二平四 马6退7

17.兵三进一 卒7进1 18.车四平三 马7进8

19.车三平二 马8退7 20.车六进一

双方大体均势。

第64局 红左横车对黑补右士(十二)

1.炮二平五 马8进7 2.马二进三 车9平8

3.车一平二 马2进3 4.兵七进一 卒7进1

5.车二进六 马7进6 6.马八进七 象3进5

7.车九进一 士4进5 8.车九平六 炮2进2

9.马三退一 卒7进1 10.车二平四 马6进7

黑如改走卒3进1,红则兵七进一,象5进3,兵三进一,炮8平5,马一进三,车8进4,车四平三,红优。

11.车四平二 卒7平6 12.炮五平二(图64) …………

红方平炮达到了攻击黑方无根车炮的目的,但由于右翼车马炮走动次数过于频繁,步数受损,一旦谋不到大子,就会吃亏。如改走炮八进一,则马7退6,车二平四,卒3进1,兵七进一,象5进3,炮五平二,车8平9,黑车虽被赶回去,但有一过河卒作为补偿,尚可抗衡。

如图64形势,黑方有两种走法:炮8进5和炮2平5。现分述如下。

第一种走法:炮8进5

12.………… 炮8进5

黑方一车换双,逼走之着。

13.车二进三 炮8平2 14.车二退五 后炮平5

15.仕六进五 …………

红如改走仕四进五，黑则卒6进1，兵五进一，炮5平7，车六进二，炮2进1，车六平四，炮2平9，车四平三，车1平2，车二退三，车2进7，马七进六，红方易走。

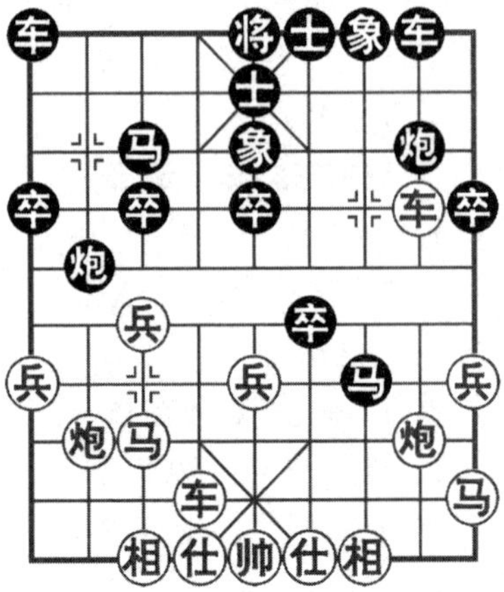

图64

15. ………… 车1平2
16. 车二平四 炮2进2
17. 马七退八 车2进9
18. 车六退一 车2退2
19. 相七进五 马7进8
20. 车四退一 车2进1
21. 车六进六 炮5平7
22. 车六平七 车2退6
23. 车七平六

红方优势。

第二种走法：炮2平5

12. ………… 炮2平5　13. 仕六进五 车1平2
14. 炮八进二 炮5平9

黑方平炮攻击红方边马，为退马捉车再运炮摆脱车炮被牵之局势创造了有利条件，是灵活之着。红如接走马一进二，黑则炮8平7反击。

15. 仕五退六 马7退6　16. 车二退三 炮8进3
17. 炮二进二 车8进5　18. 车二进一 马6进8
19. 马一进二 …………

黑方摆脱了左翼车炮被牵之局势，局面渐趋有利。红方此着如改走炮八平四打卒，黑方则车2进6，也是黑方易走。

19. ………… 炮9平5　20. 相三进五 …………

红如改走仕六进五，黑则马8进6，马二进四，马6进7，帅五平六，炮5平7，马四退三，车2进4，也是黑优。

20. ………… 炮5进3　21. 马二进四 炮5平8
22. 车六平二 …………

红如改走马四进六，黑则马8进7，马六进七，车2进2，黑有先弃后取的手段。

22. ………… 马8进6　23. 马四进六 马3退1

24. 马七进六

红方占优。

第65局 红左横车对黑补右士(十三)

1. 炮二平五　马8进7　　2. 马二进三　车9平8
3. 车一平二　马2进3　　4. 兵七进一　卒7进1
5. 车二进六　马7进6　　6. 马八进七　象3进5
7. 车九进一　士4进5　　8. 车九平六　炮2进2(图65)

如图65形势，红方有三种走法：车二平四、车二退二和炮五退一。现分述如下。

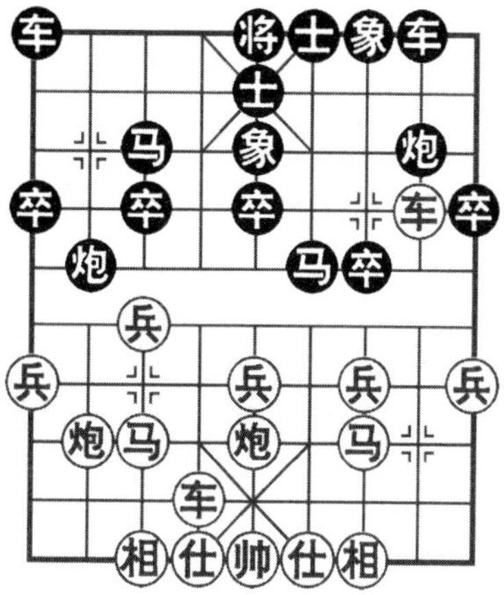

图65

第一种走法：车二平四

9. 车二平四　马6进7
10. 炮八进一　马7进5
11. 相三进五　炮8进5

黑方进炮避免红车牵制，正着。

12. 车四退二　车1平4
13. 车六进八　士5退4
14. 炮八进一　炮8平9
15. 马七进六　炮9进2
16. 仕四进五　车8进7
17. 帅五平四　士4进5

黑如改走车8平7，红则车四进五，将5进1，马六进四，红方弃子有攻势。

18. 马三进二　炮2平4

黑方平炮顶马，是稳健的走法。

19. 马二进四　卒5进1　　20. 兵五进一　卒7进1
21. 相五进三　炮4退1

黑方优势。

第二种走法：车二退二

9. 车二退二　…………

红方退车，嫌缓。

9. …………　马6进7　　10. 车二进二　马7退6
11. 兵五进一　卒7进1　　12. 车二平四　卒3进1

13. 兵七进一　象5进3　　14. 马三进五　炮8平5

黑方补架中炮，着法有力。

15. 马五进三　炮5进3　　16. 马七进五　马6进5

17. 马三退五　车8进6　　18. 炮五进二　车8平5

19. 车六平五　车5平4

黑方易走。

第三种走法：炮五退一

9. 炮五退一　…………

红方退炮，是灵活的走法。

9. …………　卒7进1　　10. 车二平四　卒7进1

黑方冲卒兑马，简化局势。亦可改走马6进7，红则车四平二，炮2平7，炮五平二，车1平2，炮八进二，炮8进6，车二进三，炮7平5，车六平五，炮8平6，车二退八，炮6退1，黑不难走。

11. 车四退一　卒3进1　　12. 车四退一　卒3进1

13. 车四平七　炮2平3　　14. 炮五平三　…………

红方平炮打卒弃还一子，是稳健的走法。如改走马三退一，则炮8进7，炮五进一，车8进4，黑方弃子有攻势。

14. …………　卒7进1　　15. 炮八平三　炮3进3

16. 车七退二　炮8平6　　17. 车七进四　车8进6

18. 车六进二　车1平4　　19. 车六平八　车4进4

20. 后炮平七　车4平5

双方大体均势。

第66局　红左横车对黑补右士（十四）

1. 炮二平五　马8进7　　2. 马二进三　车9平8

3. 车一平二　马2进3　　4. 兵七进一　卒7进1

5. 车二进六　马7进6　　6. 马八进七　象3进5

7. 车九进一　士4进5　　8. 车九平六　卒7进1

黑方冲卒捉车，嫌急。

9. 车二退一　…………

红方退车捉马，是稳健的走法。如改走车二平四，则马6进8（如卒7进1，则车四退一，卒7进1，车四平二，卒7平6，炮五平六，车1平4，炮六进二，红优），马三退一，卒7进1，炮八进二，马8进6，车四平二，车8进1，马七进六，马 6 退 7，双方各有顾忌。

9. ………… 　卒 7 进 1

黑如改走马 6 退 7，红则车二退二，卒 7 平 6(如卒 7 进 1，则车二平三，马 7 进 8，车三进三，炮 8 平 6，炮五进四，马 3 进 5，车三平五，红优)，兵三进一，卒 6 平 7，炮八进二，红方主动。

10. 车二平四　卒 7 进 1　　11. 车四平二　…………

红方平车牵制黑方左翼车炮，好棋。

11. …………　卒 7 平 6

黑方平卒捉炮，失策，应改走车 8 进 1 为宜。

12. 炮五平六　车 1 平 4

黑如改走车 8 进 1，红则炮六进六，红优。

13. 炮六进二　车 8 进 1

黑如改走卒 5 进 1，红则炮八平四，马 3 进 5，炮四进四，卒 3 进 1，车二平五，炮 8 进 7，车六平八，车 8 进 7，车八进六，车 8 平 3，炮六进二，卒 3 进 1，车五进一，红方多子占优。

14. 炮八平四　炮 2 退 1(图 66)

如图 66 形势，红方有两种走法：炮六进四和炮四平六。现分述如下。

第一种走法：炮六进四

15. 炮六进四　…………

红方进炮打车，试探黑方应手。

15. …………　士 5 进 4

黑方应改走士 5 进 6 为宜。

16. 炮四平六　炮 8 平 7

17. 车二平八　车 4 平 2

18. 车八进二　象 5 进 7

19. 相三进五　炮 2 平 1

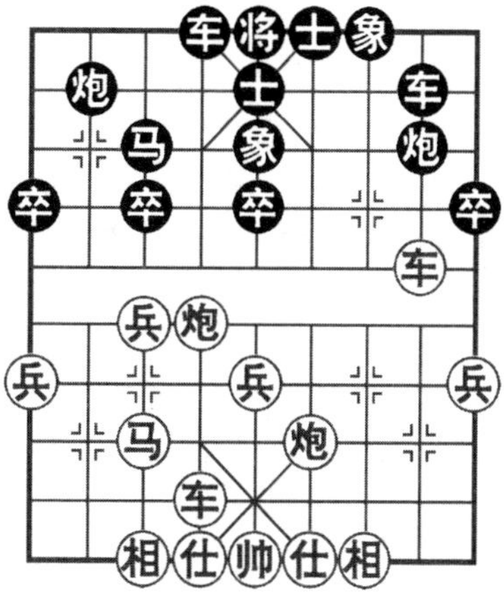

图 66

20. 车六平八　车 2 平 3　　21. 前炮平八　车 3 平 2

22. 马七进六　马 3 退 4　　23. 前车平六　马 4 进 5

24. 炮八平五　…………

红方平中炮弃车取势，佳着。

24. …………　车 2 进 8　　25. 炮五退二　马 5 进 7

红方胜势。

第二种走法:炮四平六

15. 炮四平六　车4平2　16. 前炮进四　…………

红方进炮打车,是扰乱黑方阵势,力争主动的走法。

16. …………　士5进6　17. 后炮平五　…………

红方平中炮加强中路攻势,是积极有力之着。

17. …………　炮8平9

黑方平炮兑车嫌软,应改走车1平4为宜。

18. 车二平八　…………

红方平车,准备攻击黑方右翼,紧凑之着。

18. …………　车8进5　19. 炮六平七　士6退5

红方优势。

第67局　红左横车对黑补右士(十五)

1. 炮二平五　马8进7　2. 马二进三　车9平8
3. 车一平二　马2进3　4. 兵七进一　卒7进1
5. 车二进六　马7进6　6. 马八进七　象3进5
7. 车九进一　士4进5　8. 车九平六　车8进1(图67)

黑方高左车,是不落俗套的走法。

如图67形势下,红方有两种走法:车二退三和马三退一。现分述如下。

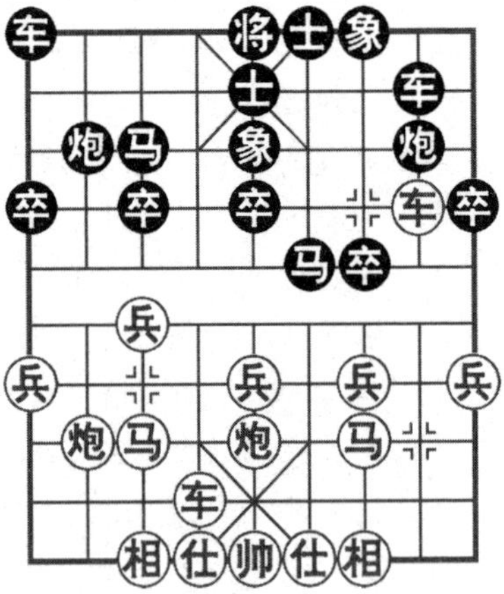

图67

第一种走法:车二退三

9. 车二退三　…………

红方退车兵线,防止黑方渡7路卒,是稳健的走法。

9. …………　炮2进2
10. 兵五进一　炮8进3
11. 仕六进五　炮2进2
12. 兵三进一　炮2平7
13. 马三进五　炮7平1
14. 车六进二　马6进5
15. 马七进五　炮1平5　16. 车六平五　卒7进1
17. 炮五平二　车1平2　18. 炮八平七　车2进5
19. 相三进五　炮8进2　20. 车二进五　炮8平3

21. 车五平七　炮3平2　　22. 相五进三

双方均势。

第二种走法:马三退一

9. 马三退一　…………

红方退马,是改进后的走法。

9. …………　炮2进1　　10. 车二退三　炮8进2

11. 炮八进三　马6退7　　12. 炮五平二　卒3进1

13. 兵七进一　马3进2　　14. 兵七平八　炮2平3

15. 马七进八　车8退1　　16. 炮二平三　车1平2

17. 兵三进一　炮8平2　　18. 马八进六　车8进4

19. 车六平八　卒7进1　　20. 车二进二　马7进8

21. 车八进三

红方易走。

第68局　红左横车对黑冲7卒(一)

1. 炮二平五　马8进7　　2. 马二进三　车9平8

3. 车一平二　马2进3　　4. 兵七进一　卒7进1

5. 车二进六　马7进6　　6. 马八进七　象3进5

7. 车九进一　卒7进1

黑方冲卒胁车,嫌急。

8. 车二平四　…………

红方平车捉马,正着。如改走车二退一,则马6退7(如卒7进1,则马三退一,马6退7,车二进一,炮8平9,车二平三,车8进2,红无先手),车二进一,卒7进1,车二平三,卒7进1,车三进一,卒7平6,炮五平六,炮8进7,炮六进二,卒3进1,黑方反先。

8. …………　马6进7

黑方进马踩兵,正着。如改走马6进8,则马三退一,卒7进1,马七进六,红方主动。

9. 炮五平四　…………

红方平炮瞄士,是抢先的走法。另有两种走法:

①车四平二,车1进1,炮五退一,车8进1,车九平六,炮8平9,车二进二,车1平8,车六进三,炮2进2,兵七进一,卒3进1,车六平三,卒3进1,车三平七,炮2退4,车七平三,炮2平3,炮五平三,炮3进7,车三退一,双方局

势平稳。

②车九平四,士4进5,炮五平四,象7进9,炮八平九,炮2进2,后车平八,车1平2,仕六进五,炮8进3,车四平一,象9退7,车一平三,炮2平7,车八进八,马3退2,炮四进四,车8进4,炮四退一,车8退4,车三平五,卒7平6,炮四平八,马2进4,车五平四,马7退5,黑方胜势。

9. ………… 士4进5　10. 车四平三 …………

红如改走车九平四,黑则象7进9,红无有力的后续手段。

10. ………… 炮2进2　11. 车九平二(图68) …………

红方平车牵制,是较有力的走法。另有两种走法:

①车三退二,炮2平7,炮四进四,象7进9,车九平二,炮8平7,车二进八,后炮进3,车二退六,车1平2,炮八进二,前炮平2,车二平三,炮2进1,兵五进一,炮7进3,车三退一,车2进4,双方大体均势。

②兵七进一,卒3进1,车三退二,卒3进1,车三退一,卒3进1,马七退五,炮8进6,马五进四,炮2进2,黑方弃子得势。

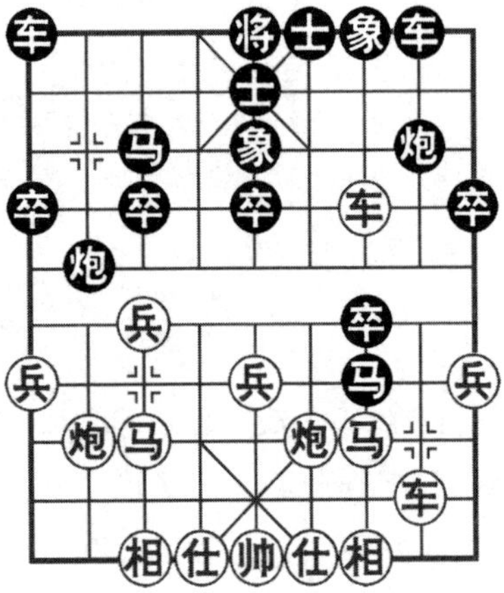
图68

如图68形势,黑方有两种走法:炮2平7和炮8进4。现分述如下。

第一种走法:炮2平7

11. ………… 炮2平7　12. 炮四进四　卒7平8

黑方弃卒,是逼走之着。如改走车1平2,则车三退一,车2进7,车三退一,炮8进2,相三进五,马7进5,相七进五,车2平3,马三进四,黑方左翼车炮被牵制,红方占有利局势。

13. 车二进三　马7退8　14. 车三平二　炮7进5

15. 仕四进五　车1平2

黑如改走马8退6,红则前车平四,车1平2,炮八平九,炮7平9,马七进六,车8进1,车四平三,车2进4,炮九平六,红方易走。

16. 炮八平九　马8退6　17. 前车平四　车2进7

18. 车四退四　炮8进2　19. 马七进六　车2平6

20. 仕五进四　炮8平5　21. 仕四退五　车8进5

22. 马三进二

红方优势。

第二种走法:炮 8 进 4

11. …………　炮 8 进 4

黑方进炮封车,兼伏炮 2 平 5 再炮 8 平 5 抽车。

12. 炮四进一　…………

红如改走兵七进一,黑则卒 3 进 1,车三退二,卒 3 进 1,车三退一,炮 2 平 5,炮四平五,炮 8 平 5,马七进五,车 8 进 8,炮五进三,卒 5 进 1,马五进七,车 1 平 4,黑方形势稍好。

12. …………　炮 8 退 2　　13. 马七退五　…………

红方退马,正着。如改走相三进五,则炮 2 平 7,炮四进三,卒 7 平 8,车三退一,炮 8 进 4,车三退二,车 1 平 2,黑方易走。

13. …………　车 1 平 4　　14. 车三退二　车 4 进 7
15. 炮八退二　炮 2 进 4　　16. 车二进二　炮 8 平 2
17. 炮八进五　炮 2 进 1　　18. 马五进六　车 8 进 6
19. 炮四平二　车 4 平 7　　20. 炮二进四

红方先手。

第 69 局　红左横车对黑冲 7 卒(二)

1. 炮二平五　马 8 进 7　　2. 马二进三　车 9 平 8
3. 车一平二　马 2 进 3　　4. 兵七进一　卒 7 进 1
5. 车二进六　马 7 进 6　　6. 马八进七　象 3 进 5
7. 车九进一　卒 7 进 1　　8. 车二平四　马 6 进 7
9. 炮五平四　士 4 进 5　　10. 炮八进二　…………

红方升巡河炮,及时消灭黑方过河卒,再围困黑马。

10. …………　炮 2 进 1(图 69)

黑方升炮,暗伏弃子争先的手段,是左马盘河变例常用的反击手段之一。如图 69 形势,红方有两种走法:炮八平三和车九平四。现分述如下。

第一种走法:炮八平三

11. 炮八平三　卒 3 进 1　　12. 车四退三　…………

红方退车捉马贪得大子,难讨便宜。如改走车四退二,则局势相对稳健。

12. …………　卒 3 进 1　　13. 车四平三　炮 8 平 7
14. 炮三平四　炮 7 进 5

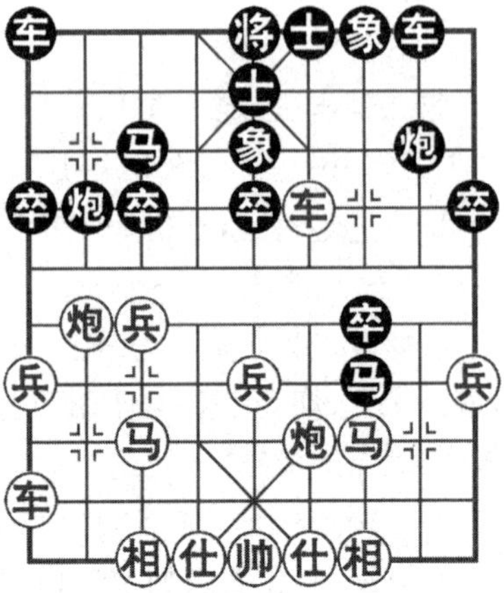

图 69

黑方以炮兑马，乘机摆脱无根车炮的弱点，是机警的走法。

15. 车三退一　卒 3 进 1

16. 车九平八　马 3 进 4

黑方进马捉炮，正着。如改走卒 3 进 1，则车八进五，马 3 进 4，前炮平九，红优。

17. 前炮平九　车 1 平 4

18. 马七退九　车 8 进 5

黑方进车瞄炮，抢占要津。如改走炮 2 进 2，则炮四平六，车 4 平 2，车三进二，黑方无便宜可占。

19. 炮九平三　卒 5 进 1

黑方冲中卒，准备架炮攻击红方中路，是灵活有力之着。

20. 炮四进二　车 8 进 1　　21. 炮四平六　车 4 平 2

22. 炮三退一　卒 5 进 1　　23. 炮六退三　…………

当然不能走兵五进一吃卒，否则炮 2 平 5，红方丢车。

23. …………　卒 5 进 1　　24. 炮六平五　炮 2 平 2

25. 炮三进一　车 2 进 3

黑方虽少一子，但有两卒过河且大子活跃，黑方优势。

第二种走法：车九平四

11. 车九平四　象 7 进 9　　12. 马七进六　卒 3 进 1

13. 马六进七　车 1 平 4　　14. 兵七进一　车 4 进 6

15. 后车平七　车 4 平 5　　16. 炮四平五　车 5 退 1

17. 炮八退三　马 7 进 5

黑如改走炮 8 平 6，红则车四退三，象 7 退 9，马七进五，象 7 进 5，兵七进一，炮 2 进 4，兵七进一，炮 2 平 7，炮八进六，车 5 平 4，炮八平五，将 5 平 4，仕六进五，红方胜势。

18. 相三进五　卒 7 进 1　　19. 马三退二　象 9 退 7

20. 兵七平六　炮 8 进 4　　21. 车七进一

双方对攻，各有顾忌。

第 70 局　红左横车对黑冲 7 卒(三)

1. 炮二平五　马 8 进 7　　2. 马二进三　车 9 平 8

3. 车一平二　马 2 进 3
4. 兵七进一　卒 7 进 1
5. 车二进六　马 7 进 6
6. 马八进七　象 3 进 5
7. 车九进一　卒 7 进 1
8. 车二平四　马 6 进 7
9. 炮五平四　士 4 进 5
10. 车四平二(图 70)　…………

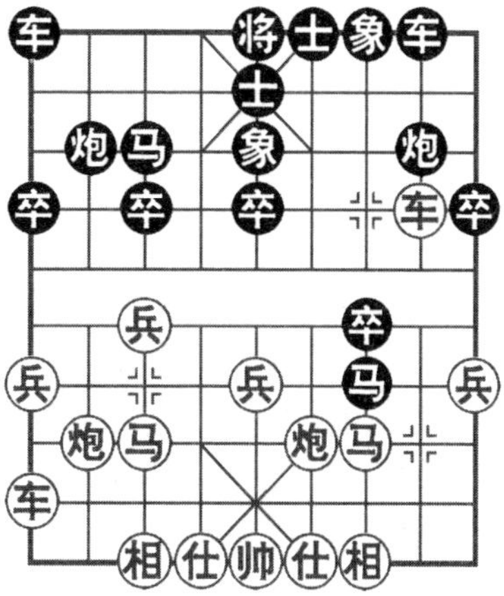

图 70

红方平车牵制黑方无根车炮，作用不大。

如图 70 形势，黑方有两种走法：车 8 进 1 和车 1 平 4。现分述如下。

第一种走法：车 8 进 1

10. …………　车 8 进 1　　11. 车九平六　车 1 平 4
12. 车六进八　马 3 退 4　　13. 车二平三　炮 2 退 1

黑如改走炮 2 进 2，红则车三退二，炮 2 平 7，炮四进四，车 8 平 7，相七进五，红优。

14. 车三退二　车 8 平 7　　15. 相七进一　车 7 进 4
16. 相五进三

黑马被困，红方略优。

第二种走法：车 1 平 4

10. …………　车 1 平 4

黑方出肋车，正着。

11. 炮八进二　卒 3 进 1　　12. 兵七进一　象 5 进 3
13. 车二平三　…………

红如改走炮八平七，黑则象 3 退 5(如马 3 进 4，则车二平三，象 7 进 5，车九平二，红优)，车二平三，炮 2 进 2，车三退二，炮 2 平 7，黑方易走。

13. …………　象 7 进 5　　14. 车三退二　车 8 平 7
15. 车三进五　象 5 退 7　　16. 车九平二　车 4 进 2

黑如改走炮 8 平 7，红则炮八平三，象 7 进 5，仕四进五，车 4 进 4，双方均势。

17. 炮八平三　马 3 进 4　　18. 相三进五　马 4 进 6

黑方子力灵活，略占优势。

第 71 局　红左横车对黑冲 7 卒(四)

1. 炮二平五　马 8 进 7　2. 马二进三　车 9 平 8
3. 车一平二　马 2 进 3　4. 兵七进一　卒 7 进 1
5. 车二进六　马 7 进 6　6. 马八进七　象 3 进 5
7. 车九进一　卒 7 进 1　8. 车二平四　马 6 进 7
9. 炮五平四　士 4 进 5　10. 车九平六(图 71)　…………

如图 71 形势，黑方有两种走法：炮 8 进 2 和炮 2 进 2。现分述如下。

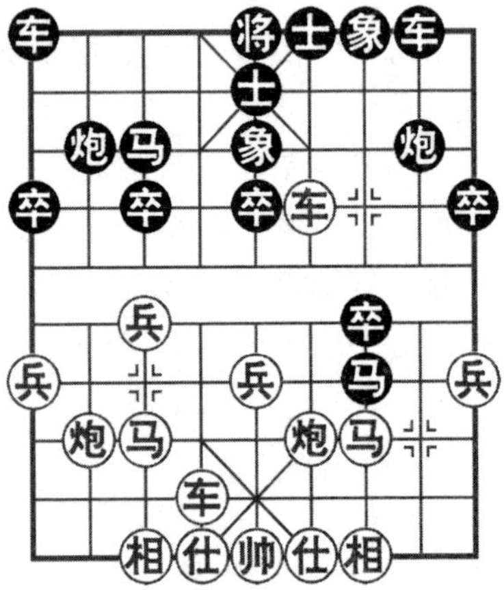

图 71

第一种走法：炮 8 进 2

10. …………　炮 8 进 2

黑方升炮巡河，为攻守两利之着。

11. 炮八进一　炮 2 平 1
12. 车六进三　车 1 平 2
13. 炮八进一　…………

红如改走马七退九，黑则炮 8 平 1，车六平三，马 7 进 9，炮四平一，前炮进 4，黑方易走。

13. …………　卒 7 平 8
14. 兵七进一　…………

红方弃兵，准备平炮打卒。如误走车六平二吃卒，则车 2 进 5，马七进八，炮 8 平 5，黑方得子。

14. …………　卒 3 进 1　15. 炮八平二　炮 8 平 5
16. 仕四进五　车 2 进 6　17. 车四退三　车 2 平 3
18. 相三进五　卒 3 进 1　19. 车六平三　…………

红方平车捉马，图谋得子。如走炮二平七，黑则马 3 进 2，车六进一，马 2 进 1，车四平三，马 1 退 3，相五进七，车 3 进 1，相七退五，车 3 退 1，局势相对平稳。

19. …………　炮 5 平 7　20. 炮二退二　马 3 进 2
21. 车四进三　车 8 进 4　22. 车三退一　马 2 进 4
23. 马七退八　炮 1 进 4

形成红方多子、黑方多卒，双方各有顾忌的局面。

第二种走法：炮 2 进 2

10. …………　炮 2 进 2

黑方右炮巡河，着法新颖。

11. 车六进三　…………

红方进车捉卒，是改进后的走法。如改走车四平二，则卒7平8，炮八进一，马7退6，车二平四，卒8平7，车四退一，卒3进1，车四退二，卒3进1，兵五进一，炮8平7，马三退一，炮2平3，黑方弃子后有先手。

11. …………　卒7平6　12. 炮八进一　炮2平7
13. 炮八平三　炮7进3　14. 马七退五　炮8平7
15. 马五进三　炮7进5　16. 炮三进四　车1平3
17. 炮四平五　车8进6　18. 车六平四　车8平5
19. 仕四进五　车5平7　20. 炮三平二　车7平8
21. 炮二平七　车3进2　22. 前车平五　车3平4
23. 车四进四　炮7平8　24. 车五平七　炮8进2
25. 相三进一　车8平5　26. 车七平九

红方优势。

第72局　红左横车对黑冲7卒(五)

1. 炮二平五　马8进7　2. 马二进三　车9平8
3. 车一平二　马2进3　4. 兵七进一　卒7进1
5. 车二进六　马7进6　6. 马八进七　象3进5
7. 车九进一　卒7进1　8. 车二平四　卒7进1
9. 车四退一　卒7进1(图72)

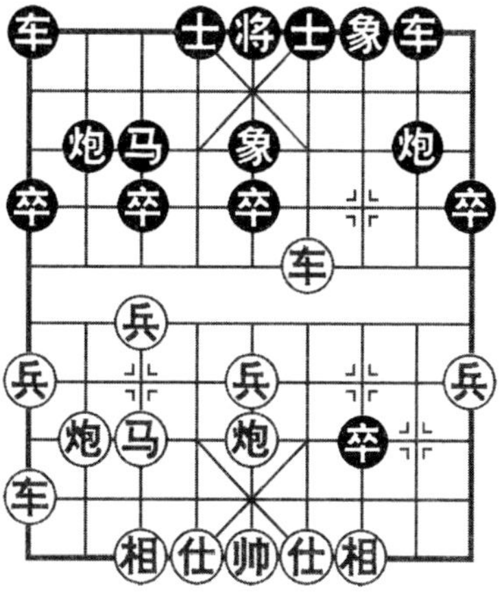

图72

如图72形势，红方有两种走法：车四平二和马七进六。现分述如下。

第一种走法：车四平二

10. 车四平二　车1进1

黑如改走士4进5，红则车九平六，卒7平6，炮五平六，车1平4，炮六进二，红优。

11. 马七进六　车1平4

黑如改走车1平7，红则马六进五，马3进5，炮五进四，士6进5，车九平四，红优。

12. 马六进五　马3进5

13. 炮五进四　士 4 进 5　　14. 炮八平九　车 4 进 2

15. 炮五退一　车 8 进 1

黑方优势。

第二种走法:马七进六

10. 马七进六　炮 8 平 7

黑方平炮打相,灵活之着。如改走士 4 进 5,则炮八平三,车 1 平 4,马六退七,炮 8 平 7,相三进一,炮 2 进 4,炮五平四,炮 7 进 4,相七进五,车 4 进 6,仕六进五,炮 2 进 1,车四平八,炮 2 平 5,炮三平五,车 8 进 8,炮四平三,车 8 平 7,仕五进四,车 7 平 1,马七退九,红方多子占优。

11. 相三进一　士 4 进 5　　12. 炮八平三　车 1 平 4

13. 马六进五　马 3 进 5　　14. 炮五进四　炮 7 平 6

15. 炮三平四　车 8 进 6　　16. 兵五进一　炮 6 进 5

17. 车四退三　车 4 进 3　　18. 车九平八

双方均势。

第 73 局　红左横车对黑冲 7 卒(六)

1. 炮二平五　马 8 进 7　　2. 马二进三　车 9 平 8

3. 车一平二　马 2 进 3　　4. 兵七进一　卒 7 进 1

5. 车二进六　马 7 进 6　　6. 马八进七　象 3 进 5

7. 车九进一　卒 7 进 1　　8. 车二平四　卒 7 进 1

9. 马三退一(图 73)　…………

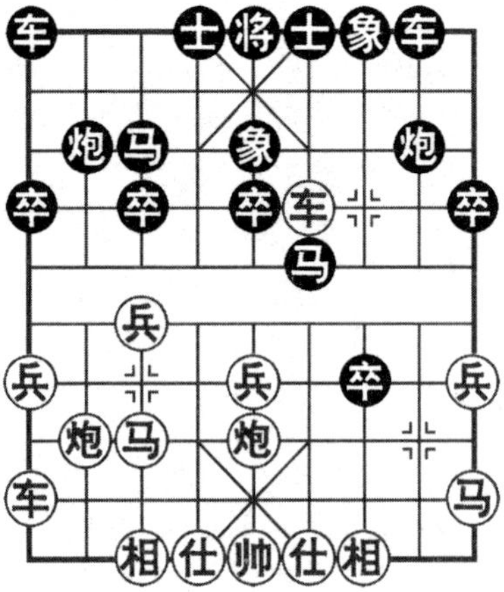

图 73

红方退边马,比车四退一吃马机动多变。

如图 73 形势,黑方有两种走法:马 6 退 4 和马 6 进 8。现分述如下。

第一种走法:马 6 退 4

9. …………　马 6 退 4

10. 车四平二　…………

红方平车拴住黑方车炮,是力争主动的走法。如改走车四退二先防一手,下伏炮八进四、车九平六和车九平二等手段,也是红方易走。

10. …………　马 4 进 3

11. 炮八进一　车 1 进 1　　12. 炮八平三　车 8 进 1
13. 相七进九　车 1 平 7　　14. 车二退三　前马退 2
15. 马七进六　卒 3 进 1　　16. 炮五平三　车 7 平 4
17. 马六进四　马 2 进 4

黑方同样进马，应改走马 3 进 4 为宜，这样可使己方双炮结成“担竿”之势，并可防止红方马四进三进攻的手段。

18. 车九平四　马 4 退 6　　19. 车二进三　炮 2 进 7
20. 仕六进五　炮 2 退 6　　21. 前炮进四　马 3 进 4
22. 后炮进四　士 4 进 5　　23. 车四进一　…………

以上一段，红方运子有序，占尽先手。现肋车随时准备左移助攻，其势愈盛。

23. …………　马 4 进 3　　24. 马一进三　车 4 进 3
25. 马三进二

红方优势。

第二种走法：马 6 进 8

9. …………　马 6 进 8　　10. 炮八进一　…………

红方进炮，正着。如改走车九平三，则炮 2 进 4，马七进六（如兵五进一，则马 8 进 6，黑方反占先手），炮 2 平 3，红方虽然主动，但黑有过河卒，红方未必能占到便宜。

10. …………　车 8 进 1　　11. 炮八平三　车 8 平 7
12. 炮三退二　车 7 进 5　　13. 车九平四　士 6 进 5
14. 炮五平三　车 7 平 9　　15. 前炮进六　…………

红方弃马进炮，佳着。

15. …………　炮 2 退 1

黑方弃炮，出于无奈。

16. 前炮平八　…………

红方前炮平八略嫌缓，应改走后炮进八，黑如接走炮 8 平 6（如象 5 退 7，红则炮三平八得象占优），红则前炮平一，炮 2 平 7，前车平二，车 9 平 6，车四平三，红方先弃后取，占优。

16. …………　炮 8 平 6

黑方平炮打车，好棋！避免了失子。

17. 后车平九　车 9 进 2　　18. 炮八退四　马 8 进 7
19. 车四平三　马 7 退 9　　20. 车三平一

红方优势。

小结:在中炮过河车对屏风马左马盘河布局中,红左横车变例是20世纪七八十年代兴起的主流战术。红方左横车的战略意图是抢占肋道,控制黑方右车的活动,然后与过河车相配合,发动钳形攻势。红左横车变例攻守兼备,是现在仍流行的攻击左马盘河的走法。对于红左横车变例,黑方有两种应法:一种是较稳健的先补士走法,另一种是立即冲7卒展开反击。前者含蓄多变,后者效果不够理想,红方易持先行之利。

第七节　红五九炮变例

五九炮过河车对屏风马左马盘河始见于1966年全国象棋个人赛,自20世纪70年代初开始流行于棋坛,至今已成为中炮过河车对屏风马左马盘河的有力武器,在实战中屡见不鲜。红五九炮变例的特点是:红平边炮准备抢出左车,力求两翼子力均衡发展,有望争得小先手和多兵优势。应对红方五九炮变例,黑方主要有右直车、右炮过河和退右炮等多种应法,各有不同的布局战略。本节列举了47局典型局例,分别介绍这一布局中双方的攻防变化。

第74局　黑冲卒胁车对红平车捉马(一)

1. 炮二平五　马8进7　　2. 马二进三　车9平8
3. 车一平二　马2进3　　4. 兵七进一　卒7进1
5. 车二进六　马7进6　　6. 马八进七　象3进5
7. 炮八平九　…………

至此,形成中炮过河车对屏风马左马盘河红五九炮变例。红方平边炮,准备亮出左车,使两翼均衡发展,是目前比较流行的一种攻法。

7. …………　车1平2　　8. 车九平八　卒7进1

黑方冲卒胁车,是常见的应法。

9. 车二平四　…………

红方平车捉马,是力求稳健的走法。

9. …………　马6进8

黑方进马,正着。如改走卒7进1,则车四退一,卒7进1,车四平二,红方易走。

10. 马三退五　…………

红方退窝心马,正着。如改走马三退一,则卒7进1,车四平二,马8退6,车二退一,马6退7,车二进一,炮2进6,炮九平八,炮2平6,马七进六,炮8

平9,车二平三,车8进8,车三进一,炮6平9,马六进五,前炮进1,车三退四,车8进1,相三进一,车2进6,黑优。

10.………… 卒7进1 11.马七进六 …………

红方跃马河口,直攻中路。

11.………… 炮8平9

黑方平边炮,正着。另有两种走法:

①士4进5,车四平二,马8进6,马六退四,卒7平6,炮五平二,炮2平1,车八进九,马3退2,马五进四,车8进1,马四退五,红优。

②炮8平7,马六进五,马3进5,炮五进四,士4进5,炮九平四,红优。

12.车八进六 …………

红方左车过河,封压黑方右翼子力,是一种稳健的攻法。如改走炮九进四,则士4进5,炮九进一,炮2进6,炮五平九,车8进4,车四进二,车2进2,马六进七,车8平4,马五进七,马8进6,马七进六,炮2平8,车八进七,马6进7,车四退七,炮8平6,帅五进一,象5进3,车八平七,象3退5,车七进一,炮6退7,黑优。

12.………… 士4进5 13.炮九进四 …………

红方炮打边卒,准备侧袭。

13.………… 车8进4

黑方高车巡河,准备策应右翼,是灵活的走法。如改走炮2平1,则车八进三,马3退2,炮九平五,红方先手。

14.炮九进一 …………

红方进炮攻击黑方3路马,是炮打边卒的续进手段。

14.………… 炮2退1 15.马六进七 …………

红方进马踩卒,窥视黑方中象,是力争主动的走法。

15.………… 炮9进4

黑方炮击边兵,威胁红方中路,是以攻代守的积极应法。

16.马五进七 …………

红方进马是稳健的走法。如改走马七进五,则炮2平4,车八进三(如车八平六,则车8平4,黑优),马3退2,炮九进二,马2进1,黑优。

16.………… 炮2平1 17.车八进三 马3退2

18.炮九退三 马8进6 19.炮五平四 车8平4(图74)

如图74形势,红方有三种走法:车四平一、前马退六和后马进六。现分述如下。

第一种走法:车四平一

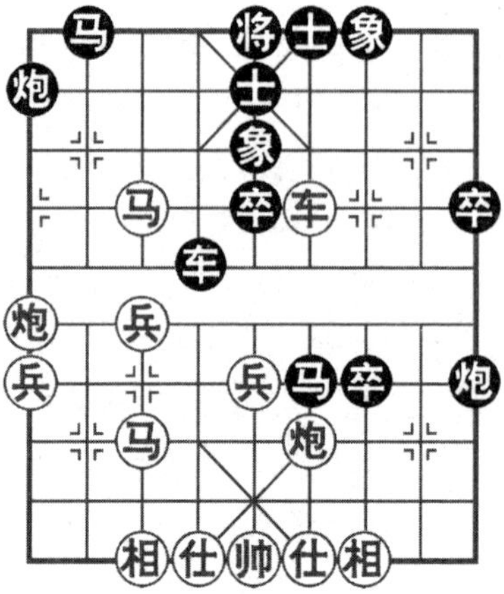

图 74

20. 车四平一　…………

红方平车吃卒,谋取实利,却忽视了黑方进车捉双的手段。

20. …………　炮 9 平 8

21. 车一平五　车 4 进 3

黑方抓住红方的失误,乘势进车捉马,巧妙地谋得一子,形成了可胜之局。

22. 前马退六　…………

红方退马,属无奈之着。如改走相七进五,则车 4 平 3,炮四平七,马 6 进 7,帅五进一,炮 8 进 2,黑胜。

22. …………　车 4 平 6

23. 仕六进五　车 6 平 7　24. 相七进五　马 6 进 7

25. 帅五平六　炮 1 平 4　26. 车五平六　炮 4 退 1

27. 兵七进一　卒 7 平 6　28. 兵七平六　车 7 退 3

29. 炮九进一　车 7 进 2　30. 马六进四　车 7 退 3

黑方多子胜势。

第二种走法:前马退六

20. 前马退六　马 6 退 7　21. 车四退一　车 4 平 6

22. 马六进四　卒 7 平 6　23. 炮四平二　炮 1 平 3

24. 相七进五　卒 5 进 1　25. 仕六进五　…………

再兑一车后,黑有过河卒助战,已反夺主动权。如改走兵五进一,则卒 6 进 1,马七进五,马 7 进 6,炮二进七,炮 9 进 3,马四进五(如相五退七,则炮 3 进 8,帅五进一,将 5 平 4,黑优),炮 3 进 1,相五退七,卒 6 平 5,马五进三,将 5 平 4,相七进五,炮 9 退 3,黑方得子,大占优势。

25. …………　炮 9 退 2　26. 马四进三　马 2 进 1

27. 炮九进一　…………

红方进炮串打是漏算,否则不致丢子速败。

27. …………　马 7 进 9

黑方抓住红方的失误进马巧兑,妙手擒得一子,为取胜打下基础。

28. 炮九平一　马 9 进 8　29. 炮一平二　炮 3 进 6

黑方多子胜势。

第三种走法:后马进六

20.后马进六　马2进3　　21.炮九平八　炮1平3

22.马七进九　炮3平4　　23.车四退一　马6退7

24.炮四平六　车4平6　　25.马六进四　马7进8

黑方应改走卒7平6为宜。

26.仕四进五　卒7进1　　27.相三进五　卒7进6

黑方应改走卒7进1,红如接走炮八退一,黑则马8进6,仕五进四,炮8平2,黑方保存7路卒,可与红方抗衡。

28.仕五进四　马8进7　　29.帅五平四　炮9平6

30.仕四退五

红方残局易走。

第75局　黑冲卒胁车对红平车捉马(二)

1.炮二平五　马8进7　　2.马二进三　车9平8

3.车一平二　马2进3　　4.兵七进一　卒7进1

5.车二进六　马7进6　　6.马八进七　象3进5

7.炮八平九　车1平2　　8.车九平八　卒7进1

9.车二平四　马6进8　　10.马三退五　卒7进1

11.马七进六　炮8平9　　12.车八进六　士4进5

13.炮九进四　车8进4　　14.炮九进一　炮2退1(图75)

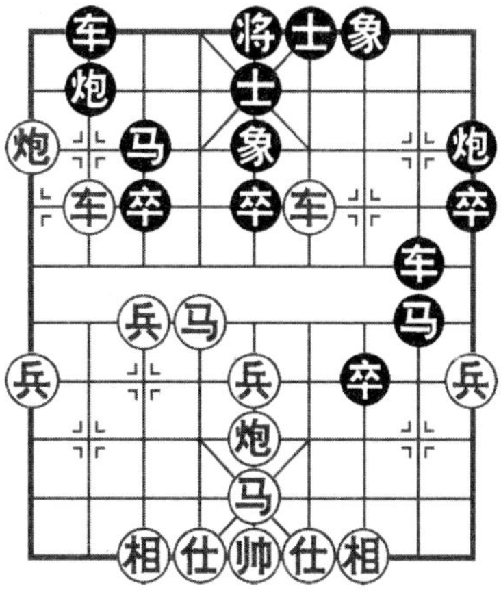

图75

如图75形势,红方有两种法:马五进七和炮五平九。现分述如下。

第一种走法:马五进七

15.马五进七　…………

红方跳出窝心马连环,是比较少见的走法。

15.…………　卒3进1

16.马六进七　…………

红如改走兵七进一,黑则车8平3,黑方易走。

16.…………　卒3进1

17.前马进五　…………

红方弃马搏象,是一决雌雄的走法。

17. ………… 象7进5　18. 炮九平五　将5平4

19. 炮五平六　卒3进1

黑方冲卒逼马，依仗多子优势应对红方进攻，是大局感极强的走法。

20. 车四退二　…………

红如改走马七退九，黑则炮2平1(如车8退2，则车八平六，炮2平4，车六进一，红优)，车八平六，炮1平4，炮六进六，马3进2，车六退四，车2进2，黑优。

20. ………… 卒3进1　21. 车四平六　士5进4

黑方扬士解将，是正确的选择。如改走炮2平4，则车六平二，车8平4，炮五平三，炮4进1，炮三进二，将4进1，炮三平八，红方得车占优。

22. 炮五平三　…………

红如改走车六进三，黑则将4平5，炮五平七，炮9平3，也是黑方多子占优。

22. ………… 炮2平4　23. 车六平四　士6进5

24. 车八平五　…………

红如改走炮三进二，黑则炮4进6，炮三平八，马3进4，黑可得回一车，胜定。

24. ………… 卒3平4

黑方优势。

第二种走法：炮五平九

15. 炮五平九　炮2平1

黑方平炮兑车，正着。如改走炮2平4，则车八进三，马3退2，前炮平一，象7进9，马六进七，马2进3，车四退二，马8退6，红方稍优。

16. 车八进三　马3退2　17. 前炮平一　炮1进6

18. 相七进九　…………

红如改走炮一进二，黑则炮1平8，马六进七，炮8进2，车四退四，车8平6，车四进三，马8退6，马五进七，炮8退3，前马退六，马6进5，马七进五，炮8平5，马六进四，卒7平6，马四退五，卒6平5，炮一平二，和势。

18. ………… 象7进9　19. 车四平五　象9退7

黑如改走车8平4，红则马五进七，象9退7，车五平七，马2进4，车七平四，红方多兵较优。

20. 车五平七　车8平4　21. 马五进七

红方多兵稍优。

第 76 局　黑冲卒胁车对红平车捉马(三)

1. 炮二平五　马 8 进 7　　2. 马二进三　车 9 平 8
3. 车一平二　马 2 进 3　　4. 兵七进一　卒 7 进 1
5. 车二进六　马 7 进 6　　6. 马八进七　象 3 进 5
7. 炮八平九　车 1 平 2　　8. 车九平八　卒 7 进 1
9. 车二平四　马 6 进 8　　10. 马三退五　卒 7 进 1
11. 马七进六　炮 8 平 9　　12. 车八进六　士 4 进 5
13. 炮九进四　车 8 进 4　　14. 炮九进一　车 8 平 4

黑方平车顶马，是寻求变化的走法。

15. 马五进七　…………

红方跳出窝心马，着法稳健。如改走炮九平七，则车 4 进 1，炮七平一，车 4 进 3，炮五进四，象 7 进 9，车八退三，车 2 平 4，炮五平六，后车进 3，车四平六，车 4 退 5，车八进四，将 5 平 4，马五进七，马 8 进 6，车八进二，将 4 进 1，车八退八，车 4 进 4，仕四进五，车 4 平 3，黑方多子胜势。

15. …………　炮 2 退 1(图 76)

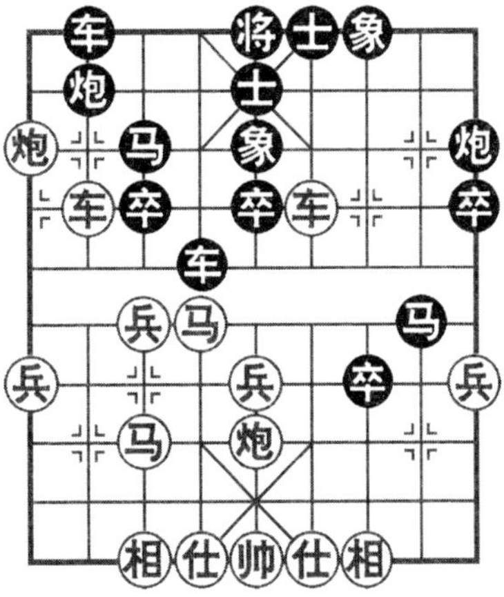

图 76

如图 76 形势，红方有两种走法：炮五平六和炮五退一。现分述如下。

第一种走法：炮五平六

16. 炮五平六　车 4 平 1

17. 炮六退一　车 1 退 2

黑方退车吃炮，出于无奈。另有两种走法：

①炮 2 平 4，车八进三，马 3 退 2，炮六平九。

②车 1 退 1，车八平九，马 3 进 1，炮九平一，象 7 进 9，马六进七，均属红优。

18. 炮六平九　马 3 进 1

19. 炮九进五　车 2 平 4　　20. 炮九平七　…………

红方平炮打卒，是简明的走法。也可改走车四平五，黑如接走炮 2 平 3，红则相七进五，卒 3 进 1，车五平二，马 8 进 6，马六退四，卒 7 平 6，车二平七，炮 3 退 1，兵七进一，炮 9 进 4，仕六进五，炮 3 进 4，车七平一，炮 9 平 8，车一平二，炮 8 平 7，车二平六，炮 3 进 2，车六进三，士 5 退 4，车八平七，士 6 进 5，兵九进一,炮7平5,兵九进一,红方易走。

20. ………… 炮2平1 21. 车四退二 马8进6
22. 马六退四 卒7平6 23. 车四退一

红方多兵占优。

第二种走法:炮五退一

16. 炮五退一 …………

红方退中炮,是改进后的走法。

16. ………… 卒3进1 17. 兵七进一 车4平3
18. 炮五平九 …………

红方平边炮,攻守兼备。

18. ………… 炮2平1 19. 车八进三 马3退2
20. 后炮平七 车3平4 21. 炮九平一 象7进9
22. 车四平五 炮1平4 23. 炮七平六 车4平3
24. 炮六平五 马8进6 25. 马六退四 卒7平6
26. 马七进六 车3进5 27. 马六退四 象9退7
28. 马四进五 马2进3 29. 车五平六 炮4平2
30. 车六平八 炮2平3 31. 车八进三 士5退4
32. 马五进四 炮3平6 33. 车八退五

红方优势。

第77局 黑冲卒胁车对红平车捉马(四)

1. 炮二平五 马8进7 2. 马二进三 车9平8
3. 车一平二 马2进3 4. 兵七进一 卒7进1
5. 车二进六 马7进6 6. 马八进七 象3进5
7. 炮八平九 车1平2 8. 车九平八 卒7进1
9. 车二平四 马6进8 10. 马三退五 卒7进1
11. 马七进六 炮8平9 12. 车八进六 士4进5
13. 马五进七 …………

红方跳出窝心马,是稳健的走法。

13. ………… 车8进4

黑方进车巡河,攻守两利。如改走炮9平7,则相三进一(如马七退五,则炮2平1,车八进三,马3退2,炮五进四,车8进4,车四退二,马2进4,车四平三,马4进5,马六进五,炮7平9,车三退一,马8退6,黑方反占先手),马8

进9,车四平三,马9进7(如炮7平6,则炮五平二,车8进6,马六进四,红优),帅五进一,炮7平9,车三退三,马7退5,炮九平五,红方虽缺一相,但子力占位较佳,形势稍占主动。

14.车四退二　…………

红车进而复退,给黑方创造了机会。如改走马六进七,则炮9进4,车四平一,卒7平8,炮五平二,车8平2,车八退一,马8退9,炮二平三,红方子力位置较好,稍优。

14.…………　炮9进4　15.车四平三　…………

红如改走车八平七,黑则炮2进4,车七进一,炮2平3,车七平九,炮3进3,仕六进五,炮3平1,黑方弃子占势,易走。

15.…………　卒7平8(图77)

黑方平卒保存实力,是含蓄的走法。

如图77形势,红方有两种走法:马六进七和炮五退一。现分述如下。

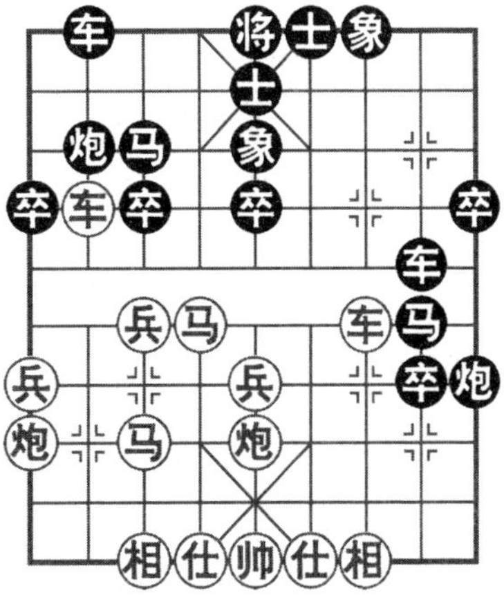

图77

第一种走法:马六进七

16.马六进七　…………

红方应改走马六进五,黑如接走炮2平1,红则车八平七(如马五进三,则车8平7,车八进三,马3退2,车三进一,象5进7,黑方易走),马3退4,兵七进一,红方稍好。

16.…………　炮9退1

17.车三进二　车8平4

18.车三平二　马8平6　19.炮五平四　马6退7

20.车二退二　炮2平1　21.车八进三　马3退2

22.相七进五　…………

红如改走马七进九,黑则马2进1,炮九进四,卒8平7,也是黑方较为易走。

22.…………　炮1平3　23.仕六进五　马2进4

24.车二平六　车4进1　25.前马退六　卒8平7

黑方有卒过河,较为易走。

第二种走法:炮五退一

16.炮五退一　…………

红方退炮,暗伏炮五平二的得子手段,不失为灵活的走法。

16.………… 炮9退1 17.车三退二 马8退6

黑方退马邀兑，避免红方炮五平二拴链黑方车马，是机警之着。

18.车三平四 …………

红方平车逼黑方交换，乃随手之着，是导致局势被动的症结所在。应改走马六进五，黑如炮2平1，红则车八进三，马3退2，马五退四，红不难走。

18.………… 炮9平3

黑方抓住红方的缝隙，乘机平炮打兵催杀，是反夺主动权的巧妙之着。

19.相三进五 …………

红方应改走炮五平七，黑如马6进4，红则炮七进三，马4进3，炮七进三，马3退5，车四平八，马5退4，车八进一，车2进2，车八进五，马4退3，车八平七，车8平5，相三进五，车5进2，可成和棋。

19.………… 马6进4 20.马七进六 车8平4

21.马六进四 炮3退1 22.马四进二 …………

红方进马丢仕受攻，不如改走炮五平四坚守为好。

22.………… 将5平4 23.炮五平三 …………

红方平炮，无奈之着。如改走炮九退二，则炮3平1，黑方得子。

23.………… 车4进5 24.帅五进一 炮2平1

25.车八平七 炮1进4 26.车七进一 炮1平3

27.车七平九 前炮进2

黑方胜势。

第78局 黑冲卒胁车对红平车捉马(五)

1.炮二平五 马8进7 2.马二进三 车9平8

3.车一平二 马2进3 4.兵七进一 卒7进1

5.车二进六 马7进6 6.马八进七 象3进5

7.炮八平九 车1平2 8.车九平八 卒7进1

9.车二平四 马6进8 10.马三退五 卒7进1

11.马七进六 炮8平9 12.车八进六 士4进5

13.马六进五 …………

红方马踩中卒，直攻中路。

13.………… 炮2平1 14.车八平七 …………

红车吃卒压马，过于弄强。如改走车八进三，则马3退2，马五退六，则局势相对简化。

14. ………… 马3退4(图78)

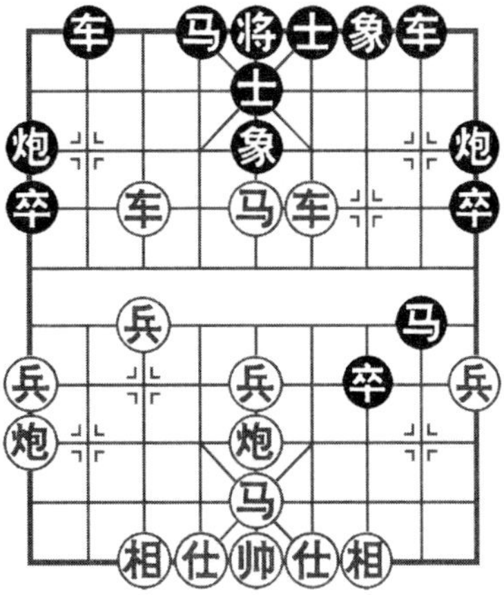

图78

如图78形势,红方有两种走法:前马退四和前马退六。现分述如下。

第一种走法:前马退四

15. 前马退四 车2进7

黑方进车管住红方边炮,不给红方调整阵形之机,是争先取势的紧要之着。

16. 马四进六 车8进4

17. 马六进八 炮1平2

18. 炮九进四 …………

红方炮轰边卒,被黑方平车捉炮后,并无后续手段。不如改走炮五平四,黑如卒7平6,红则马五进四,车2平6,马四进二,车6退4,车七平四,车8进1,车四平一,以弃马谋兵、求和为宜。

18. ………… 车8平1 19. 车七平六 车1退1

黑方一车换双,算准红方难以抵挡己方卧槽马的攻势。如改走炮9进4,黑方形势亦佳。

20. 马八进六 炮9平4 21. 车六平九 马8进6

22. 车九平六 马6进7 23. 车四退五 卒7进1

黑方及时进卒,是紧凑有力之着。

24. 炮五平七 车2退3 25. 车六退四 车2平6

26. 炮七退一 炮2平3

黑方平炮兑炮,拔掉红方肋车之根,是取胜的巧妙之着。

27. 车四平三 …………

红方以车砍马,属无奈之着。如改走炮七平八,则炮3进7,马五退七,车6进4,黑方胜定。

27. ………… 卒7进1 28. 炮七平三 车6平7

黑方多子,大占优势。

第二种走法:前马退六

15. 前马退六 …………

红方退马左肋,方向正确。

15. ………… 车2进4

黑方也可改走车2进8,红如接走车四平二,黑则车8进3,车七平二,马8

进6，炮五平四，马6退7，马六进四，卒7平6，炮四退一，车2退2，黑方有卒过河，可以满意。

16. 炮五平二　…………

红方平炮打车略嫌软，应改走兵七进一，黑则车2平3，车七退一，象5进3，炮五平八，红方先手。

16. …………　马8进6　　17. 炮二平四　马6退7

18. 马六进四　炮9进4　　19. 马五进七　卒7平6

20. 马四进六　炮1平4　　21. 炮四平六　车2平4

黑方优势。

第79局　黑冲卒胁车对红平车捉马(六)

1. 炮二平五　马8进7　　2. 马二进三　车9平8

3. 车一平二　马2进3　　4. 兵七进一　卒7进1

5. 车二进六　马7进6　　6. 马八进七　象3进5

7. 炮八平九　车1平2　　8. 车九平八　卒7进1

9. 车二平四　马6进8　　10. 马三退五　卒7进1

11. 马七进六　炮8平9　　12. 炮五平二　…………

红方平炮打车，是稳健的走法。

12. …………　马8进6　　13. 炮二平四　…………

红方通过平炮打车的手段逼黑马奔卧槽再平炮顶马，乘机调整了阵形。

13. …………　士4进5（图79）

黑方补士，是稳健的走法。如改走马6退7，红则马五进四，卒7平6，车四进三，将5进1，马六进四弃子抢攻。

如图79形势，红方有三种走法：马五进四、车八进六和马六进四。现分述如下。

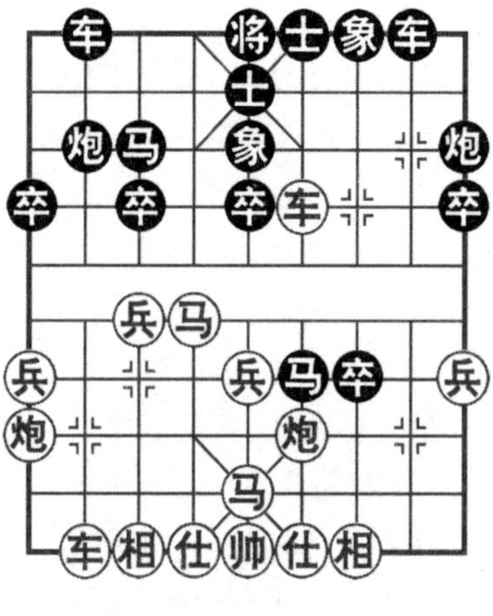

图79

第一种走法：马五进四

14. 马五进四　…………

红方吃马稳健，可以稳持先手。

14. …………　车8进4

黑如改走卒7平6，红则车四退三，炮2进4，兵五进一，炮2退1，马六进七，炮2平5，车八进九，马3退2，车四进一，炮5退1，车四进二，车8进5，车四平五，车8平3，炮四进六，马2进3，车五退一，车3退2，炮九平五，红方稍优。

15.马六进七 炮2进2 16.车八进四 …………

红方高车生根，正着。

16.………… 车8平4 17.兵五进一 卒7平6

18.车四退三 炮2平1 19.车八进五 马3退2

20.炮九进三 卒1进1 21.炮四平九 马2进4

22.马七退九 …………

红方马踩边卒，是谋取实利的走法。

22.………… 卒5进1 23.兵五进一 车4平5

24.仕六进五 马4进5

黑如改走车5平2，红则马九退八，也是红方多兵易走。

25.马九进七

红方多兵易走。

第二种走法：车八进六

14.车八进六 …………

红方左车过河，封锁黑方右翼，是争取空间优势的走法。

14.………… 马6退7 15.马六进四 车8进5

16.马五进七 车8平6

黑如改走炮2退1，红则马四进六，炮2平4，车八平七，车2进6，仕六进五，车2平3，马六进七，车3进1，相七进五，车3退1，车七平六，炮9退1，车四进二，将5平4，炮九平六，车3平2，炮六进六，炮9退1，相五进三，红方胜势。

17.仕六进五 …………

红如改走马四进六弃车，黑则车6退2，马六进七，将5平4，炮四平六，炮9退1，马七进六，士5进4，马六进五，炮9平4，马五进七，车2进1，黑优。

17.………… 马7退8 18.车四平二 车6退1

19.车二进一 卒3进1

黑方有卒过河，易走。

第三种走法：马六进四

14.马六进四 …………

红方进马，是力争主动的走法。

14.………… 炮2进1 15.兵七进一 象5进3

16. 车四平三　象7进5　　17. 车三退三　马6退7
18. 车三进一　炮9退1　　19. 车八进四　炮9平7
20. 车三平二　车8进5　　21. 车八平二　炮2进3
22. 马五进三　…………

红方进马嫌软,应以改走兵一进一为宜。

22. …………　炮2进3　　23. 炮九平六　炮2退2

黑方退炮兑炮一击中的,令红方难以应付。

24. 仕四进五　炮7进6

黑方得子,大占优势。

第80局　黑冲卒胁车对红平车捉马(七)

1. 炮二平五　马8进7　　2. 马二进三　车9平8
3. 车一平二　马2进3　　4. 兵七进一　卒7进1
5. 车二进六　马7进6　　6. 马八进七　象3进5
7. 炮八平九　车1平2　　8. 车九平八　卒7进1
9. 车二平四　马6进8　　10. 马三退五　卒7进1
11. 马七进六　炮8平9　　12. 马六进五　…………

红方马踩中卒,嫌急。

12. …………　炮2进1

黑方进炮牵制红方车马,正着。另有两种走法:

①马3进5,炮五进四,士4进5,炮九平四,红优。

②炮2平1,车八进九,马3退2,马五退六,炮9进4,马五进七,炮9进3,马七进八,炮1进4,炮五平八,马2进3,马八进七,红方先手。

13. 前马进七　…………

红方吃马,接受弃子。另有两种走法:

①车四进二,炮2平5,炮五进四,士4进5,车八进九,马3退2,兵五进一(如炮五平九,则炮9进4,兵五进一,车8进4,车四退四,卒9进1,炮九退二,炮9进3,后炮退一,卒9进1,车四退三,车8平4,车四平一,炮9平8,黑优),马2进3,炮五退一,车8进3,黑优。

②兵七进一,士6进5,后马进七(如兵七进一,则炮2平5,车八进九,炮5进4得子),马3进5,兵七进一,马5进3,兵七平八,炮9平7,相三进一,马8进9,黑优。

13. …………　炮2平6　　14. 马七进八　炮9进4

黑方炮打边兵，威胁红方中路，着法积极。如改走车 8 进 4，则马八退六，士 6 进 5，炮五平八，车 8 平 2，兵七进一，车 2 进 2，马五进七，马 8 进 6，炮九退一，炮 9 退 1，马六退七，车 2 平 3，炮八进七，象 5 退 3，车八进二，炮 9 平 8，炮八平九，红方多子占优。

15. 马八退六　…………

红方另有两种走法：

①车八进三，车 8 进 4，马八退六，士 6 进 5，车八平六，车 8 平 6，马五进七，炮 9 进 3，仕六进五，炮 6 平 7，帅五平六，车 6 平 2，炮九平八，炮 7 进 6，帅六进一，炮 7 退 2，仕五进四，炮 7 平 5，炮八平五，车 2 进 4，帅六进一，卒 7 平 6，黑方胜势。

②马五进七，炮 9 进 3(如炮 6 平 7，则相三进一，马 8 进 9，黑优)，马八退六，车 8 进 2，炮九平八，炮 6 平 7，炮八进七，将 5 进 1，车八进八，炮 7 进 6，帅五进一，马 8 进 7，帅五平六，马 7 进 6，炮五退二，将 5 平 6，车八退三，士 6 进 5，黑方易走。

15. …………　车 8 进 1　　16. 马六退七(图 80)　…………

如图 80 形势，黑方有两种走法：炮 9 平 5 和炮 9 进 3。现分述如下。

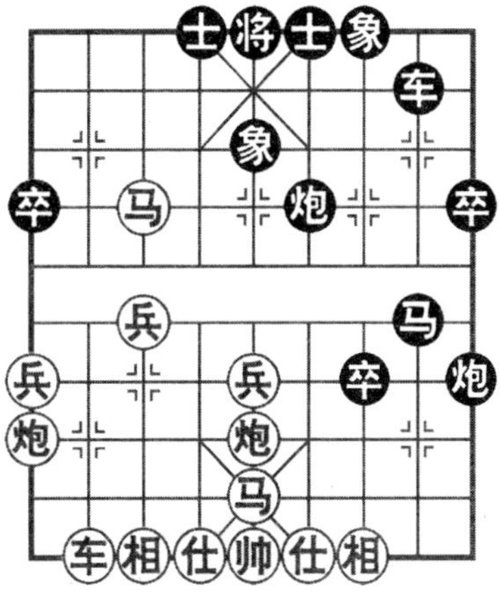

图 80

第一种走法：炮 9 平 5

16. …………　炮 9 平 5

17. 车八进三　卒 7 平 6

黑应改走马 8 退 6，红如接走马七退六，黑则炮 5 退 1，马六退七，卒 7 平 6，炮九进四，士 6 进 5，炮九进三，象 5 退 3，炮九退五，炮 5 退 2，车八进二，马 6 进 7，车八平五，炮 5 平 4，相三进五，马 7 进 9，马五进三，马 9 进 7，帅五进一，车 8 进 6，黑方弃子夺势，可以抗衡。

18. 马七退五　士 6 进 5

19. 炮九进四　将 5 平 6　　20. 马五退三　炮 6 进 2

21. 炮九平四

红方优势。

第二种走法：炮 9 进 3

16. …………　炮 9 进 3　　17. 马七退五　马 8 进 6

黑如改走炮 6 平 5，红则后马进七(如马五退三，则炮 5 进 4，相七进五，车

8平6,黑方不难走),红方多子易走。

18.前马进六 …………

红方进马挂角叫将是正着。如改走马五退四,则炮6进6,马四退三,车8进7,黑优。

18.………… 车8平4 19.炮五平四 炮6进4

黑如改走马6退7,红则马六退五,炮6退6,车八进六,卒7平6,炮四平二,卒6平5(如卒6进1,则炮九进四,红方易走),炮九进四,车4进3,前马退三,士6进5,车八平三,红优。

20.马五进四 卒7平6 21.马六退五 车4平7

黑如改走卒6平5,红则炮九进四,红方易走。

22.车八进六

双方大体均势。

第81局 黑冲卒胁车对红平车捉马(八)

1.炮二平五 马8进7 2.马二进三 车9平8
3.车一平二 马2进3 4.兵七进一 卒7进1
5.车二进六 马7进6 6.马八进七 象3进5
7.炮八平九 车1平2 8.车九平八 卒7进1
9.车二平四 马6进8 10.马三退五 卒7进1
11.车八进六 炮8平9 12.车四退二(图81) …………

红方退车巡河,是稳健的走法。如改走炮九进四,则士4进5,炮九退二,马8进6,炮五平四,车8进7,炮四退一,马6进5,马七退五,炮9进4,炮四进一,炮9平5,马五进七,炮5退2,马七进六,卒3进1,兵七进一,象5进3,马六进七,炮5进2,炮九平五,卒5进1,马七退五,炮5退2,炮四平五,炮5退2,车四平七,车8退2,车八退二,马3退4,黑方多子占优。

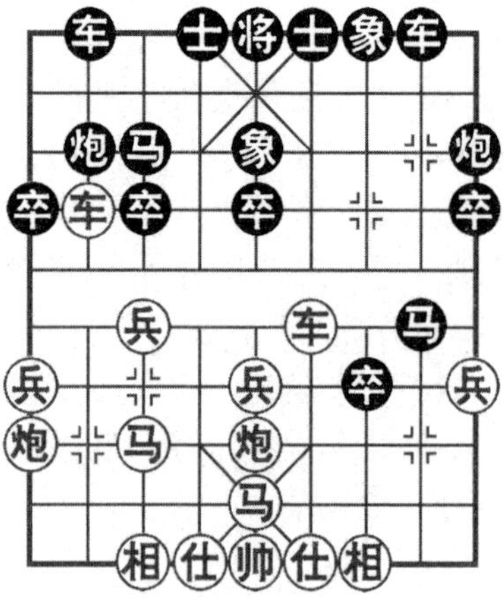

图81

如图81形势,黑方有两种走法:马8进6和炮9进4。现分述如下。

第一种走法:马8进6

12.………… 马8进6

13. 炮五平四 士4进5 14. 马七进六 …………

红方进马，是保持变化的走法。如改走马五进四，则卒7平6，车四退一，车8进4，双方立呈平稳之势。

14. ………… 炮2平1 15. 车八进三 …………

红方兑车，正着。如改走车八平七吃卒，则炮1退1，黑有反击之势。

15. ………… 马3退2 16. 马五进四 卒7平6

17. 车四退一 炮1进4

黑方炮击边兵，以攻为守。如改走车8进4，则马六进七，炮1平3，相三进五，红方多兵稍优。

18. 兵五进一 炮1退1 19. 马六进七 炮1平5

20. 车四平八 马2进3 21. 马七进九 炮9退1

22. 炮四进六 士5退4

黑方退士，正着。如误走士5进6，则炮四平九，红方大有攻势。

23. 炮四平九 车8进1 24. 前炮进一 …………

红方沉底炮将军，继续进攻。如改走前炮平一，则车8平9，马九退七，互缠中红方稍占主动。

24. ………… 象5退3 25. 兵七进一 炮9进1

26. 车八平二 …………

红方平车捉车，过于弄强。应改走马九进八，则象7进5，马八退七，炮9平3，兵七平六，红方下伏车八进一捉炮和车八进三捉中卒的手段，并不难走。

26. ………… 车8平2 27. 车二进四 炮9进4

28. 帅五进一 象7进5 29. 兵七进一 马3退2

黑方回马，以退为进，伏有兑子消势的手段，可以乘机兑掉颇有牵制力的红马，是迅速扩大优势的巧妙之着。

30. 马九进八 车2进7 31. 帅五进一 车2退8

32. 帅五平四 …………

红可先走车二平四，然后出帅，这样比实战着法要好。

32. ………… 炮9平6 33. 车二平四 炮6进3

34. 帅四平五 炮6平3

黑方优势。

第二种走法：炮9进4

12. ………… 炮9进4

黑方炮打边兵，是企图扰乱局势的应法。

13. 车四平三　卒7进1

黑如改走炮9进3,红则车三退一,车8进4,马七进六,也是红方易走。

14. 马五进三　马8进7　　15. 车三退二　车8进5

16. 炮五平四　…………

红方平肋炮,是以稳健为主的战略。如改走炮九进四,则车8平3,炮九进一,炮2退1,车八进一,红方大占优势。

16. …………　士4进5　　17. 相七进五　车8进1

18. 车三进二　炮2平1

黑方应改走炮9平5,红则马七进五,车8平5,黑方先占多卒之利,再伺机兑车,较为顽强有力。

19. 车八平七　马3退4　　20. 车七平五　车2进7

21. 炮九退二　…………

红方退炮,不给黑方可乘之机,细腻之着。

21. …………　马4进2　　22. 车三进二　炮1平3

23. 车五平八　…………

红方平车邀兑,解除了黑方可能的反击之势,令黑方无隙可乘。

23. …………　车2退4　　24. 车三平八　炮3进5

25. 炮四平七　马2进4　　26. 车八退三　马4进5

黑如改走车8平6,红则炮九进六,车6进3,帅五平四,炮9平2,炮九平六,红亦多兵,大占优势。

27. 仕六进五　车8平6　　28. 车八进六　士5退4

29. 炮九进六　炮9平5　　30. 炮九进三

红方大占优势。

第82局　黑冲卒胁车对红平车捉马(九)

1. 炮二平五　马8进7　　2. 马二进三　车9平8

3. 车一平二　马2进3　　4. 兵七进一　卒7进1

5. 车二进六　马7进6　　6. 马八进七　象3进5

7. 炮八平九　车1平2　　8. 车九平八　卒7进1

9. 车二平四　马6进8　　10. 马三退五　卒7进1

11. 车八进六　士4进5(图82)

黑方补士,含蓄多变。黑如改走炮8平7,红则炮五平二,马8进6,炮二平四,士4进5(如马6退7,则车四平三,炮2平1,车八平七,炮7平6,马七进六，车8进5，马五进七，炮1进4，相七进五，车2进7，炮九退一，红方易走），马七进六，马6退7，车四平三，炮7平6，马五进七，车8进9，马六进四，卒7平6，炮四平三，象7进9，仕六进五，车8平7，炮三平六，炮2平1，车八平七，马3退4，车七平五，车2进8，相七进五，车7平8，双方各有千秋。

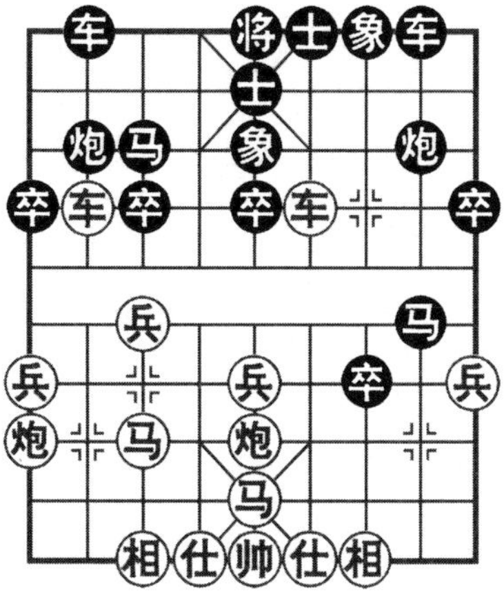

图82

如图82形势，红方有两种走法：炮九进四和马七进六。现分述如下。

第一种走法：炮九进四

12. 炮九进四　…………

红方炮轰边卒，嫌急。

12. …………　马8进6　13. 炮五平四　马6退7

黑马通过进、退调整至好位，着法老练。

14. 炮九进一　炮2退1　15. 马七进六　炮8进4

16. 马五进七　卒7进1　17. 炮四平六　士5进6

黑方扬士巧妙，由此展开反击。

18. 炮九进二　车2平1　19. 车八进二　士6进5

20. 马六进七　炮8进3　21. 仕六进五　卒7进1

22. 相七进五　卒7进1

黑方冲卒破相，毁去红方藩篱，着法灵活有力。

23. 相五退三　车8进5　24. 车八平七　马3进1

黑方进边马，正着。如改走车8平3，则后马进八，马3进1，马八进九，车1进3，马七进五，黑方反而不好。

25. 后马进六　炮8平9　26. 马六进四　车8进4

黑方优势。

第二种走法：马七进六

12. 马七进六　…………

红方跃马河口，是力争主动的走法。

12. …………　炮8平9

黑方如改走炮8平6，则车四退二，马8进6，炮五平四，车8进6，马五进七，炮2平1，车八进三，马3退2，兵一进一，马2进4，仕六进五，车8退2，炮九退一，卒3进1，兵七进一，车8平3，炮九平七，车3平7，炮四平六，马4进

2，马六进五，车7退1，炮六平五，红方先手。

13. 炮九进四　…………

红方如改走马六进五（又如马五进七，则车8进4，马六进七，炮9进4，红方右翼有顾虑），则炮2平1，车八平七，马3退4，后马进七，双方各有千秋。

13. …………　车8进4　14. 炮九进一　炮2退1

15. 马六进七　车8平4　16. 马五进七　马8进6

17. 炮五平四　马6退7　18. 兵七进一　象5进3

19. 炮九退二　象3退5　20. 炮九平三　车4平7

21. 后马进六　车7平3　22. 马六进五　马3进5

23. 炮四进七　象5退3　24. 车四平五　车3平6

25. 车五进二　将5平6　26. 仕六进五　象7进5

27. 马七进八　炮9进4　28. 兵五进一　炮9平1

29. 车八平六

红方优势。

第83局　黑冲卒胁车对红平车捉马（十）

1. 炮二平五　马8进7　2. 马二进三　车9平8

3. 车一平二　马2进3　4. 兵七进一　卒7进1

5. 车二进六　马7进6　6. 马八进七　象3进5

7. 炮八平九　车1平2　8. 车九平八　卒7进1

9. 车二平四　马6进8　10. 马三退五　卒7进1（图83）

如图83形势，红方有三种走法：炮九进四、车四平二和车四退二。现分述如下。

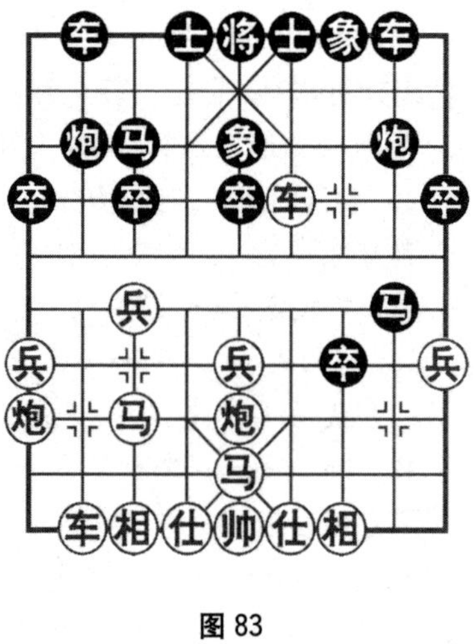

图83

第一种走法：炮九进四

11. 炮九进四　…………

红方炮打边卒，意在谋兵取势。

11. …………　炮8平9

12. 炮五进四　马3进5

黑方如改走士4进5，红则炮五退二，车8进4，车四退二，马8退6，马五进六，红方易走。

13. 炮九平五　士4进5

14. 车八进五　车2平4　15. 炮五退二　车4进7

16. 车四平七　炮2平4　17. 车八平三　马8进6

18. 马五进四　卒7平6　19. 仕六进五　车4进1

黑如车4平3，红则车七进三，炮4退2，车三平六，绝杀。现黑方虽有过河卒，但红方多兵，形势占优。

第二种走法：车四平二

11. 车四平二　…………

红方平车，牵制黑方车炮。

11. …………　马8退6　12. 车二退一　马6退7

13. 车二退一　炮2进6

黑方进炮压车，着法有力。

14. 马七进六　…………

红如改走车二平三，黑则炮8进7，下伏车8进8，黑方弃子有攻势。

14. …………　炮8平9　15. 车二平三　车8进2

16. 炮五平四　士4进5

黑不难走。

第三种走法：车四退二

11. 车四退二　…………

红方退车捉马，是稳健的走法。

11. …………　马8进6　12. 炮五平四　士4进5

13. 马五进四　…………

红方兑马，是简明的走法。如改走车八进六，则炮8进1，马五进四，卒7平6，车四退一，卒3进1，车八退二，炮8平7，车四平三，炮2进1，炮四平三，炮7进4，炮九平三，车8进4，双方均势。

13. …………　炮8进5　14. 炮四退一　卒7平6

15. 炮九进四　炮2进6　16. 炮九进三　车2平1

17. 车八进一　车8进4　18. 车四退一　卒3进1

19. 炮四平二　炮8平7　20. 车四平三　炮7平6

21. 车三平四　炮6平7　22. 车四退一　炮7退5

23. 兵七进一　车8平3　24. 炮二平七　车3平4

25. 炮七进六　炮7平3

双方均势。

第84局　黑冲卒胁车对红退车捉马(一)

1.炮二平五　马8进7　　2.马二进三　车9平8
3.车一平二　马2进3　　4.兵七进一　卒7进1
5.车二进六　马7进6　　6.马八进七　象3进5
7.炮八平九　车1平2　　8.车九平八　卒7进1
9.车二退一　…………

红方退车捉马,是含蓄的走法。

9.…………　马6进7

黑方退马捉车,正着。另有两种走法:

①卒7进1,车二平四,卒7进1,车四平二,红方占主动。

②马6进7,车八进六,卒7平6,车二退二,卒6进1,马七进六,车8进1,马六退四,马7退6,兵五进一,红优。

10.车二进一　卒7进1　　11.马三退五　炮8平9

黑方平炮兑车,是常见的走法。如改走卒7平6,红方有两种走法:

①车二平四,炮2进4,兵五进一,车8进1,车四退三,车8平2,马七进六,炮2退1,马五进七,炮2平4,车八进八,车2进1,马七进六,车2进4,兵五进一,士4进5,车四平二,炮8平9,车二进三,车2平3,马六进五,马3进5,兵五进一,马7进6,车二退三,车3进4,兵五进一,象7进5,车二平八,将5平4,炮九平六,红有攻势。

②马七进六,卒6平5,炮五平七,炮2进1,马五进三,卒3进1,车二退三,炮8进2,车二平五,马3进2,炮七平八,卒3进1,马六进五,马7进5,车五进三,炮2进4,车八进二,马2进4,车八进七,马4退5,炮九进四,炮8平3,炮九进三,炮3进5,仕六进五,象5退3,马三进五,车8进4,双方大体均势。

12.车二平三　车8平2　　13.马七进六　…………

红方进马,好棋!使黑方不能炮9退1进行反击,否则马六进四,红优。

13.…………　卒7平6

黑方献卒,诱使红方马六退四,使其阵形不整,是保持变化的走法。如改走炮2进6,则车三退三,车8进3,马五进七,马7进8,车三退二,炮2退5,炮九进四,马3进1,车八进六,车2进3,炮五进四,士4进5,炮五平八,马1进2,相七进五,马2进3,马六退七,炮9进4,仕六进五,车8进1,炮八退三,车8进1,炮八平一,马8进9,车三进二,马9进8,车三平四,红方多兵易走。

14.马六进四(图84)　…………

红方跃马过河，是积极主动的走法。

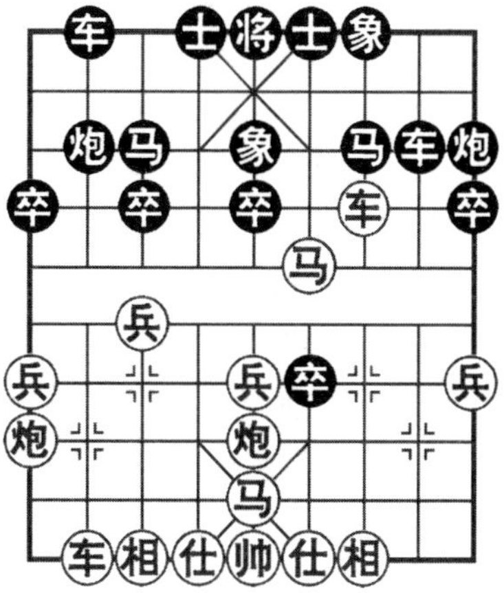

图 84

如图 84 形势，黑方有两种走法：炮 2 退 1 和炮 2 进 1。现分述如下。

第一种走法：炮 2 退 1

14. ………… 炮 2 退 1

15. 马四进六 炮 2 平 4

16. 车八进九 马 3 退 2

17. 炮五进四 …………

红方炮击中卒，谋取实利。如改走炮九进四，则马 2 进 1，黑不难走。

17. ………… 马 7 进 5

18. 车三平五 车 8 进 4

19. 马五进七 士 4 进 5

20. 仕六进五 车 8 退 2 21. 车五平四 车 8 平 4

22. 马六进七 卒 3 进 1 23. 炮九进四 卒 3 进 1

24. 炮九进三 马 2 进 3 25. 马七退九 …………

红如改走车四平八，黑则士 5 进 4，车八平七，车 4 平 3，车七平六，将 5 进 1，也是黑方易走。

25. ………… 马 3 退 1 26. 车四平七 炮 9 平 1

27. 车七进三 炮 4 退 1 28. 车七退四 炮 1 退 2

29. 车七平六 卒 3 进 1

黑方有双卒过河，易走。

第二种走法：炮 2 进 1

14. ………… 炮 2 进 1 15. 兵七进一 …………

红方献七兵强行渡河，是上一着马六进四的续进手段，红方由此展开攻势。

15. ………… 卒 3 进 1

黑方如改走象 5 进 3，则阵形散乱，易受攻击。

16. 马四进六 炮 9 进 4

黑方不甘苦守，遂炮打边兵，放手一搏。

17. 兵五进一 车 8 退 1 18. 炮五平六 …………

红方卸炮防止黑车捉马，是攻不忘守的好棋！如改走车三进一，则车 8 平 4，黑方势力不弱。

18.………… 炮2平3

黑如改走炮2进3,红则马五进四,车2进3,马四进六,卒3进1,前马退七,车2进2,马六进七,车2平3,车八进三,也是红优。

19.车八进九 …………

红方兑车,正着。如改走马六进七,则炮3退2,车八进九,炮3平7,黑不难走。

19.………… 马3退2 20.车三进一 炮9平1

21.兵五进一 …………

红冲中兵,紧凑有力,加快了胜利的步伐。

21.………… 炮1平5 22.马五进四

红方多子占优。

第85局 黑冲卒胁车对红退车捉马(二)

1.炮二平五 马8进7 2.马二进三 车9平8

3.车一平二 马2进3 4.兵七进一 卒7进1

5.车二进六 马7进6 6.马八进七 象3进5

7.炮八平九 车1平2 8.车九平八 卒7进1

9.车二退一 马6退7 10.车二进一 卒7进1

11.马三退五 炮8平9 12.车二平三 车8进2

13.马七进六 卒7平6(图85)

如图85形势,红方有两种走法:马六退四和车八进六。现分述如下。

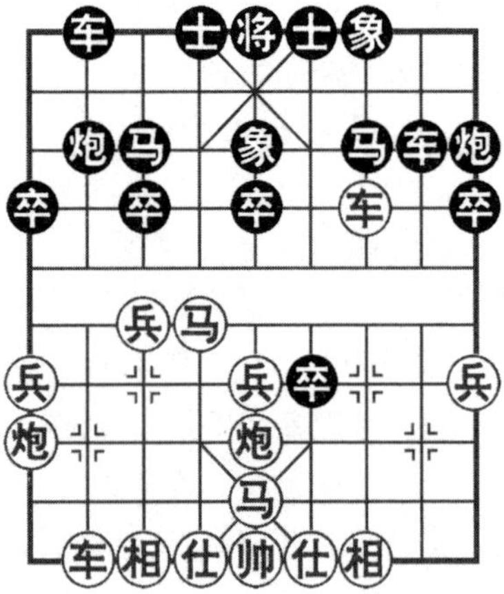

图85

第一种走法:马六退四

14.马六退四 …………

红方退马吃卒,是简明的走法。

14.………… 炮2进4

15.马四退二 炮9退1

16.炮五平四 …………

红方卸中炮,着法细腻。如改走马二进三,则炮9平7,车三平二,车8进1,马三进二,炮7平1,车八进二,士4进5,马五进三,马7进8,炮九退一,炮2平9,车八进七,马3退2,马三进一,马8进9,炮五进四,马2进3,炮五平一,卒3进1,兵七进一,象5进3,相七进五,马9退8,兵五进一,象3退5,仕六进五,红方多兵易走。

16.………… 炮9平7

黑如改走士4进5,红则马二进三,炮9平7,车三平二,车8进1,马三进二,也是红方先手。

17.炮四进五　炮7进2　　18.炮四平二　炮7进1

19.炮九平三　马7进6

黑方进马,准备弃子取势。如改走马7退5,则车八进二,红方易走。

20.炮二平七　马6平5　　21.炮三平五　马5退4

22.马二进四　炮7退3　　23.炮七平六　士6进5

24.炮六退一　马4进6　　25.马五进七　马6进4

26.仕六进五　车2进1　　27.马四进六　马4退6

28.帅五平六

红方多子占优。

第二种走法:车八进六

14.车八进六　…………

红方进车卒林,是紧凑有力之着。

14.………… 炮2退1　　15.车八平七　卒6平5

16.炮五平三　…………

红方炮五平三,正着。如改走炮五平四,则炮2平7,车三平四,车8进3,黑方足可应战。

16.………… 炮2平7　　17.车三平四　车8进3

18.炮三进六　车8平4　　19.车四平三　…………

红方平车压马,正着。如改走车七进一吃马,则马7进8,车四进一,士4进5,车四平二,马8进6,车七退一,车2进7,黑方弃子有攻势。

19.………… 马7退9　　20.炮三平二　车2进7

21.马五进三　…………

红方跳出窝心马,正着。如改走车三进一(如车三平一,则炮9平8,车一进二,车2平4,炮九退二,前车平6,黑方下伏沉底炮的手段,双车炮卒占有强大攻势),则炮9进4,马五进三,炮9平1,黑方双车炮卒伏有较强攻势。

21.………… 卒5平6

黑方平卒,随手之着。应改走炮9平6,红如接走仕四进五(如马三进五,则车4平5,车三退三,马9平8,黑方反先),黑则卒5平6,黑势不弱。

22. 车三进一　车4退4　　23. 车三平一　车4平8
24. 马三进四　卒6进1
黑方可改走马3退2，以保存实力为宜。
25. 车七进一　卒6进1　　26. 马四退五　…………
红方退中马加强防守，可令黑方双车卒无隙可乘，走得十分老练。
26. …………　车8平4　　27. 车一平四　车4进7
28. 车四退五　马9进8　　29. 仕四进五　马8进7
黑方如改走卒6平7，红方则车四进六，也是红方抢攻在先。
30. 车四退一　车2平5　　31. 车四进三　车5平7
32. 相三进五　…………
红方飞相打车捉马，巧妙之着！由此谋得一子，奠定胜局。
32. …………　车7平5　　33. 车四平三
红方胜势。

第86局　黑冲卒胁车对红退车捉马(三)

1. 炮二平五　马8进7　　2. 马二进三　车9平8
3. 车一平二　马2进3　　4. 兵七进一　卒7进1
5. 车二进六　马7进6　　6. 马八进七　象3进5
7. 炮八平九　车1平2　　8. 车九平八　卒7进1
9. 车二退一　马6退7　　10. 车二进一　卒7进1
11. 马三退五　炮8平9　　12. 车二平三　车8进2
13. 马七进六　炮2退1
黑方退右炮，准备逐车进行反击。
14. 车三退三　炮2平7　　15. 车八进九　炮7进5
黑方如改走马3退2，红方则车三平四，车8进3，马六进五，红方多中兵，易走。
16. 车八退二(图86)　…………
红方退车捉马，是争取主动权的有力手段。
如图86形势，黑方有三种走法：炮9进4、车8进3和车8进2。现分述如下。

第一种走法：炮9进4

16. …………　炮9进4
黑方炮打边兵，准备弃子展开攻势。如改走马3退5，则炮九进四，红优。

17. 车八平七　炮 9 平 5
18. 炮九平四　炮 5 退 1
19. 炮九进三　士 4 进 5
20. 车七进二　士 5 退 4
21. 车七退三　士 4 进 5
22. 车七进三　士 5 退 4
23. 车七平八

红方优势。

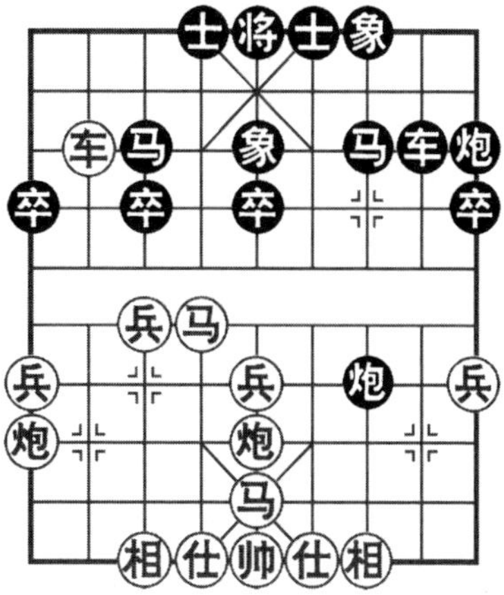

图 86

第二种走法:车 8 进 3

16. …………　车 8 进 3
17. 马五进七　马 7 退 5
18. 炮九进四　…………

红方炮打边卒,继续保持攻势,正着。

18. …………　炮 7 退 5　19. 马六进四　车 8 平 6
20. 马七进六　马 5 退 3　21. 炮九进三　士 6 进 5
22. 马四进二　炮 9 平 8　23. 马六进四　炮 7 进 2
24. 马四进三　车 6 退 3　25. 车八平七　车 6 平 7
26. 炮五进四　将 5 平 6　27. 炮五进二　车 7 平 6
28. 车七退一

红方胜势。

第三种走法:车 8 进 2

16. …………　车 8 进 2

黑方进车,准备弃马陷车,是新的尝试。

17. 车八平七　…………

红方平车吃马,佳着!算准可以一车换三子。

17. …………　马 7 进 6　18. 马六进四　…………

红方乘机谋得一子,为取胜奠定基础。

18. …………　炮 9 平 3　19. 马四退三　车 8 平 4
20. 炮五进四　士 4 进 5　21. 马三进五　将 5 平 4
22. 炮五平六　炮 3 进 3　23. 相三进五　炮 3 平 2
24. 后马进七　炮 2 退 4　25. 炮九进四

红方多子占优。

第 87 局　黑冲卒胁车对红退车捉马(四)

1. 炮二平五　马 8 进 7　　2. 马二进三　车 9 平 8
3. 车一平二　马 2 进 3　　4. 兵七进一　卒 7 进 1
5. 车二进六　马 7 进 6　　6. 马八进七　象 3 进 5
7. 炮八平九　车 1 平 2　　8. 车九平八　卒 7 进 1
9. 车二退一　马 6 退 7　　10. 车二进一　卒 7 进 1
11. 马三退五　炮 8 平 9　　12. 车二平三　车 8 进 2
13. 马七进六　炮 2 退 1　　14. 车三退三(图 87)　…………

如图 87 形势,黑方有两种走法:马 7 进 8 和炮 9 退 1。现分述如下。

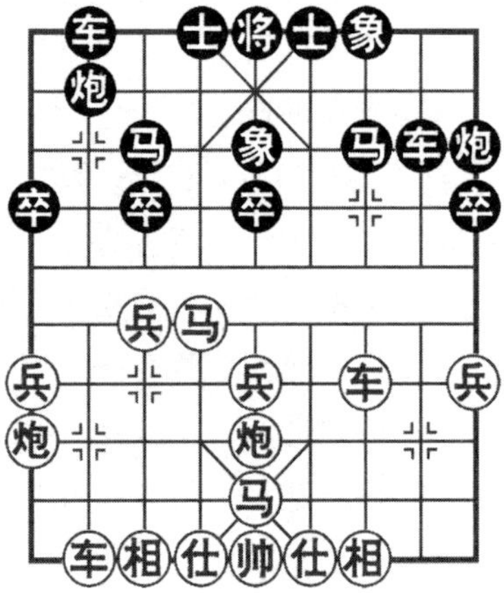

图 87

第一种走法:马 7 **进** 8

14. …………　马 7 进 8
15. 车三平二　马 8 退 6
16. 车二进四　马 6 退 8
17. 马六进五　炮 2 平 1

黑方平炮兑车,势在必行。如改走马 3 进 5,则炮五进四,士 4 进 5,车八进五,红优。

18. 车八进九　马 3 退 2
19. 后马进三　炮 1 进 5

黑如改走马 2 进 4,红则炮九进四,炮 1 进 5,马五退六,马 8 进 7,马六进四,士 4 进 5,炮九退一,马 7 进 8,马四进二,炮 9 平 8,帅五进一,马 4 进 2,炮九平五,红方多兵占优。

20. 炮九进四　马 2 进 4　　21. 炮九进一　马 8 进 7
22. 马五退三　炮 9 平 1　　23. 前马退五　后炮进 1
24. 兵一进一　马 4 进 2　　25. 仕四进五　士 4 进 5
26. 马三进二　前炮退 1　　27. 马二进四　前炮平 5
28. 炮五进二　卒 3 进 1　　29. 兵七进一　马 2 进 3

双方大体均势。

第二种走法:炮 9 **退** 1

14. …………　炮 9 退 1　　15. 车八进七　…………

红方进车逼马,可以限制黑方子力活动,是紧凑的走法。

15.…………　炮9平7　　16.车三平四　炮7进8

黑方挥炮轰相，是对攻性极强的走法。

17.马五退三　炮2平7　　18.车八平七　…………

红方平车吃马，取势要着。如改走车八进二，则炮7进8，仕四进五，马3退2，黑方占优。

18.…………　炮7进8　　19.仕四进五　士4进5

20.马六进五　炮7平9

黑方平炮，是力求一搏的走法。如改走马7进5，则炮五进四，红方大占优势。

21.马五进三　车8进7　　22.车四退三　车2进4

23.炮九进四　车8平7　　24.炮九进三　将5平4

25.车七进二　将4进1　　26.车七退一　将4退1

27.马三退五　车2平6　　28.炮五平四

红方大占优势。

第88局　黑冲卒胁车对红退车捉马(五)

1.炮二平五　马8进7　　2.马二进三　车9平8

3.车一平二　马2进3　　4.兵七进一　卒7进1

5.车二进六　马7进6　　6.马八进七　象3进5

7.炮八平九　车1平2　　8.车九平八　卒7进1

9.车二退一　马6退7　　10.车二进一　卒7进1

11.马三退五　炮8平9

12.车二平三　车8进2

13.马七进六　炮2进1

黑方高右炮坚守卒林，并对红方过河车起到威慑作用，但有消极防守之感。

14.车三退三(图88)　…………

红方退车吃卒，是稳健的走法。如改走炮九平七，则士4进5，马六进七，炮9退1，兵五进一，炮9平7，车三平四，马7进8，车四进二，炮2退2，车四退三，炮2进5，马七进九，车2进2，炮七进五，炮2平5，相三进一，车2平3，车八进三，炮7

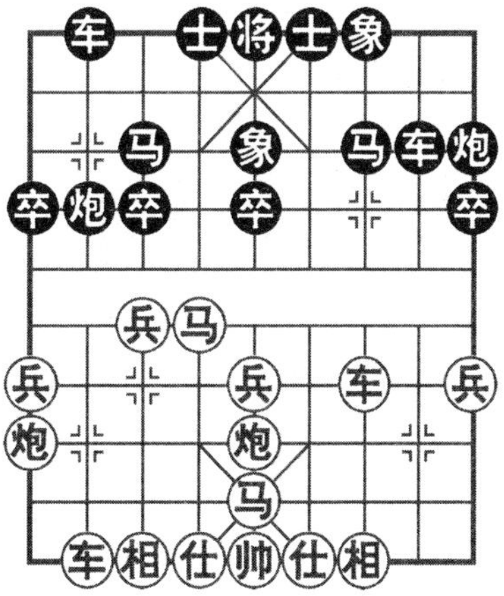

图88

平9,兵五进一,炮9进5,马九进八,车3退2,兵五进一,马8退7,车四进一,车8进2,马八退九,车8平4,黑方胜势。

如图88形势,黑方有两种走法:车8进3和马7进8。现分述如下。

第一种走法:车8进3

14. ………… 车8进3　15. 马五进七 马7进8
16. 车三平四 士4进5　17. 车八进四 炮9平6
18. 炮五平四 …………

红方卸炮邀兑,是简明有力之着。

18. ………… 马8进6　19. 马六进四 …………

红方进马捉车,是上一回合卸炮邀兑的续进手段。

19. ………… 车8退1　20. 马四进五 …………

红方弃车踏象,构思十分巧妙,是取势的紧要之着。

20. ………… 象7进5

黑如贪吃车而改走炮6进4,红则马五进七,将5平4,兵七进一,卒3进1,炮四平六,黑方难应。

21. 车四进一 炮6进5　22. 炮九平四 卒3进1
23. 马七进六 炮2进1　24. 马六进七 象5退7
25. 车四平三 卒3进1　26. 炮四平三 象7进9
27. 车八平七

红方优势。

第二种走法:马7进8

14. ………… 马7进8　15. 车三平二 马8退6
16. 车二平四 马6进7

黑如改走马6进8,红则马六进五,红优。

17. 马六进五 炮2平5　18. 炮五进四 士4进5
19. 车八进九 马3退2　20. 车四平三 马7退5
21. 炮九平三 炮5平4　22. 兵五进一 马5进3
23. 相七进五 …………

红方飞中相兼捉黑马,黑马难逃。红方由此确立了优势。

23. ………… 车8进1

黑方进车捉炮,出于无奈。

24. 炮五平九 卒3进1　25. 炮九进三 马2进4
26. 相五进七

红方多子胜势。

第89局　黑冲卒胁车对红退车捉马(六)

1. 炮二平五　马8进7　2. 马二进三　车9平8
3. 车一平二　马2进3　4. 兵七进一　卒7进1
5. 车二进六　马7进6　6. 马八进七　象3进5
7. 炮八平九　车1平2　8. 车九平八　卒7进1
9. 车二退一　马6退7　10. 车二进一　卒7进1
11. 马三退五　炮8平9　12. 车二平三　车8进2
13. 马七进六　炮9退1(图89)

如图89形势,红方有两种走法:相三进一和马六进四。现分述如下。

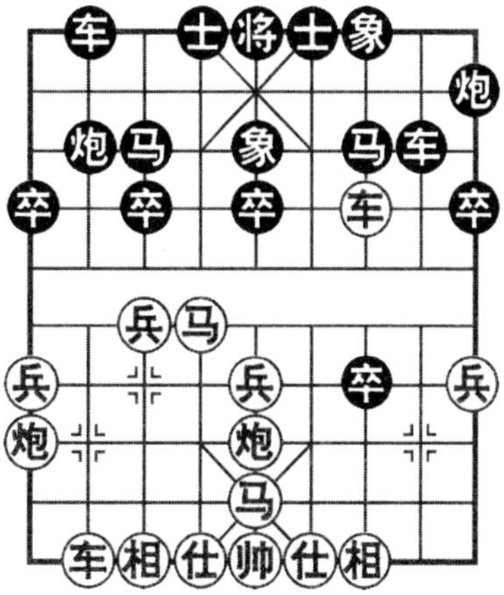

图89

第一种走法:相三进一

14. 相三进一　…………

红方补相,是稳健的走法。

14. …………　炮9平7
15. 车三平四　炮7平4
16. 车四平三　炮4平7
17. 车三平四　炮7平4
18. 车四平三　炮4平7
19. 车三平四　炮7平4

双方不变作和。

第二种走法:马六进四

14. 马六进四　…………

红方进马,是保持变化的走法。

14. …………　象5退3　15. 马四进三　车8平7
16. 车三进一　炮2平7　17. 车八进九　马3退2
18. 炮五进四　炮9进5　19. 兵五进一　炮9平1
20. 炮九进四　马2进3　21. 炮九平八　将5进1
22. 马五进六　炮7进7　23. 帅五进一　马3进5
24. 炮八平五　卒7平6　25. 兵五进一　炮7退4
26. 兵五平六　炮7平5　27. 帅五平四　卒6平5

红方兵种齐全,黑方多卒,双方各有顾忌。

第90局　黑冲卒胁车对红退车捉马(七)

1. 炮二平五　马8进7　　2. 马二进三　车9平8
3. 车一平二　马2进3　　4. 兵七进一　卒7进1
5. 车二进六　马7进6　　6. 马八进七　马3进5
7. 炮八平九　车1平2　　8. 车九平八　卒7进1
9. 车二退一　马6退7　　10. 车二进一　卒7进1
11. 马三退五　炮8平9　　12. 车二平三　车8进2
13. 炮五平四(图90)　…………

红方平炮四路调整阵形，是灵活的走法。

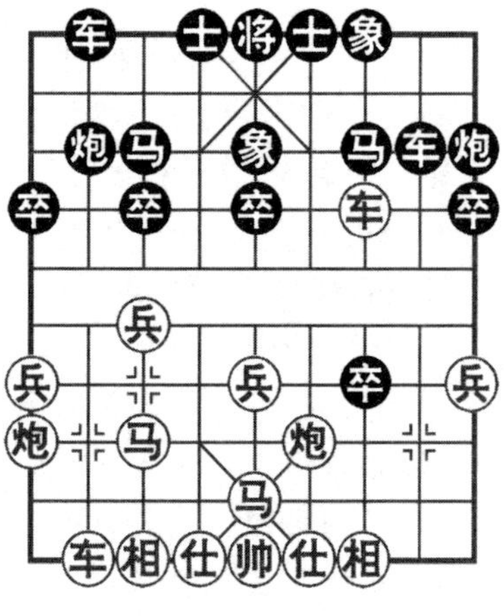

图90

如图90形势，黑方有两种走法：卒7平6和炮2退1。现分述如下。

第一种走法：卒7平6

13. …………　卒7平6

黑方弃卒，目的是缓和红方攻势。如改走士4进5，则车八进六，炮2平1，车八平七，车2进2，车三退三，炮1退2，马七进六，红方易走。

14. 马五进四　炮2进4

黑方进炮打马，是力争主动的走法。

15. 马四进五　卒5进1

16. 炮四进五　…………

红方进炮打车，是上一回合弃马的续进手段。

16. …………　马7退8　　17. 炮四平七　车8进3
18. 炮七平一　马8进9　　19. 车三平七　炮2平3
20. 车七平一　车2进9　　21. 马七退八　车8平3
22. 相三进五　…………

红方也可改走炮九进四，黑方如接走车3平2，红方则马八进九，炮3退6，相三进五，车2进1，兵九进一，马9退8，车一退一，马8进7，车一平五，红方多兵占优。

22. …………　车3平2　　23. 马八进七　车2进2
24. 马七退五　车2退1　　25. 兵九进一　车2平1

26. 马五进三

红方稍优。

第二种走法:炮2退1

13. ………… 炮2退1

黑方退炮,准备策应左翼。

14. 炮四进六 炮2平4

黑方平炮兑车,是稳健的走法。

15. 车八进九 马3退2 16. 马七进六 马2进3

黑如改走炮4进2,红则车三退三,炮9退1,炮四平八,炮9平7,车三平四,车8进3,炮八退四,车8退4,马六进四,马7进6,车四进二,士4进5,车四平六,炮7进2,马五进七,马2进3,车六平八,车8进7,仕六进五,卒3进1,车八进二,炮7退1,车八退一,炮4进5,兵七进一,车8平7,相三进五,炮7平8,炮八平二,车7退4,兵七进一,车7平3,炮二退二,炮8进1,车八退五,炮8平3,车八平六,炮3进4,和势。

17. 马五进七 炮4进1 18. 车三退三 马7进8

19. 车三平四 车8平6 20. 车四进四 炮4平6

21. 马六进七 炮9进4 22. 仕六进五

红方稍优。

第91局 黑冲卒胁车对红退车捉马(八)

1. 炮二平五 马8进7 2. 马二进三 车9平8

3. 车一平二 马2进3 4. 兵七进一 卒7进1

5. 车二进六 马7进6 6. 马八进七 象3进5

7. 炮八平九 车1平2 8. 车九平八 卒7进1

9. 车二退一 马6退7 10. 车二进一 卒7进1

11. 马三退五 炮8平9 12. 车二平三 车8进2

13. 车八进六 …………

红方左车过河,准备配合中路夹击,对黑方右翼施加压力。

13. ………… 炮2退1(图91)

如图91形势,红方有两种走法:车八平七和车三退三。现分述如下。

第一种走法:车八平七

14. 车八平七 …………

红方平车吃卒压马,力争主动。

14. ………… 车2平3
15. 车三退三 马7进6
16. 车三进一 车8进1

黑方高车守护卒林，是稳健的走法。

17. 炮九进四 …………

红方炮轰边卒，是谋取实利的走法。

17. ………… 马3进1
18. 车七平九 炮2平5
19. 车三平四 车8进1
20. 马七进六 马6进4
21. 车四平六 炮9进4
22. 炮五进四 车8退1
23. 车六进二 炮5进2

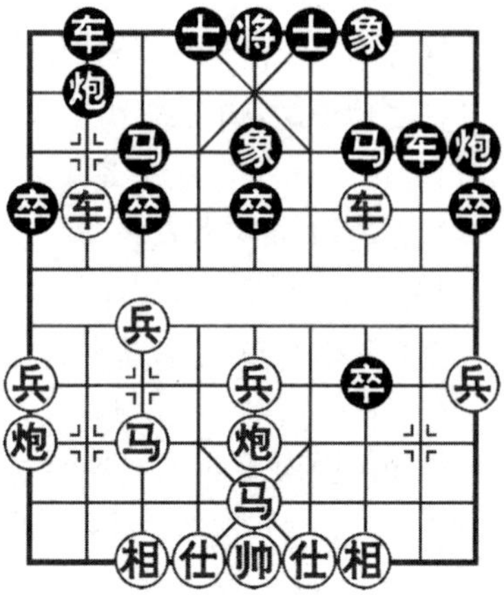

图 91

24. 车六平五 车8平5 25. 车九平五 车3进5
26. 相七进五 车3平2

双方均势。

第二种走法：车三退三

14. 车三退三 …………

红方退车吃卒，是简明的走法。

14. ………… 马7进6 15. 车三进五 士4进5
16. 车三退二 车8进3 17. 炮五进四 马3进5
18. 车三平五 车8平3 19. 车五平一 卒3进1
20. 炮九退一 炮2进1 21. 车一平四 马6进7
22. 炮九平八 …………

红方平炮牵制黑方车炮，是取势要着。

22. ………… 卒1进1 23. 相七进五 车3进1
24. 车四退二 …………

红方退车，占据要道。

24. ………… 炮9平6 25. 兵一进一 车2进1
26. 车八退二 车3平4 27. 马五进三 车4进1
28. 车四退一 马7退8 29. 兵一进一 马8退7
30. 马三退五

红方多兵占优。

小结:第 91～108 局中,针对黑方第 8 回合冲 7 卒的变化,红方车二退一退车捉马比车二平四平车捉马的着法含蓄有力,红方易占主动。

第 92 局 黑进炮压车对红冲中兵(一)

1. 炮二平五 马 8 进 7　　2. 马二进三 车 9 平 8
3. 车一平二 马 2 进 3　　4. 兵七进一 卒 7 进 1
5. 车二进六 马 7 进 6　　6. 马八进七 象 3 进 5
7. 炮八平九 车 1 平 2　　8. 车九平八 炮 2 进 6

黑方进炮压车,限制红方左车的活动范围。

9. 兵五进一 …………

红方冲中兵,直攻中路,是一种急攻型的走法。

9. ………… 卒 7 进 1

黑方冲 7 卒胁车,准备展开反击。

10. 车二退五 …………

红方退车捉炮,是上一回合红方挺中兵的后续手段。

10. ………… 炮 2 退 2

黑方退炮,是稳健的选择。如改走卒 7 进 1,则兵五进一,卒 5 进 1(如卒 7 进 1,则兵五平四,炮 2 退 2,马七进五,红优),马三进五,马 6 进 5,马七进五,炮 8 进 4,马五进六,炮 2 退 2,车二平三,卒 7 平 6,车三平四,车 2 进 4,兵七进一,车 2 平 3,马六进七,炮 2 平 5,仕六进五,卒 5 进 1,车四进二,红方多子占优。

11. 兵三进一 炮 8 进 4

12. 炮五进四 …………

红方进炮硬轰中卒,伏有先弃后取的手段,是获得简明优势的巧妙之着。如改走兵五进一,则卒 5 进 1,马七进五,马 6 进 5,炮五进三,士 4 进 5,马三进五,车 8 进 4,炮九平五,也是红占优势。

12. ………… 马 3 进 5

13. 兵五进一(图 92) …………

如图 92 形势,黑方有三种走法:卒 3 进 1、马 6 退 7 和马 5 退 7。现分述如下。

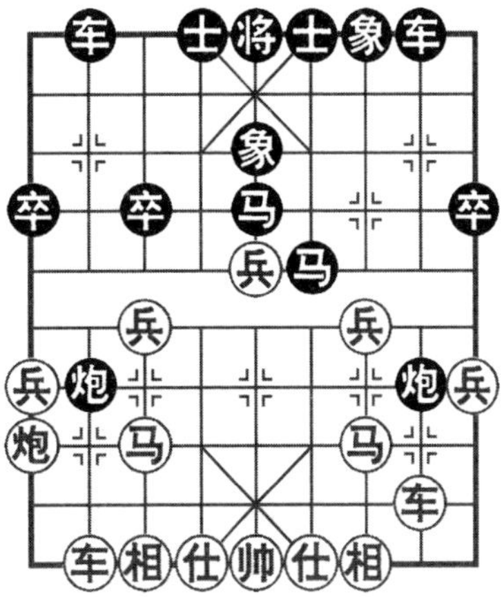

图 92

第一种走法:卒3进1

13. ………… 卒3进1

黑方进3卒,嫌软。

14. 兵五进一 卒3进1 15. 马七进五 …………

红方盘马邀兑,是扩大优势的好棋。

15. ………… 马6进4 16. 马五进七 象5进3

黑方飞象阻马,出于无奈。如改走马4退5,则马七进六,红优。

17. 车二平六 马4进6 18. 炮九平五 士6进5
19. 兵五平六 象7进5 20. 马三进五 车2进2
21. 车六平四 车8平6 22. 车八进一 车6进5
23. 马五进六 车6进1 24. 兵三进一 车6退4
25. 兵三进一

红方大占优势。

第二种走法:马6退7

13. ………… 马6退7 14. 兵五进一 炮8平5

黑如改走马7进5,红则车二平五,红优。

15. 车二平八 炮2进3 16. 车八进八 炮5退1
17. 车八退九 车8进6 18. 兵七进一 卒3进1
19. 车八进四 炮5退1 20. 马三进四 车8平3
21. 马四进三

红方多子占优。

第三种走法:马5退7

13. ………… 马5退7

黑方马5退7,细腻之着。

14. 兵五平四 马7进6 15. 马七进五 …………

红方进中马邀兑,给黑方带来可乘之机。不如改走车二平四,黑如接走马6进7,红则马七进六,下伏马六进四的手段,较易控制局势。

15. ………… 马6进4 16. 车二平六 马4进6
17. 马五进四 士6进5 18. 马四进六 …………

红方进马袭槽,正着。如改走马四退六兑马,则炮2平5,车八进九,炮5退1,车六平四,马6进4,帅五进一,炮8平5,帅五平六,马4进6,黑方先弃后取,反夺主动权。

18. ………… 车2进1 19. 炮九平五 …………

红方补中炮，一味抢攻。如改走马六退五，下伏车六平四捉马的手段，则比较稳健。

19. ………… 车8进2

黑方车8进2防红挂角，失算，被红方乘机平车捉马获得一子，红方由此奠定胜局。应改走车8进1，红如仍走车六平四，则车8平6，黑方易走。

20. 车六平四　马6进4

黑如改走马6退8，红则车八进三，红亦得子胜势。

21. 车四平六　炮2平4　　22. 车六进一　车2进8

23. 马六进七　将5平6　　24. 车六进一　车8平6

25. 车六平二

红方胜势。

第93局　黑进炮压车对红冲中兵(二)

1. 炮二平五　马8进7　　2. 马二进三　车9平8

3. 车一平二　马2进3　　4. 兵七进一　卒7进1

5. 车二进六　马7进6　　6. 马八进七　象3进5

7. 炮八平九　车1平2　　8. 车九平八　炮2进6

9. 兵五进一　卒7进1(图93)

如图93形势，红方有两种走法：车二平四和车二退一。现分述如下。

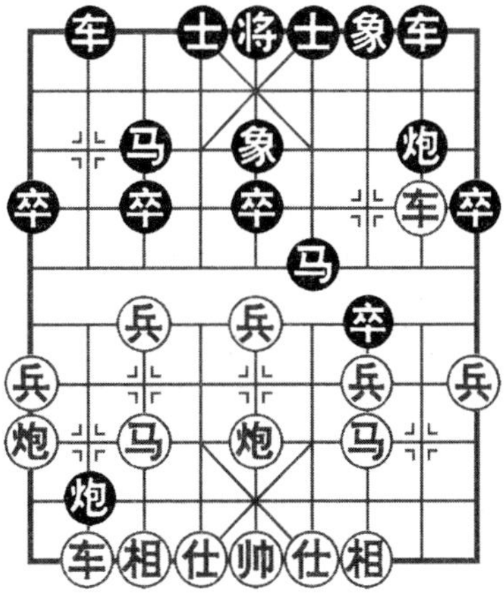

图93

第一种走法：车二平四

10. 车二平四　卒7进1

11. 兵五进一　…………

红方冲中兵，准备从中路突破。如改走车四退一，则卒7进1，车四平二，卒7平6，车二退四，炮2退4，炮五进一，卒6进1，车二平四，炮8平7，车四进四，卒3进1，兵五进一，士4进5，兵七进一，炮2平5，相七进五，车2进9，马七退八，车8进6，黑方易走。

11. ………… 卒7进1

12. 兵五进一　马3进5　　13. 车四退一　炮8平7

14. 马七退五　车8进8　　15. 车四平五　车8平6

16. 炮五进四　士 6 进 5　　17. 相三进一　将 5 平 6

18. 马五进四　车 6 退 2

黑方优势。

第二种走法:车二退一

10. 车二退一　马 6 进 7

黑方以马踩兵,是谋取实利的走法。

11. 兵五进一　卒 7 平 6

黑方平卒捉车,着法积极。

12. 车二退二　马 7 退 5　　13. 仕四进五　卒 5 进 1

14. 马三进四　士 4 进 5　　15. 马七进六　车 8 进 1

黑方高车,准备平 7 路亮车。

16. 马六进七　车 8 平 7　　17. 相三进一　车 7 进 4

18. 车二进四　车 7 平 6　　19. 车二退四　车 6 退 1

黑方易走。

第 94 局　黑进炮压车对红平车捉马(一)

1. 炮二平五　马 8 进 7　　2. 马二进三　车 9 平 8

3. 车一平二　马 2 进 3　　4. 兵七进一　卒 7 进 1

5. 车二进六　马 7 进 6　　6. 马八进七　象 3 进 5

7. 炮八平九　车 1 平 2　　8. 车九平八　炮 2 进 6

9. 车二平四　…………

红方平车捉马,是稳健的走法。

9. …………　马 6 进 7　　10. 马七进六　炮 8 平 7

黑如改走马 7 进 5,红则相七进五,车 8 进 1,马六进五,车 8 平 2,马五进七,炮 8 平 3,马三进四,前车进 3,车四平七,炮 3 退 2,车七平六,炮 2 平 1,车八平九,炮 1 退 2,炮九进四,前车进 2,马四进六,炮 1 平 5,马六退五,前车平 5,兵七进一,车 5 平 9,兵七进一,士 4 进 5,车六平一,车 9 退 3,炮九平一,双方均势。

11. 车四平三　…………

红方平车捉马后,再平车捉炮避免大换子,是十分细腻的走法。如改走车四进二,则士 4 进 5,马六进七,炮 2 退 7,车四退四,炮 2 进 6,炮五平七,车 8 进 8,仕六进五,马 7 退 8,马七进九,车 2 进 2,相三进五,马 3 退 2,炮七退一,马 2 进 1,炮七平二,炮 2 平 7,炮九平三,车 2 进 7,炮三进五,马 8 退 7,黑方多子占优。

11. ………… 炮 7 平 6

黑如改走车 8 进 2,红则马六进五,马 7 进 5,相七进五,马 3 进 5,车三平五,车 2 进 7,车五平三,车 2 平 1,车八进一,车 1 退 1,车八进五,士 6 进 5,车八平七,红方易走。

12. 马六进五 …………

红方进马踩卒交换子力,使黑方右翼车炮脱根,并控制黑方卒林线,是争先之着。

12. ………… 马 7 进 5　13. 相七进五　马 3 进 5

黑如改走炮 2 平 1,红则车八进九,马 3 退 2,马五退六,马 2 进 1,炮九平八,车 8 进 1,马六进七,马 1 进 3,车三平七,车 8 平 2,炮八进四,炮 1 进 1,仕六进五,炮 6 进 4,马三进四,炮 6 平 1,车七平六,卒 1 进 1,帅五平六,士 6 进 5,马四进六,士 5 进 6,炮八平一,对攻中红可捷足先登。

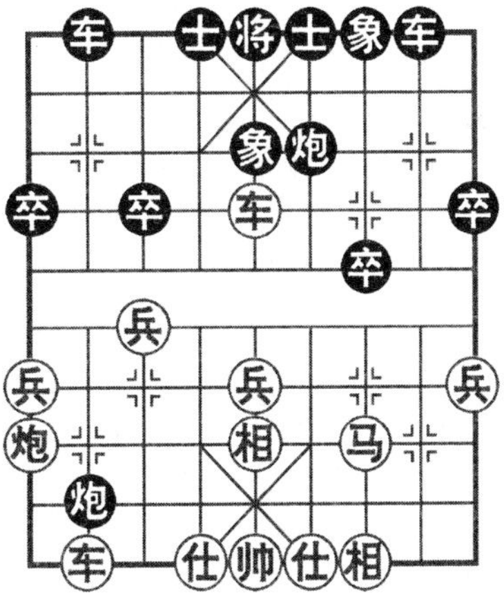

图 94

14. 车三平五(图 94) …………

如图 94 形势,黑方有两种走法:车 8 进 6 和卒 7 进 1。现分述如下。

第一种走法:车 8 进 6

14. ………… 车 8 进 6

黑方进车抢占兵线,准备攻击红方右马。

15. 马三进四　车 8 平 6

黑如改走卒 7 进 1,红则马四进六,车 8 退 2,马六退七,炮 2 退 2,马七进五,红方先手。

16. 马四进六　炮 6 进 7

黑方炮打底仕,是力求一搏的走法。如改走车 6 退 2,则马六退七,炮 2 退 2,马七进五,也是红方占优。

17. 炮九进四　车 6 进 2　18. 车五平七　炮 6 平 4

19. 车八平六　炮 2 进 1　20. 车六进四　车 2 进 8

21. 炮九进三　象 5 退 3

黑方只好退象解将。如改走士 4 进 5,则车七进三,士 5 退 4,车七平六,红可弃车成杀。

22. 车七平四　…………

红方平车邀兑，抢占要津，是攻守两利之着，也是迅速入局的紧要之着。

22. …………　车6平3

黑方平车，无奈。如改走车6平5，则帅五平四，士6进5，马六进七，也是红方抢攻在先。

23. 车四平五　士6进5　24. 马六进四

对攻中，红可捷足先登。

第二种走法：卒7进1

14. …………　卒7进1　15. 车五平三　…………

红方平车捉卒，正着。如改走相五进三，则炮2平5，车八进九，炮5退5，相三退五，车8进6，双方均势。

15. …………　车8进4　16. 车三退二　卒1进1

17. 炮九平七　卒3进1　18. 兵七进一　车8平3

19. 炮七进二　炮6退1

黑如改走士4进5，红则车三进二，炮6进4，兵九进一，卒1进1，炮七平五，车3平5，车三平九，炮6平7，车九退二，炮2退2，仕六进五，红优。

20. 仕四进五　炮6平3　21. 炮七平五　炮3平5

22. 炮五平八　炮2平1　23. 车三平四　车2进4

24. 马三进二　炮5进5　25. 炮八平五　士4进5

26. 帅五平四　将5平4　27. 车八进五　车3平2

28. 车四退一　炮5平2

红方易走。

第95局　黑进炮压车对红平车捉马(二)

1. 炮二平五　马8进7　2. 马二进三　车9平8

3. 车一平二　马2进3　4. 兵七进一　卒7进1

5. 车二进六　马7进6　6. 马八进七　象3进5

7. 炮八平九　车1平2　8. 车九平八　炮2进6

9. 车二平四　马6进7　10. 马七进六　炮8平7

11. 车四平三　炮7平6　12. 马六进五　士6进5

黑方补士，加强防守。

13. 马五退六　…………

红如改走马五进七，黑则炮6平3，黑不难走。

13. …………　车 2 进 7(图 95)

如图 95 形势，红方有两种走法：马六进七和炮九退一。现分述如下。

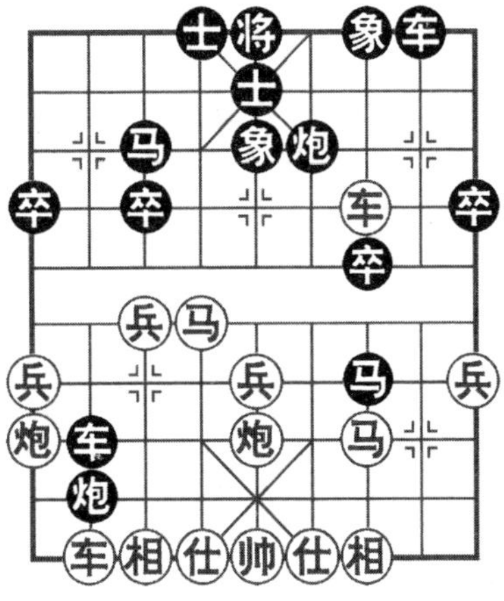

图 95

第一种走法：马六进七

14. 马六进七　车 2 平 1
15. 车八进一　马 7 进 5
16. 相三进五　车 1 退 1
17. 马七退五　马 3 进 4
18. 马五进四　士 5 进 6
19. 车八平四　士 6 退 5
20. 车四进七　马 4 进 5

黑方马踩中兵，是简化局势的走法。

21. 马三进二　车 1 退 2
22. 马二进一　车 1 平 6
23. 车四退三　马 5 退 6　　24. 车三平四　马 6 进 7

双方均势。

第二种走法：炮九退一

14. 炮九退一　马 7 进 5　　15. 相七进五　车 8 进 7
16. 马三退五　车 2 平 4　　17. 车八进一　车 4 退 2
18. 马五进七　车 4 进 1　　19. 车三平七　…………

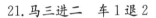

红方右马左移，再平车镇住黑马，占得多兵之优。

19. …………　车 4 平 3　　20. 车八进一　卒 7 进 1
21. 炮九平七　车 3 平 4　　22. 仕六进五　卒 7 进 1
23. 兵七进一　卒 7 进 1　　24. 车七平四　车 4 进 2
25. 炮七退一　卒 7 进 1

黑方易走。

第 96 局　黑进炮压车对红平车捉马(三)

1. 炮二平五　马 8 进 7　　2. 马二进三　车 9 平 8
3. 车一平二　马 2 进 3　　4. 兵七进一　卒 7 进 1
5. 车二进六　马 7 进 6　　6. 马八进七　象 3 进 5
7. 炮八平九　车 1 平 2　　8. 车九平八　炮 2 进 6
9. 车二平四　马 6 进 7　　10. 马七进六　炮 8 平 7

11. 马六进五　…………

红方马踏中卒，是谋取实利的走法。

11. …………　马 7 进 5

黑如改走士 6 进 5，红则车四平三，炮 7 平 6，马五进七，炮 6 平 3，车三平七，炮 2 平 3，车七平八，红方先手。

12. 相七进五　马 3 进 5

黑如误走炮 2 退 5，红则车四进三，将 5 平 6，马五进三，将 6 平 5，马三进二，红方得子占优。

13. 车四平五(图 96)　…………

如图 96 形势，黑方有两种走法：炮 7 进 5 和车 2 进 7。现分述如下。

第一种走法：炮 7 进 5

13. …………　炮 7 进 5

黑方以炮换马，着法简明。

14. 炮九平三　卒 7 进 1

黑方弃卒，通过交换子力简化局面，正着。如改走士 4 进 5，则仕六进五，车 8 进 6，炮三平一，车 8 平 9，炮一进四，卒 1 进 1，炮一平三，车 9 平 6，兵五进一，卒 7 进 1，车五平七，卒 7 进 1，炮三平五，炮 2 退 2，兵五进一，卒 7 进 1，兵七进一，红优。

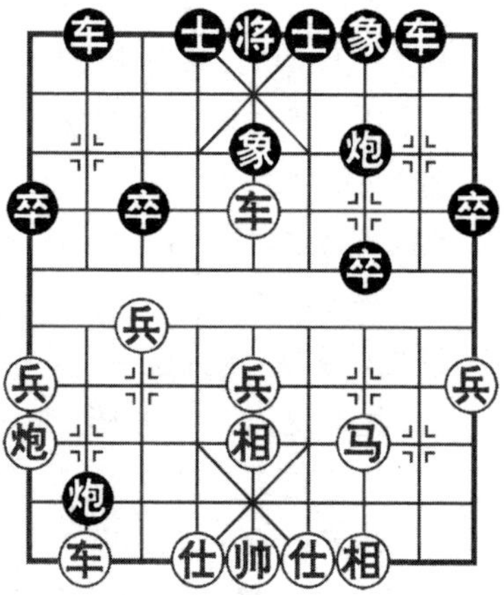

图 96

15. 相五进三　炮 2 平 5

黑方平中炮兑车，摆脱牵制，佳着。

16. 车八进九　炮 5 退 5　　17. 炮三平五　炮 5 进 4

18. 相三退五　车 8 进 6　　19. 车八退三

双方均势。

第二种走法：车 2 进 7

13. …………　车 2 进 7

黑方进车瞄炮，伺机摆脱牵制，是保持变化的走法。

14. 马三进四　…………

红如改走车五平三，黑则车 2 平 1，车八进一，炮 7 平 6，双方均势。

14. …………　车 8 进 8

黑方进车，求变。如改走车 2 平 1，则车八进一，车 1 退 1，马四进六，士 6 进 5，双方局势平稳。

15. 炮九退一　车 8 退 3　　16. 马四进六　士 4 进 5

17. 车五平七　车 8 平 4　　18. 马六进四　车 4 进 1

黑如改走炮 7 平 6，红则炮九进五，红方先手。

19. 马四进三　将 5 平 4　　20. 仕六进五　车 2 退 5

21. 炮九进一　炮 2 退 1　　22. 车七平三　炮 7 平 8

23. 炮九进四　炮 8 进 4

双方大体均势。

第 97 局　黑进炮压车对红平车捉马(四)

1. 炮二平五　马 8 进 7　　2. 马二进三　车 9 平 8

3. 车一平二　马 2 进 3　　4. 兵七进一　卒 7 进 1

5. 车二进六　马 7 进 6　　6. 马八进七　象 3 进 5

7. 炮八平九　车 1 平 2　　8. 车九平八　炮 2 进 6

9. 车二平四　马 6 进 7　　10. 马七进六　炮 8 进 4

黑方进炮，准备马兑中炮后，再平炮压马争先。

11. 马六进七(图 97)　…………

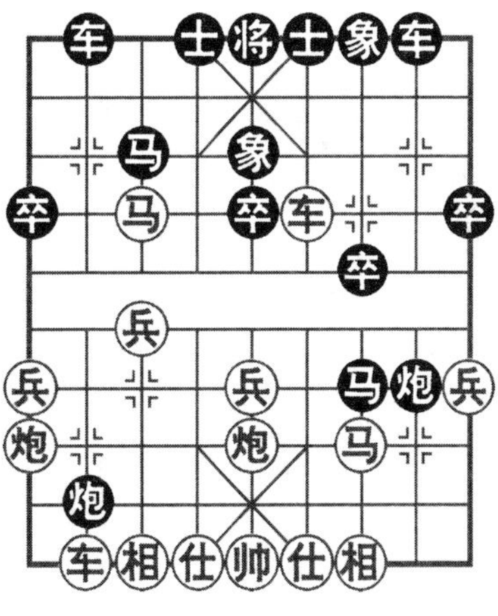

图 97

红方进马吃卒，正着。如改走马六进五，则马 7 进 5，相七进五，马 3 进 5，车四平五，炮 8 平 7，黑可抗衡。

如图 97 形势，黑方有两种走法：士 4 进 5 和车 2 进 3。现分述如下。

第一种走法：士 4 进 5

11. …………　士 4 进 5

12. 炮五进四　…………

红方炮打中卒，是简明有力之着。

12. …………　车 2 进 7

黑方进车捉双，是不甘落后的走法。如改走马 3 进 5，则车四平五，车 2 进 3，车五平三，红优。黑如改走车 8 进 5，红则相七进五，马 3 进 5，车四平五，车 2 进 7，车五平六，也是红优。

13. 马七进九　…………

红方进马操之过急，给黑方以反击良机。应改走炮五退一，黑如接走车 2 平 1(如车 2 平 7，则相七进五，红方占优势)，红则车八进一，车 1 平 4，仕六进五,红方优势。

13. ………… 车8进5

黑方进车骑河是化解红方攻势的紧要之着。

14. 车四退五 …………

红如改走炮五平八,黑则车8平4,炮八退五,象5退3(如车2平7,则相七进五,炮8平5,炮八平五,马7进5,炮九平三,马5进3,炮五平六,车4进3,车八进一,炮5退3,炮三平七,红方占优势),马九退七,车4进3,黑方易走。又如改走马九进七,黑则将5平4,炮五退二,马7退5,车四退五(如车四平七,则车8平7,兵五进一,车7平5,相七进五,车5平4,黑方占优),车2平4,相七进五,马5进7,车四平八,车8平4,对攻中黑方易走。

14. ………… 马3进5　15. 车四平八　车2进1

16. 马九进七　将5平4　17. 车八进一　车8平3

18. 车八平六 …………

红如改走车八进八,黑则象5退3,车八平七,将4进1,炮九进四,车3退3,炮九进二,将4进1,车七平八,车3退1,车八退二,马5退3,炮九退一,将4退1,炮九平七,炮8退4,炮七退二,炮8平5,炮七平五,车3进8,仕四进五,车3退2,黑方占优。

18. ………… 车3平4　19. 车六进三 …………

红如改走炮九平六,黑则士5进4,下伏马5进6或炮8进2的手段,黑方易走。

19. ………… 马5进4　20. 炮九平六　马4进2

21. 炮六退一　炮8进2

黑方进炮,巧着!既让红方不能上仕,又伏有马7进9的手段。

22. 马七退六　将4平5　23. 帅五进一　炮8退7

24. 相三进五　炮8平7

黑方易走。

第二种走法:车2进3

11. ………… 车2进3　12. 炮五进四　马3进5

13. 马七进六 …………

正着。如改走车四平五,则炮2平5,红方要丢车。

13. ………… 士6进5　14. 车四平五　车2平5

15. 马六退五　车8进3　16. 马五退三　炮8进1

黑方兑炮,简化局势。如改走象5进7,则车八进一,红优。

17. 前马退五　马 7 退 5　　18. 兵五进一　炮 8 平 1

19. 车八进一　…………

红方多兵易走。

第 98 局　红左直车对黑进炮压车

1. 炮二平五　马 8 进 7　　2. 马二进三　车 9 平 8

3. 车一平二　马 2 进 3　　4. 兵七进一　卒 7 进 1

5. 车二进六　马 7 进 6　　6. 马八进七　象 3 进 5

7. 炮八平九　车 1 平 2　　8. 车九平八　炮 2 进 6(图 98)

如图 98 形势，红方有三种走法：车二退二、马三退五和车二退五。现分述如下。

第一种走法：车二退二

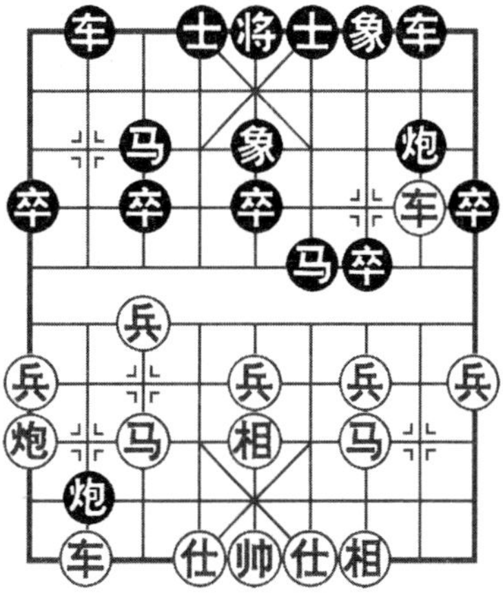

图 98

9. 车二退二　…………

红方退车河口，准备平四顶马扩先。

9. …………　卒 7 进 1

黑方献卒，既可摆脱车炮牵制，又有利于大子的调动，一举两得。

10. 车二平三　炮 8 平 7

黑方平炮牵制红方三路线，正着。

11. 马七进六　…………

跃马邀兑后，红方右翼受制于人，黑方则无懈可击。红方应改走炮五平六，准备补中相调整阵形为宜。

11. …………　马 6 进 4

黑方兑马，正着。如改走炮 2 退 3，则马六进四，炮 2 平 7，车八进九，马 3 退 2，马四进三，车 8 进 2，炮五进四，士 4 进 5，兵三进一，车 8 平 7，相七进五，红不难走。

12. 车三平六　车 8 进 6

黑方进车兵线展开反击，是紧凑有力的走法。

13. 车六平三　…………

红方平车捉炮，目的是防止黑方平车欺马，舍此也别无良策可寻。

13. …………　炮 7 进 4　　14. 相三进一　炮 2 退 1

黑方退炮打马，暗伏得子争先的手段。

15. 车三平六　车8进2　　16. 仕四进五　…………

红方如改走车六退二，黑则炮2平5，车八进九，炮5平9，车八退七，炮9进2，仕四进五，车8平6，黑方胜势。

16. …………　士4进5　　17. 兵九进一　车2进6

18. 仕五进六　炮2进1　　19. 车六平三　炮2平1

20. 车八进三　炮7平2

黑方易走。

第二种走法：马三退五

9. 马三退五　…………

红方退窝心马，准备炮五平二牵制黑方左翼子力。

9. …………　卒7进1

黑方进卒，势在必行。如改走士4进5，则炮五平二，炮8进5（如卒7进1，则车二平四，马6进8，车四平二，红优），车二进三，炮8平1，车二退五，红优。

10. 车二退一　马6进7

黑如改走马6退7，红则车二进一，卒7平6（如卒7进1，则车二平三，炮8进7，车三进一，车8进8，车三平四，红方多子占优），车二平三，炮8进7，车三进一，车8进8，马五进三，车8平7，马七退五，炮2退1，车三平二，红方多子占优。

11. 炮五平二　卒7平6　　12. 车二退二　炮8进5

13. 车二进六　炮8平1　　14. 马七进六　…………

红如改走马五进六，黑则车2进6，马六进八，马7进6，车二退八，炮2平8，车八进三，马6退4，帅五进一，马4退6，帅五平六，炮1进2，车八退三，炮1退1，马七退九，炮8平1，马八退七，炮1平3，相七进九，卒3进1，黑可抗争。

14. …………　炮1平2　　15. 车八进一　炮2平5

16. 相七进五　车2进8　　17. 车二退五　车2平4

18. 车二平四　马7进8　　19. 马五进三　马8退6

20. 车四退二　车4退3

双方大体均势。

第三种走法：车二退五

9. 车二退五　…………

红方退车捉炮，实战效果欠佳。

9. …………　炮 2 退 4

黑方退炮巡河是稳健的走法。如改走炮 2 退 2，则兵五进一，炮 8 进 4，黑方形成双炮过河阵势，可与红方抗衡。

10. 车八进四　…………

红方左车巡河，正着。如误走炮九进四，则马 3 进 1，炮五进四，象 5 退 3，炮五退一，卒 3 进 1，黑方得子占优。

10. …………　炮 8 进 4　　11. 车二平四　马 6 进 7
12. 车四进五　炮 8 退 1　　13. 车八退一　卒 7 进 1
14. 车四平三　炮 8 进 1　　15. 车八进一　马 7 进 5
16. 相七进五　炮 2 平 7　　17. 车八进五　马 3 退 2
18. 相五进三　炮 8 平 7　　19. 相三进五　后炮平 1

黑方平炮巧兑，必得一相，且占有兵种优势。

20. 相三退一　炮 1 进 3　　21. 车三退三　炮 1 平 5
22. 相一退三　炮 5 平 4

黑方优势。

小结：针对黑方第 8 回合炮 2 进 6 进炮压车的走法，红方第 9 回合车二平四捉马，再跃马盘河，着法简明，红方易持先行之利。

第 99 局　黑升炮卒林对红高车巡河

1. 炮二平五　马 8 进 7　　2. 马二进三　车 9 平 8
3. 车一平二　马 2 进 3
4. 兵七进一　卒 7 进 1
5. 车二进六　马 7 进 6
6. 马八进七　象 3 进 5
7. 炮八平九　车 1 平 2
8. 车九平八　炮 2 进 1

黑方升炮卒林，是稳健的走法。

9. 车八进四(图 99)　…………

红方高车巡河，采取稳扎稳打的战术。

如图 99 形势，黑方有两种走法：卒 7 进 1 和士 4 进 5。现分述如下。

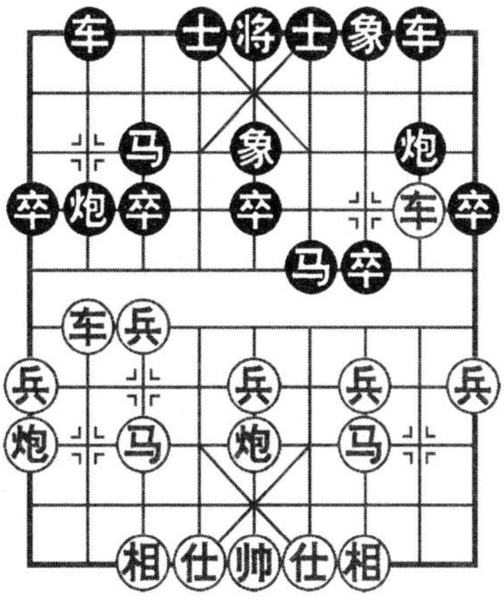

图 99

第一种走法：卒 7 进 1

9. …………　卒 7 进 1

10. 车二平四　马6进7

黑如改走卒7进1,红则马三退五,马6进8,车四退二,红优。

11. 炮五平四　卒3进1　　12. 车四进二　炮8进3

13. 马七进六　…………

红方跃马河口,是力争主动的走法。黑如接走炮8平4,红则兵七进一,红方主动。

13. …………　卒3进1　　14. 车八平七　士6进5

黑方补士,正着。如误走马3进2,则马六进四,炮8平3,车四进一,将5进1,马四进三,将5平4,车四退一,士4进5,车四平五,将4退1,马三进二,红方大占优势。

15. 车七进三　炮8平4　　16. 车四平三　炮2进6

17. 车三退四　车2进7

黑方进车捉炮,展开反击。

18. 炮九进四　车2平6　　19. 炮九进三　炮2退9

20. 车七进二　车6平2　　21. 车三退一

红方略优。

第二种走法:士4**进**5

9. …………　士4进5

黑方补士,是静观其变的走法。

10. 车二退二　卒7进1

黑方弃卒摆脱牵制,如改走炮2进1,则车二平四,卒3进1,兵七进一,象5进3,炮九平八,红优。

11. 车二平三　炮8平7

黑如改走炮8平6,红则马七进六,马6进4,车三平六,车8进4,炮五平七,红优。

12. 马七进六　炮7进4　　13. 相三进一　马6进4

14. 车三平六　炮2进1　　15. 兵九进一　车8进4

16. 车六平三　炮7平8　　17. 车三平二　车8进1

18. 马三进二　卒3进1　　19. 兵七进一　象5进3

20. 炮九平七　象3退5　　21. 车八平七

红方优势。

第100局　黑升炮卒林对红冲中兵

1. 炮二平五　马8进7　　2. 马二进三　车9平8

3. 车一平二　马2进3　　4. 兵七进一　卒7进1
5. 车二进六　马7进6　　6. 马八进七　象3进5
7. 炮八平九　车1平2　　8. 车九平八　炮2进1
9. 兵五进一　…………

红方冲中兵，准备从中路发起进攻。

9. …………　卒7进1(图100)

如图100形势，红方有两种走法：车二退一和车二平四。现分述如下。

第一种走法：车二退一

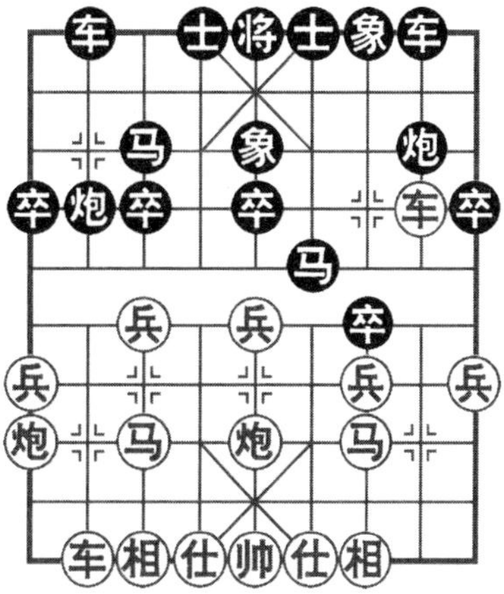

图100

10. 车二退一　马6退7

黑方退马是正着。另有两种走法：

①卒7进1，车二平四，卒7进1，车四平二，红优。

②马6进7，车八进三，马7退5，马三进五，红优。

11. 车二退二　…………

红如改走车二进一，黑则卒3进1，黑优。

11. …………　卒7平6
12. 兵三进一　卒6平5
13. 兵三进一　象5进7

黑方飞象去兵，以免除后患。如改走炮8平9，则车八进三，车8进6，车八平二，士4进5，兵三进一，马7退9，马三进二，车2平4，车二平八，炮2退3，兵三平四，卒3进1，兵四平五，马9进7，兵五进一，红优。

14. 车二进一　象7进5

黑如改走炮2退2，红则车二平五，炮2平5，车五平三，车2进9，马七退八，炮5进6，相七进五，象7进5，马三进四，炮8进2，马四进三，车8进3，马三进五，象7退5，车三进三，炮8平5，仕四进五，车8进3，炮九平七，车8平3，车三退三，卒3进1，兵七进一，车3退2，炮七进五，车3退2，双方大体均势。

15. 车二平五　士6进5　　16. 车五平三　炮2进1
17. 马七进五　炮8进2　　18. 仕六进五　车8平6

黑方足可一战。

第二种走法：车二平四

10. 车二平四　马6进7　　11. 马三进五　士4进5

黑如改走炮8进7,红则马五进三,车8进5,马七进五,炮2进5,仕六进五,车8进3,车四退四,炮2退1,马五退七,马7退5,马三退五,炮2平5,炮九平五,车2进9,马七退八,车8退2,马八进七,卒5进1,车四进二,车8平7,车四平三,车7平6,双方对峙。

12.马五进三　…………

红马踩卒,是习惯性的走法。如改走车四平三(如车四平二,则卒7平6,黑方易走),则马7进5,炮九平五,卒7平6,似乎要比实战走法好。

12.…………　马7退5　　13.车四退二　炮8进3

黑方进炮打车可以逼退红马,是精巧之着。

14.马三退二　…………

红如改走马三进四,黑则马5退6,车四进二,卒3进1,也是黑方反占主动。

14.…………　马5进3　　15.车八进三　炮2进2

黑方进炮打车,使双炮形成左右夹击之势,是反夺主动权的又一巧妙之着。红如接走兵七进一,黑则炮2平5得车胜势。

16.车四退一　…………

红如改走车四退二,则较为顽强。

16.…………　炮8平5　　17.车四平五　前马进5

18.相三进五　车8进7　　19.兵七进一　…………

红如改走马七进八,黑则车8退1,黑亦呈胜势。

19.…………　卒5进1　　20.兵七进一　…………

红如改走车八进一,黑则车2进5,马七进八,车8退1,马八退七,卒3进1,也是黑方多卒,大占优势。

20.…………　炮2平3　　21.仕六进五　车2进6

22.车五平八　马3退4　　23.马七进五　车8退1

24.相五进七　炮5平8

黑方优势。

第101局　黑升炮卒林对红炮打边卒

1.炮二平五　马8进7　　2.马二进三　车9平8

3.车一平二　马2进3　　4.兵七进一　卒7进1

5.车二进六　马7进6　　6.马八进七　象3进5

7.炮八平九　车1平2　　8.车九平八　炮2进1

9. 炮九进四 …………

红方炮打边卒谋兵，准备先弃后取。

9. ………… 卒7进1

黑方直接冲卒反击，着法简明。另有两种走法：

①马3进1，车八进六，车2进3，炮五进四，象5退3(如士6进5，则炮五平八，红方先弃后取，占优)，炮五平八，炮8平5，相七进五，车8进3，炮八平二，红方多兵占优。

②士6进5，炮九平七，卒7进1，车二平四，马6进8，马三退五，卒7进1，马七进六，炮8平9，车八进五，炮9进4，马五进七，炮9进3，车四退四，马8进6，马六退四，车8进9，马七退五，卒7平6，车四进一，车8退4，兵五进一，车8平5，马五进三，车5平3，车四进五，红方攻势强大。

10. 车二退一 …………

红方退车捉马，正着。如改走车二平四，则马6退4，兵三进一，马3进1，炮五进四，士4进5，形成黑方多子、红方得势的两分局面。

10. ………… 马6退7

黑如改走卒7进1，红则车二平四，卒7进1，车四平二，卒7平6，炮五平六，车8进1(如马3进1，则炮六进四，红方得回失子，占优)，炮九退二，士6进5，仕六进五，卒6平7，相七进五，卒7进1，炮六进二，红优。

11. 车二平九 …………

红方车二平九，下伏进炮沉底的牵制手段，正着。如改走车二进一，则卒7进1，车二平三，卒7进1，车三进一，卒7平6，黑优。

11. ………… 卒7进1

正着，黑如改走马3进1，红则兵三进一，红优。

12. 炮九进三(图101) …………

如图101形势，黑方有两种走法：象5退3和将5进1。现分述如下。

第一种走法：象5退3

12. ………… 象5退3

黑如改走卒7进1，红则车八进六，车2平3，车八平七，马3退5，马七进六，红优。

13. 车九平三 卒7进1

黑如改走马7退5，红则车三退二，炮8进5，炮九退五，炮8平5，相三进五，车8进4，车三进五，卒3进1，马三进四，车8平6，兵七进一，车6平3，马七进六，车3平5，车八进三，象3进5，车三平四，炮2退2，车八进五，车2进1，马四进三，马3进1，马三退五，卒5进1，兵五进一，马5进3，车四平八，马

1退2,兵五进一,红方多兵占优。

14.车三进二　车2平1

黑如改走卒7平6,红则车三平七,车2平1,车八进六,卒6平5,相七进五,象7进5,车七进一,炮8进7,车七平八,车8进7,马七进六,车1进6,后车退三,车1进3,后车退三,车1退1,后车进一,车1退2,后车进二,车1进1,后车退一,双方不变作和。

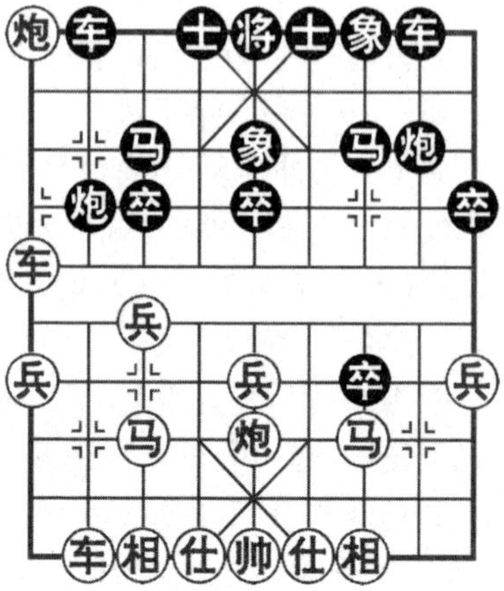

图 101

15.车八进六　卒7平6

16.车三平七　卒6平5

17.相七进五　象7进5

18.车七进一

红方稍优。

第二种走法:将5进1

12.…………　将5进1

黑方“御驾亲征”,是改进后的走法。

13.马三退一　…………

红如改走马七进六,黑则卒7进1,车八进六,车2进3,马六进五,马7进5,炮五进四,象5退3,炮五平八,炮8平5,仕六进五,双方各有利弊。

13.…………　炮8进7　　14.车九进二　…………

红方应以改走车八进一为宜。

14.…………　车8进8　　15.车九平七　车2平1

16.车七进一　将5退1　　17.车七平三　马7进8

18.车八进六　马8进6　　19.车三退五　车8平9

20.仕六进五　车1进4

黑方满意。

第102局　黑升炮卒林对红退车巡河

1.炮二平五　马8进7　　2.马二进三　车9平8

3.车一平二　马2进3　　4.兵七进一　卒7进1

5.车二进六　马7进6　　6.马八进七　象3进5

7.炮八平九　车1平2　　8.车九平八　炮2进1

9. 车二退二　…………

红方退车巡河，是稳健的走法。

9. …………　卒7进1

黑方弃卒摆脱牵制，是常用的战术手段。如改走马6进7，则兵五进一，炮2进1，兵五进一，卒5进1，车八进三，卒7进1，车二平三，马7进5，炮九平五，炮8进5，马三进五，车8进6，炮五进三，士4进5，车三进二，卒3进1，炮五平八，车2进4，车八进二，马3进2，车三平八，马2进3，双方平稳。

10. 车二平三（图102）　…………

如图102形势，黑方有两种走法：炮8平6和炮8平7。现分述如下。

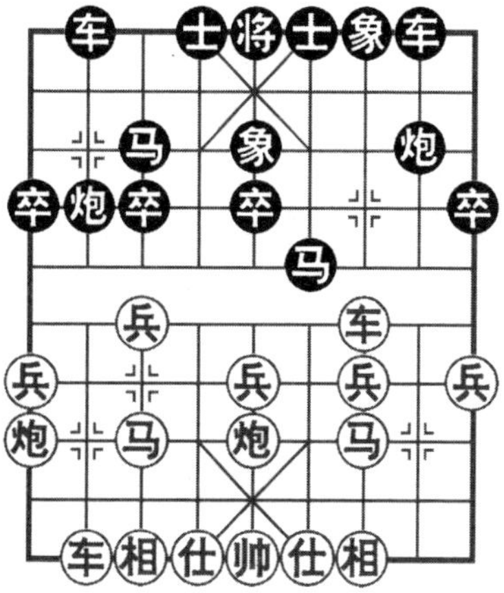

图102

第一种走法：炮8**平**6

10. …………　炮8平6

11. 车八进四　…………

红方高车巡河，是稳健的走法。

11. …………　车8进8

黑方进车下二路，是力争主动的走法。

12. 仕六进五　车8平7

13. 兵五进一　士4进5

14. 马七进五　炮2进1

15. 兵五进一　卒5进1　　16. 炮五进三　车7进1

17. 马五进四　炮2平6　　18. 车八进五　马3退2

19. 相七进五　车7退1　　20. 帅五平六　马2进3

21. 车三进五　前炮平8　　22. 车三平二　炮8平7

23. 车二退二　车7平6　　24. 仕五进四

红方稍优。

第二种走法：炮8**平**7

10. …………　炮8平7　　11. 车八进四　…………

红方另有三种走法：

①炮九进四，车8进8，炮九平七，炮2进3，兵五进一，炮7进4，马三进五，马6进8，炮五退一，马8进7，相三进五，马7退9，车三进二，马9退8，兵七进一，车8平6，炮七平六，马8进6，车三退二，炮7平9，炮五平九，炮2平4，车八进九，马3退2，仕四进五，车6退2，炮六退二，炮9平5，车三平四，炮

4平3，马七进五，车6平5，兵七进一，红方易走。

②兵五进一，炮2退2，马七进五，炮2进4，车三进二，车8进3，车三平二，马6退8，车八进三，士6进5，仕四进五，炮2退1，炮五平七，马8进6，马五进三，炮7进2，相三进五，炮2平1，车八平四，红优。

③炮五平六，炮2退2，相七进五，炮2平7，车三平四，车2进9，马七退八，车8进4，黑方满意。

11.………… 炮2退2

黑如改走车8进8，红则兵五进一，炮7进2，马三进五，炮2进1，兵五进一，炮7平5，车三平四，马6退7，炮五进三，卒5进1，马五进六，马3进5，马七进五，车8退1，炮九平八，车8平4，炮八进三，卒5进1，车四平五，车4退3，炮八进一，车4进1，车五平六，马5进4，马五进六，红方易走。

12. 马七进六　炮2平7　13. 马六进四　后炮进4
14. 车八进五　马3退2　15. 马四进三　车8进2
16. 兵三进一　车8平7　17. 炮五进四　士4进5
18. 相三进五　马2进3　19. 炮五平九　马3进1
20. 炮九进四　卒9进1　21. 炮九平八　车7平6

双方均势。

小结：黑方第8回合炮2进1升炮卒林的走法缺乏反弹力，局势发展的结果仍是对红方有利。

第103局　红平车捉马对黑进马踩兵

1. 炮二平五　马8进7　2. 马二进三　车9平8
3. 车一平二　马2进3　4. 兵七进一　卒7进1
5. 车二进六　马7进6　6. 马八进七　象3进5
7. 炮八平九　车1平2　8. 车二平四　马6进7(图103)

如图103形势，红方有两种走法：炮五平四和车九平八。现分述如下。

第一种走法：炮五平四

9. 炮五平四　…………

红方卸炮，威胁黑方底士。

9. …………　士4进5　10. 车九进一　炮8平7
11. 车九平四　象7平9　12. 前车平三　炮7平6
13. 车四平八　炮2进1　14. 炮四进四　车8进5
15. 车八进三　卒3进1

黑方弃子，准备取势。

16. 车八进二　车 2 进 3
17. 炮四平八　卒 3 进 1
18. 车三平二　车 8 平 6
19. 车二平四　马 3 进 4
20. 车四退二　马 4 进 6
21. 马七退五　马 6 进 8
22. 炮八退五　卒 3 进 1
23. 马三退一　马 8 退 9
24. 马五进三　炮 6 进 6
25. 炮九进四

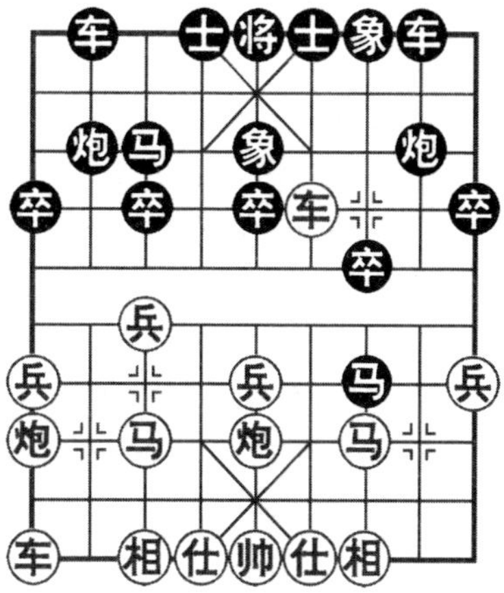
图 103

红方多子占优。

第二种走法：车九平八

9. 车九平八　炮 8 平 7　　10. 车四平三　炮 7 平 6
11. 车八进六　…………

红方左车过河，是改进后的走法。以往多走马七进六，炮 2 进 5，炮五进四，马 3 进 5，车三平五，车 8 进 8，马六进七，车 8 平 4，车五平四，士 6 进 5，马七退五，炮 6 平 7，炮九进四，车 4 退 1，相三进五，车 4 退 3，马五进三，车 2 进 4，马三退二，炮 7 平 8，车八进一，也是红优。

11. …………　士 4 进 5　　12. 炮五平六　车 8 进 1
13. 炮九进四　车 2 平 4　　14. 仕六进五　炮 2 平 1
15. 车八进一　炮 1 退 1　　16. 炮九进一　马 3 退 2
17. 炮九平五　…………

红方以炮换双象，摧毁黑方九宫屏障，是迅速入局的有力之着。

17. …………　象 7 进 5　　18. 车八平五　车 4 进 2
19. 车五平六　士 5 进 4　　20. 车三退一　马 7 退 8
21. 马三进四　马 8 进 9　　22. 炮六平五　车 8 进 4
23. 马四进五　车 8 平 3　　24. 车三平八　马 2 进 1
25. 车八进四　将 5 进 1　　26. 马五进三

红胜。

第 104 局　黑右炮过河对红平车捉马(一)

1. 炮二平五　马 8 进 7　　2. 马二进三　车 9 平 8

3. 车一平二　马2进3　　4. 兵七进一　卒7进1
5. 车二进六　马7进6　　6. 马八进七　象3进5
7. 炮八平九　炮2进4

黑方右炮过河,是对攻之着。

8. 车二平四　…………

黑方进马踩兵是积极的走法。

9. 马七进六　炮8进4

黑方进炮兵线,暗使右炮生根,同时避免了红方车四平二的牵制。如改走炮2进1,则车九平八,炮2平7,炮九平三,炮8进4,仕六进五,士4进5,马六进七,车8进5,车四进二,马3退4,车八进四,车1平3,炮五平七,车3进2,相七进五,红优。

10. 车九平八　车1平2

黑如改走士4进5,红则马六进五,马7进5,相七进五,马3进5,车四平五,炮8平7,车五平六,车1平2,马三退五,车8进6,兵一进一,炮7平6,炮九进四,卒7进1,车六退一,炮6进1,车六退二,炮6退1,兵五进一,炮2退1,车六平五,卒7平6,马五进七,卒6平5,车五平六,炮2进3,仕六进五,卒5平6,炮九退二,红方优势。

11. 马六进五　…………

红方马踩中卒直攻中路,可以形成多兵之势,是简明的走法。另有两种走法:

①车八进二,士4进5,马六进五,炮2平3,车八进七,马3退2,炮五平八,车8进2,马五退四,炮8退2,炮九进四,马2进1,兵九进一,炮3平2,相七进五,炮8进4,马四进六,车8进3,车四退二,红方多兵占优。

②兵七进一,卒3进1,车八进三,车2进6,马六退八,马7进5,相三进五,炮8平2,黑方多卒较优。

11. …………　马7进5

黑如改走马3进5,红则炮五进四,士4进5,相七进五,红优。

12. 相七进五　马3进5　　13. 车四平五　炮8平7
14. 炮九进四　卒7进1(图104)

黑如改走车8进8,红则马三退五,红方多兵易走。

如图104形势,红方有两种走法:马三退五和炮九退二。现分述如下。

第一种走法:马三退五

15. 马三退五　卒7平6　　16. 马五进七　车8进4
17. 车五平七　卒6进1　　18. 仕六进五　车8平5

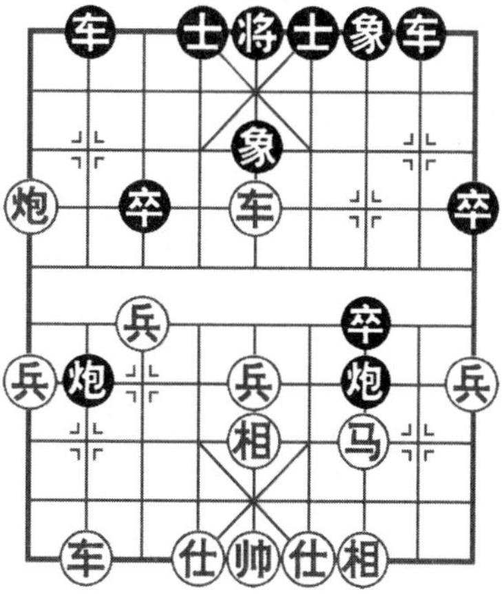

图 104

19. 车七平四　炮 7 进 1

黑如改走卒 6 平 5，红则炮九平五，士 6 进 5，炮五退三，红优。

20. 兵五进一　车 5 平 2

21. 兵七进一　前车退 1

黑如改走前车平 3，红则马七进六，红优。

22. 车四平八　车 2 进 3

23. 炮九进三　象 5 退 3

24. 马七进六

红方多兵且兵种齐全，占优。

第二种走法：炮九退二

15. 炮九退二　卒 7 平 8

16. 马三退五　…………

红方退马，是灵活的走法。

16. …………　卒 9 进 1　　17. 马五退七　…………

红方退马底线，构思巧妙。如改走马五进七，则车 8 进 4，马七进六，车 8 平 4，黑方易走。

17. …………　卒 8 进 1　　18. 马七进六　炮 2 进 1

19. 马六进五　炮 7 平 9　　20. 马五进四　…………

红马乘机跃出，其势更盛了。

20. …………　车 8 进 1　　21. 仕六进五　车 8 平 4

22. 车五平七　炮 9 平 5

如改走士 4 进 5，则车八进二杀炮，如续走车 2 进 7，则马四进三，将 5 平 4，车七进三杀，红方速胜。

23. 兵七进一

红方大占优势。

第 105 局　黑右炮过河对红平车捉马（二）

1. 炮二平五　马 8 进 7　　2. 马二进三　车 9 平 8

3. 车一平二　马 2 进 3　　4. 兵七进一　卒 7 进 1

5. 车二进六　马 7 进 6　　6. 马八进七　象 3 进 5

7. 炮八平九　炮 2 进 4　　8. 车二平四　马 6 进 7

9. 马七进六　炮 8 进 4　　10. 车九平八　车 1 平 2
11. 马六进五　马 7 进 5　　12. 相七进五　马 3 进 5
13. 车四平五　炮 8 平 7　　14. 马三退五(图 105)　…………

如图 105 形势，黑方有两种走法：车 8 进 1 和士 4 进 5。现分述如下。

第一种走法：车 8 进 1

14. …………　车 8 进 1

黑方高车，准备策应右翼。如改走车 8 进 6，则兵一进一，车 8 退 1，炮九进四，车 8 平 9，马五进七，士 4 进 5，仕六进五，车 9 平 6，车五平七，卒 9 进 1，车七平六，车 6 退 1，炮九退二，红方略优。

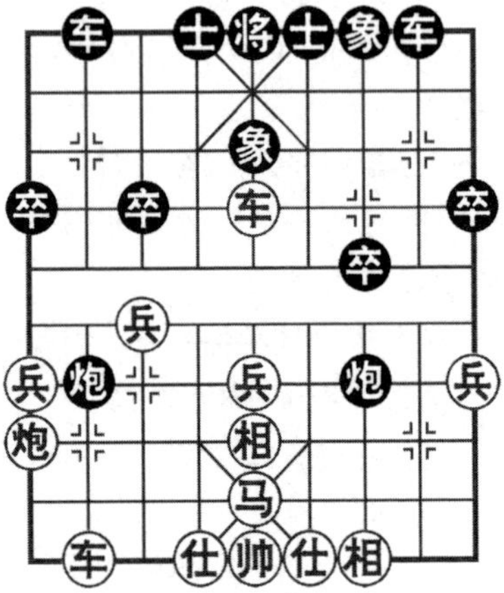

图 105

15. 炮九进四　车 8 平 4
16. 车五平六　…………

红方兑车，是抢先之着。

16. …………　车 4 进 2
17. 炮九平六　车 2 进 4
18. 马五进七　车 2 平 4
19. 炮六平五　士 6 进 5
20. 仕六进五　车 4 进 2　　21. 兵五进一　炮 7 进 1
22. 马七进八　炮 2 平 9　　23. 兵五进一　车 4 平 1
24. 马七进七　炮 9 平 5　　25. 车八平六

红方易走。

第二种走法：士 4 进 5

14. …………　士 4 进 5　　15. 车五平七　…………

红如改走炮九进四，黑则车 8 进 8，马五进七，车 8 平 4，车五平六，车 4 平 3，马七进六，车 3 退 2，仕六进五，车 3 平 5，马六进七，炮 7 平 8，兵九进一，炮 8 平 3，马七进六，车 2 平 4，兵一进一，车 5 平 6，炮九平八，炮 2 平 5，帅五平六，炮 5 进 2，炮八进三，车 4 进 1，车六进二，士 5 进 4，对攻中黑可抢杀在先。

15. …………　车 2 平 4　　16. 马五进七　炮 2 平 3
17. 车七平四　炮 7 进 1　　18. 车四退四　炮 7 平 8
19. 兵一进一　车 8 进 3　　20. 兵五进一　车 4 进 6
21. 兵五进一　炮 8 进 2　　22. 仕六进五　士 5 退 4
23. 兵五平四　车 4 退 3　　24. 车八进三　炮 3 平 4

25. 兵四进一

红方优势。

第 106 局　黑右炮过河对红平车捉马(三)

1. 炮二平五　马 8 进 7　　2. 马二进三　车 9 平 8
3. 车一平二　马 2 进 3　　4. 兵七进一　卒 7 进 1
5. 车二进六　马 7 进 6　　6. 马八进七　象 3 进 5
7. 炮八平九　炮 2 进 4　　8. 车二平四　马 6 进 7(图 106)

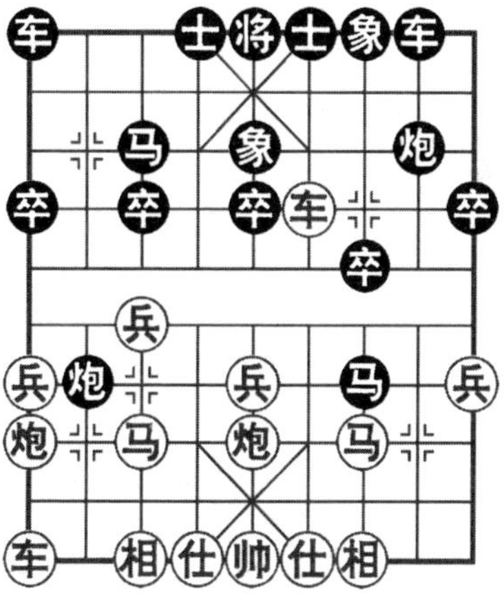

图 106

如图 106 形势，红方有两种走法：炮五平四和车九平八。现分述如下。

第一种走法：炮五平四

9. 炮五平四　…………

红方卸炮，是稳健的走法。

9. …………　士 4 进 5
10. 车九平八　炮 2 平 4

黑如改走车 1 平 2，红则车四平二，车 8 进 1，仕四进五，炮 2 退 5，马七进六，炮 8 平 9，车二平一，炮 9 平 6，马六进七，炮 2 进 6，相七进五，炮 2 平 6，车八进九，马 3 退 2，仕五进四，车 8 进 7，车一平四，车 8 平 6，炮九平六，马 2 进 1，马七退六，卒 1 进 1，车四平五，红方多兵占优。

11. 车四平二　车 8 进 1　　12. 相七进五　车 1 平 4
13. 仕六进五　炮 4 退 5

黑方退炮使左车生根，是稳健的走法。

14. 车八平六　炮 8 平 6　　15. 车二进二　炮 4 平 8
16. 车六进九　士 5 退 4

双方平稳。

第二种走法：车九平八

9. 车九平八　炮 2 平 3　　10. 炮五平四　士 4 进 5
11. 相七进五　炮 8 进 4

黑方进炮，防止红方车四平二拴链和车八进三捉炮的手段。

12. 车八进七　车 1 平 3　　13. 仕六进五　卒 3 进 1

14. 兵七进一　象 5 进 3　　15. 车四退二　…………

红方退车增援左翼，是灵活的走法。

15. …………　车 8 进 2　　16. 车四平七　象 7 进 5

黑如改走炮 3 平 4，红则车七进一，黑亦难走。

17. 车七退一　马 7 进 5　　18. 车七进一　马 5 进 3

19. 帅五平六　车 3 平 4　　20. 车七平六　车 4 进 5

21. 马七进六

红方多子占优。

第 107 局　黑右炮过河对红平车捉马(四)

1. 炮二平五　马 8 进 7　　2. 马二进三　车 9 平 8

3. 车一平二　马 2 进 3　　4. 兵七进一　卒 7 进 1

5. 车二进六　马 7 进 6　　6. 马八进七　象 3 进 5

7. 炮八平九　炮 2 进 4　　8. 车二平四　炮 2 平 7

9. 马三退五(图 107)　…………

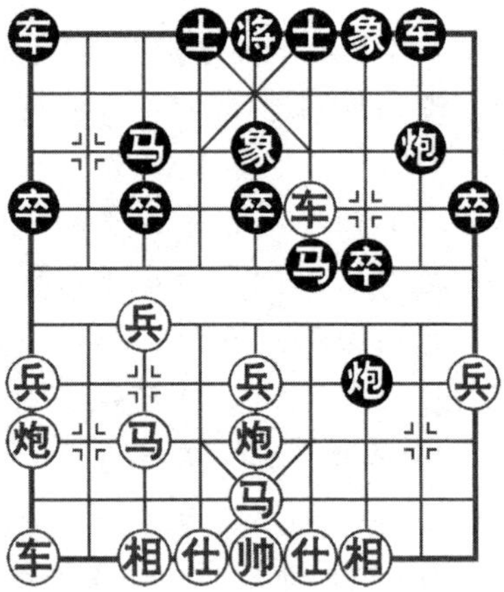

图 107

红方退窝心马，是灵活的走法。如改走相三进一，则炮 8 进 2，车九进一，车 1 平 2，车九平二，车 2 进 4，黑方可对抗。

如图 107 形势，黑方有两种走法：炮 8 进 2 和马 6 退 4。现分述如下。

第一种走法：炮 8 进 2

9. …………　炮 8 进 2

10. 炮五平二　车 8 平 9

11. 车九平八　车 9 进 1

12. 炮二平四　…………

红方平炮胁士，限制黑车右移，是紧凑有力之着。

12. …………　士 4 进 5　　13. 车八进七　车 1 平 3

14. 炮九进四　车 9 平 7　　15. 车四平二　…………

红方平车捉炮，是取势的紧要之着，否则黑方有车 7 进 2 逼兑的手段。

15. …………　马 6 退 7　　16. 马七进六　卒 3 进 1

17. 马六进七　马 3 退 4　　18. 炮九进二　士 5 进 4

19. 马七进八　士 6 进 5　　20. 车二平四　…………

红方平车控肋，是攻守两利之着。

20. ………… 车3平1　21. 炮四平九　马4进2
22. 车八进一　卒3进1　23. 前炮退一　将5平4
24. 车四退二　马7进6　25. 车四平七　士5退6

黑如改走马6进5，红则车七平二，下伏车二进一吃炮与前炮平五轰象的双重手段，黑方难以应付。

26. 车八退一

红方优势。

第二种走法：马6退4

9. ………… 马6退4　10. 炮五进四　士4进5

黑如改走马3进5，红则车四平五，马4进3，相七进五，马3进1，车五平二，红方主动。

11. 相七进五　炮8进4

黑如改走炮8进7，红则炮五退一，车1平4，车九平八，车8进2，车八进七，车8平6，车四进一，马4退6，兵五进一，炮8退7，车八退四，炮7平4，马五进三，炮4进1，马七进八，车4平2，马三进五，炮8进3，车八平六，车2进5，车六退一，卒7进1，马五进三，炮8平5，仕四进五，马6进5，马三进五，马3进5，车六进一，红方易走。

12. 车九平八　卒7进1　13. 炮五平一　马4退6
14. 车八进七　炮8退3　15. 车八平七　车8平9
16. 马七进六　车9进3　17. 马六进四　车1平4
18. 炮九进四　车4进8　19. 车七平八　将5平4
20. 车八退七　炮7平1　21. 马四进二

红方多子占优。

第108局　黑右炮过河对红左车捉炮（一）

1. 炮二平五　马8进7　2. 马二进三　车9平8
3. 车一平二　马2进3　4. 兵七进一　卒7进1
5. 车二进六　马7进6　6. 马八进七　象3进5
7. 炮八平九　炮2进4　8. 车九平八　车1平2
9. 车二平四　马6平7（图108）

黑如改走炮2平7，红则车八进九，炮7进3，仕四进五，炮7平9，马三进二，马3退2，车四退一，卒7进1，帅五平四，士4进5，车四平二，卒7平8，车二退一，红优。

如图 108 形势，红方有两种走法：车四平二和炮五平四。现分述如下。

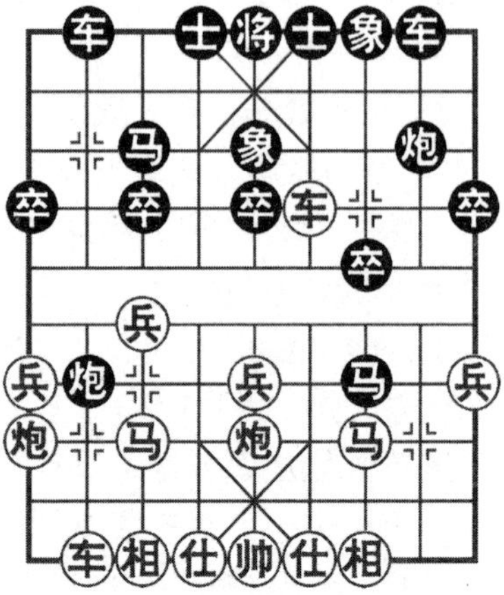

图 108

第一种走法：车四平二

10. 车四平二　…………

红方平车拴链黑方车炮，是保持变化的走法。

10. …………　马 7 退 6
11. 炮五平四　卒 7 进 1
12. 车二平四　士 6 进 5

黑方补士，准备弃马抢先。

13. 车四退一　炮 8 平 7
14. 马七进六　卒 7 进 1
15. 炮四平五　…………

红架中炮弃回一子，着法老练。

15. …………　卒 7 进 1　　16. 相三进一　卒 7 进 1
17. 兵七进一　车 2 进 5　　18. 马六退八　卒 3 进 1
19. 车八进一　车 8 进 8

黑方弃子，足可一战。

第二种走法：炮五平四

10. 炮五平四　…………

红方卸炮打士调整阵形，是稳健的走法。

10. …………　士 6 进 5

黑如改走炮 8 进 5，红则马七进六，炮 8 平 6，车四退四，红方先手。

11. 车四平二　车 8 进 1　　12. 马七进六　炮 2 退 5
13. 马六进五　车 8 平 6　　14. 相七进五　马 3 进 5
15. 车二平五　炮 2 进 7　　16. 仕六进五　车 6 进 3
17. 车五平七

红方多兵占优。

第 109 局　黑右炮过河对红左车捉炮（二）

1. 炮二平五　马 8 进 7　　2. 马二进三　车 9 平 8
3. 车一平二　马 2 进 3　　4. 兵七进一　卒 7 进 1

5. 车二进六　马 7 进 6　　6. 马八进七　象 3 进 5

7. 炮八平九　炮 2 进 4　　8. 车九平八　炮 2 平 7(图 109)

如图 109 形势,红方有两种走法:相三进一和马三退五。现分述如下。

第一种走法:相三进一

9. 相三进一　卒 7 进 1

以往黑方曾走士 4 进 5,红则车八进七,卒 7 进 1,车二退一,马 6 进 8,相一进三,马 8 进 7,车八平七,马 7 退 9,车二退二,炮 8 平 3,车二进六,马 9 退 7,车二退五,炮 7 进 3,帅五进一,车 1 平 2,帅五平四,马 7 退 5,炮五进三,卒 5 进 1,马七进六,车 2 进 8,仕四进五,炮 7 平 3,马六进四,前炮退 1,帅四退一,车 2 退 1,黑方大占优势。

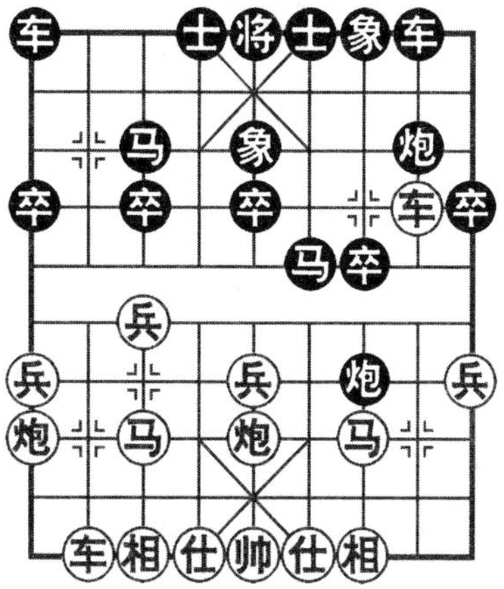

图 109

10. 车二退一　…………

红如改走车二平四,黑则马 6 进 8,马七进六,马 8 进 7(如炮 8 平 9,则相一进三,马 8 进 7,炮九平三,红方占先手),炮九平三,炮 8 进 7,炮三退二,双方各有千秋。

10. …………　马 6 退 7　　11. 车二进一　炮 8 平 9

12. 车二进三　马 7 退 8　　13. 相一进三　马 8 进 7

14. 兵五进一　士 4 进 5　　15. 车八进三　马 7 进 8

16. 马七进六　车 1 平 4　　17. 马六进五　马 3 进 5

黑如改走车 4 进 3,红则兵五进一,马 3 进 5,炮五进四,马 8 进 6,车八平三,马 6 进 4,仕四进五,马 4 退 5,炮九平五,马 5 进 4,车三平五,马 4 进 3,帅五平四,红方多子占优。

18. 炮五进四　马 8 进 6　　19. 车八平三　马 6 退 5

20. 兵五进一

红方优势。

第二种走法:马三退五

9. 马三退五　…………

红方退马归心,似拙实佳。

9. …………　卒 7 进 1

黑如改走士 4 进 5,红则车二平四,炮 8 进 2,炮五平二,车 8 平 9,兵五进一,车 1 平 4,车八进三,炮 7 退 1,相七进五,炮 7 进 3,炮二退一,车 4 进 4,车四平二，马6退7，车八进四，车9进1，炮九退一，炮7平1，炮二平九，马3退4，兵九进一，车4平2，车八退二，炮8平2，车二退三，士5进4，车二平六，车9平2，车六进四，红优。

10. 车二平四　…………

红方平车捉马，是稳健的走法。如改走车二退一，则马6退7，车二进一，士4进5，红无便宜可占。

10. …………　马6进8

黑如改走马6退4，红则车八进六，炮8进1，兵七进一，马4进3，车八平七，车1平3，兵七平六，后马退5，车七进三，马5退3，车四退四，红方先手。

11. 兵七进一　…………

红方弃兵活车，佳着！

11. …………　卒3进1　12. 车八进四　马8进7

黑如改走马3进4，红则炮五进四，士4进5，炮五退一，炮8平9，车四平八，车1平4，炮九进四，马4退3，后车平三，红优。

13. 车四平二　…………

红方平车牵制黑方车炮，是取势要着。

13. …………　马7进5　14. 马七退五　车1平2

15. 车八进五　马3退2　16. 炮五进四　士4进5

17. 炮九平二　车8进1　18. 炮二进五　车8平6

19. 炮五平一　车6进1　20. 车二平九　马2进3

21. 车九平七　车6平8　22. 车七进一

红方胜势。

第110局　黑右炮过河对红左车捉炮（三）

1. 炮二平五　马8进7　2. 马二进三　车9平8

3. 车一平二　马2进3　4. 兵七进一　卒7进1

5. 车二进六　马7进6　6. 马八进七　马3进5

7. 炮八平九　炮2进4　8. 车九平八　炮2平3（图110）

黑方平炮压马，正着。

如图110形势，红方有三种走法：车二退二、马三退五和兵五进一。现分述如下。

第一种走法：车二退二

9. 车二退二　…………

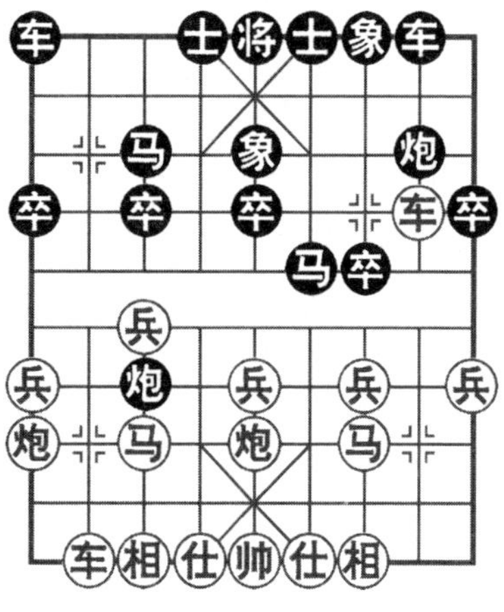

图 110

红方退车河口，是稳扎稳打的走法。

9. ………… 卒 7 进 1

10. 车二平三 炮 8 平 6

11. 炮五平四 …………

红方兑炮，拔掉黑方河口马之“根”，继续贯彻稳扎稳打的战术。如改走兵五进一，则士 4 进 5，兵五进一，卒 5 进 1，马七进五，马 6 进 5，马三进五，车 1 平 4，黑方足可抗衡。

11. ………… 炮 6 进 5

12. 炮九平四 车 1 平 2

13. 车八进九 炮 3 进 3

14. 仕六进五 马 3 退 2

15. 炮四平五 …………

红方补架中炮，牵制黑方中路，不失为灵活之着。

15. ………… 马 2 进 3　16. 兵五进一 车 8 进 6

17. 车三平四 马 6 退 4

黑方退马，避开红车锋芒，正着。如改走车 8 平 7，则车四进一，车 7 进 1，兵五进一，卒 5 进 1，车四平五，士 4 进 5，马七进五，红方占主动。

18. 马三进五 车 8 平 7　19. 兵五进一 卒 5 进 1

20. 炮五进三 士 4 进 5　21. 相三进五 车 7 退 2

22. 炮五平六 炮 3 退 1　23. 车四进二 炮 3 平 4

黑可抗衡。

第二种走法：马三退五

9. 马三退五 卒 7 进 1

黑如改走士 4 进 5，红则炮五平二，卒 7 进 1，车二平四，炮 8 平 7，车四退一，红方多子占优。

10. 车二退一 马 6 退 7　11. 车二进一 马 7 进 6

12. 车二退一 马 6 退 7　13. 车二进一 炮 3 平 7

14. 兵七进一 卒 3 进 1　15. 车八进四 炮 8 退 1

16. 车二平四 马 3 进 4　17. 车四进二 马 4 进 6

18. 炮五平三 炮 8 平 4　19. 车八进三 马 6 进 7

20. 炮九平三 士 4 进 5　21. 炮三进二 卒 3 进 1

22. 炮三平五　炮 8 退 3　　23. 炮五进三　炮 8 平 5

24. 车八平五　马 7 进 6

黑方得子胜势。

第三种走法:兵五进一

9. 兵五进一　…………

红冲中兵直攻中路,着法有力。

9. …………　卒 7 进 1　　10. 车二退一　…………

红如改走车二平四,黑则马 6 进 4,马三退五,炮 8 进 5,车四退三,马 4 进 5,炮九平五,炮 3 平 7,车八进七,车 1 平 3,马七进八,也是红方易走。

10. …………　马 6 退 7　　11. 车二进一　卒 7 进 1

12. 马三进五　马 7 进 6

黑如改走卒 7 平 6,红则兵五进一,卒 6 平 5,马七进五,红方弃子有攻势。

13. 车二退一　卒 7 平 6　　14. 车二平四　炮 8 进 5

15. 炮五退一　炮 8 平 1　　16. 马五退六　炮 3 平 9

17. 车八进七　车 1 平 3　　18. 相七进九　炮 9 进 3

19. 车四退二　车 8 进 9　　20. 炮五进一　车 8 平 7

21. 车四平一

红方多子占优。

小结:黑方炮 2 进 4 的走法具有一定的反击力,但红方第 8 回合车二平四捉马,再跃出七路马,其演变结果是红方将以多兵占优。

第 111 局　黑退右炮对红平车捉马(一)

1. 炮二平五　马 8 进 7　　2. 马二进三　车 9 平 8

3. 车一平二　马 2 进 3　　4. 兵七进一　卒 7 进 1

5. 车二进六　马 7 进 6　　6. 马八进七　象 3 进 5

7. 炮八平九　炮 2 退 1

黑方退炮,准备左移进行反击。

8. 车二平四　马 6 进 7　　9. 车九平八　炮 2 平 7

10. 车四平三　…………

红方可以先走炮五平四打士,黑如士 4 进 5,红再车四平三捉炮,红方仍占先手。

10. …………　车 8 进 1

黑方高车护炮,保持对红方三路线的牵制,是预谋的战术手段。如改走车

1进1，则马七进六，炮8平9，炮五平六，炮7平2，炮八平六，车8进8，仕六进五，炮2平7，马六进五，马3进5，车三平五，马7退8，车八进九，士6进5，车五平六，炮9退2，相七进五，车8平6，车六平二，卒7进1，车二退一，卒7进1，车二进三，炮7进3，炮九退一，卒7进1，相三进一，车6退2，炮九平六，红优。

11. 马七进六　士4进5　　12. 炮五平六　炮8平6（图111）

如图111形势，红方有两种走法：车八进一和相三进五。现分述如下。

第一种走法：车八进一

13. 车八进一　车8进4

黑如改走炮7平6，红则相七进五，车8进4，马六进七，车1平4，仕六进五，前炮进6，车八进二，后炮进一，车三平四，炮6平8，炮九平七，红方易走。

14. 马六退五　…………

红如改走车三进二，黑则车8平4，仕四进五，车4平3，黑方易走。

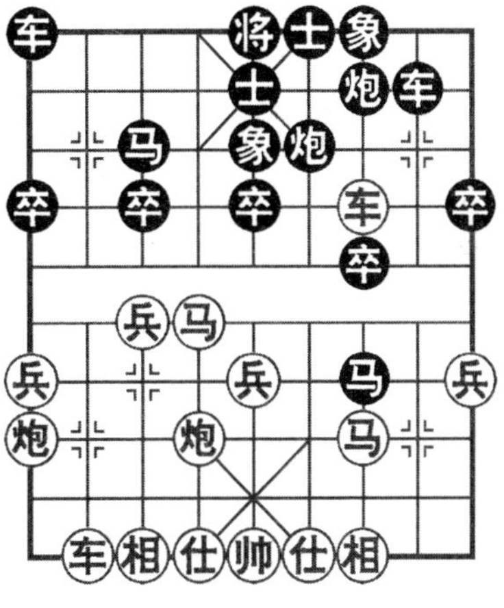

图111

14. …………　车8平4

15. 仕六进五　马7进5

16. 相七进五　炮7平8

17. 炮九退二　炮8进5

18. 车三平四　…………

红如改走炮九平六，黑则车4平3，相五进七，炮8平7，黑方易走。

18. …………　炮8平7　　19. 相三进一　车4进1

黑方多卒易走。

第二种走法：相三进五

13. 相三进五　马7退8

黑方退马，对红方三路线进行反击。

14. 马三进四　马8退9　　15. 车三平一　炮6进7

黑方弃炮轰仕，是退马的续进手段。

16. 帅五平四　车8进8　　17. 帅四进一　炮7平9

18. 车一平四　车8退1　　19. 帅四退一　车8进1

20. 帅四进一　车8平4　　21. 车八进二　卒7进1

黑方弃子占势，易走。

第112局　黑退右炮对红平车捉马(二)

1. 炮二平五　马8进7　　2. 马二进三　车9平8
3. 车一平二　马2进3　　4. 兵七进一　卒7进1
5. 车二进六　马7进6　　6. 马八进七　象3进5
7. 炮八平九　炮2退1　　8. 车二平四　马6进7
9. 车九平八　炮2平7　　10. 车四平三　车8进1
11. 马七进六　炮8平6(图112)

如图112形势,红方有两种走法:马六进五和车八进一。现分述如下。

第一种走法:马六进五

12. 马六进五　士4进5

黑方补士,保持变化。如改走马7进5,则相三进五,马3进5,车三平五,炮7进6,炮九平三,红方略优。

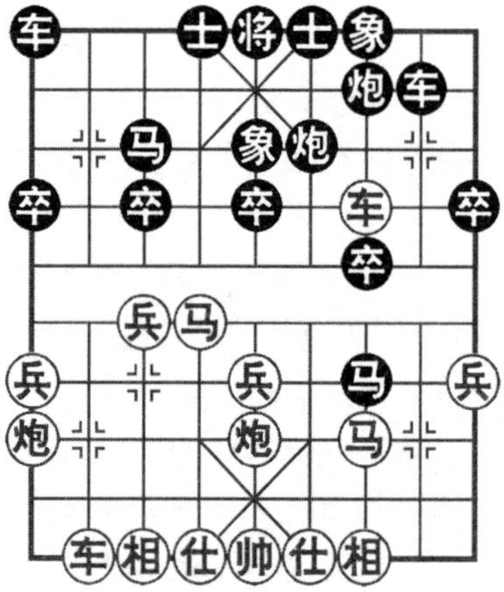

图112

13. 马五进七　炮6平3
14. 车三平七　炮3退1
15. 炮五平六　马7退6
16. 相三进五　卒7进1
17. 相五进三　车1平4
18. 仕六进五　马6进4
19. 车七进二　马4进3
20. 车八进二　炮7平3　　21. 炮九平七

红方稍优。

第二种走法:车八进一

12. 车八进一　…………

红方高车,是新的尝试。

12. …………　士4进5　　13. 马六进五　马7进5
14. 相三进五　马3进5　　15. 车三平五　炮6平7
16. 马三进四　车1平4　　17. 炮九进四　…………

红方炮击边卒,是谋取实惠的走法。

17. …………　车8进4　　18. 炮九退二　卒7进1
19. 马四进三　车8退1　　20. 马三退五　卒7进1
21. 车八平四　前炮平6　　22. 马五退三　车8平7

黑方满意。

第 113 局　黑退右炮对红平车捉马(三)

1. 炮二平五　马 8 进 7　　2. 马二进二　车 9 平 8
3. 车一平二　马 2 进 3　　4. 兵七进一　卒 7 进 1
5. 车二进六　马 7 进 6　　6. 马八进七　象 3 进 5
7. 炮八平九　炮 2 退 1　　8. 车二平四　马 6 进 7
9. 炮五平四　…………

红方卸炮威胁黑士，不让黑方右炮左移。

9. …………　士 4 进 5

黑如改走士 6 进 5，红则车九平八，车 1 进 1，兵九进一，红优。

10. 车九平八　炮 2 平 4　　11. 车八进八　炮 4 进 2
12. 车四退二　…………

红如改走车四退三，黑则炮 8 平 7，马七进八，马 7 退 8，相三进一，马 8 进 7，相一退三，马 7 退 8，相三进一，马 8 进 7，相一退三，马 7 退 8，双方不变作和。

12. …………　炮 8 平 7(图 113)

如图 113 形势，红方有两种走法：仕四进五和马七进八。现分述如下。

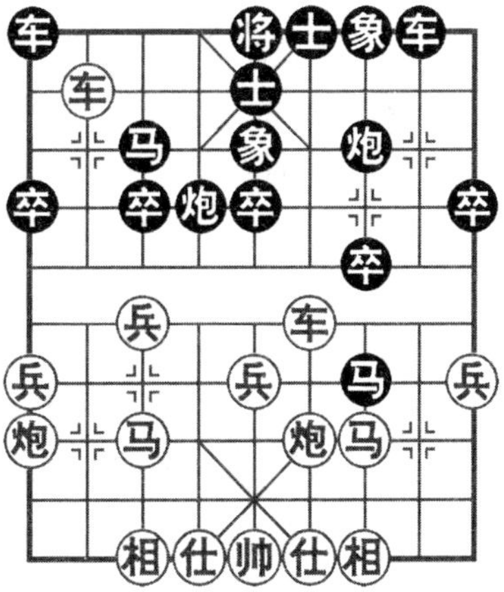

图 113

第一种走法：仕四进五

13. 仕四进五　车 8 进 3
14. 马七进六　卒 5 进 1
15. 相三进五　炮 4 平 5
16. 马六进五　车 8 平 5
17. 炮四进七　…………

红方弃炮轰士，寻隙发起攻击。

17. …………　士 5 退 6
18. 车八平三　炮 7 平 9
19. 帅五平四　炮 9 退 2
20. 车三平一　卒 5 进 1
21. 兵五进一　炮 9 平 8　　22. 车一平二　车 5 进 2
23. 车四退一　卒 7 进 1　　24. 车二进一　车 5 平 6
25. 车四进一　卒 7 平 6　　26. 车二退三

红方优势。

第二种走法:马七进八

13.马七进八　车8进3

黑方高车卒林,含蓄有力。

14.炮四平七　卒5进1　　15.相七进五　卒5进1

黑方弃卒,是先弃后取之着。

16.兵五进一　车8平5　　17.车四退一　车5进2

18.仕四进五　炮4平5　　19.马八进七　车5平3

20.炮七进一　车3退2　　21.炮九平七　车3平4

22.前炮平三　车1平4　　23.炮七平六　前车进4

24.车四平五　前车退4　　25.炮三进四　马3进4

26.车五进二　马4进3

黑方优势。

第114局　黑退右炮对红平车捉马(四)

1.炮二平五　马8进7　　2.马二进三　车9平8

3.车一平二　马2进3　　4.兵七进一　卒7进1

5.车二进六　马7进6　　6.马八进七　象3进5

7.炮八平九　炮2退1

8.车二平四　马6进7

9.炮五平四　士4进5

10.车九平八　炮2平4

11.车四平二　车8进1(图114)

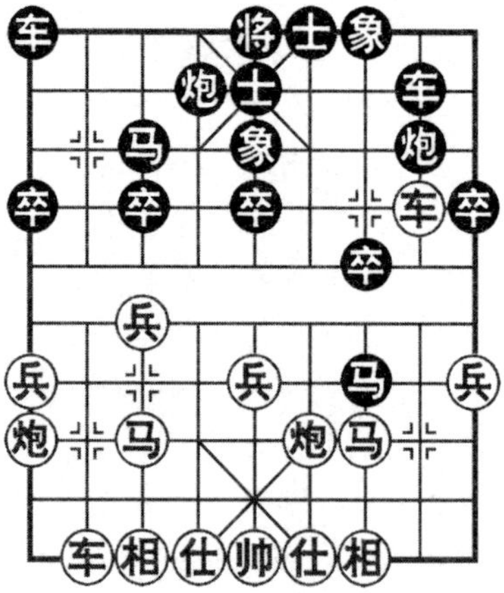

图114

如图114形势,红方有两种走法:仕六进五和车八进八。现分述如下。

第一种走法:仕六进五

12.仕六进五　炮8平7

黑方平炮兑车,简明有力。

13.车二进二　炮4平8

14.马七进六　车1平4

15.马六进七　马7退6

16.炮四平六　卒7进1

黑方乘机渡卒过河,加强攻防力量,并由此确立了优势地位。

17. 相七进五　炮 8 平 7　　18. 相三进一　卒 7 进 1
19. 车八进五　前炮进 5　　20. 车八平四　前炮平 4

黑方优势。

第二种走法:车八进八

12. 车八进八　炮 8 平 9

黑如改走炮 8 平 7,红则车二平三,炮 7 退 1,车八退一,车 1 平 3,炮四进四,炮 4 退 1,车八退六,马 7 退 8,车八平二,卒 7 进 1,炮四平七,车 3 平 2,兵七进一,卒 7 进 1,车三退三,马 8 退 7,车二进七,炮 7 进 5,双方大体均势。

13. 车二平四　炮 4 进 2　　14. 车四退二　车 8 进 2
15. 马七进八　卒 5 进 1　　16. 仕六进五　卒 7 进 1

黑方弃卒是巧手,红如接走车四平三,黑则炮 4 平 7,红方难应。

17. 车四进四　卒 5 进 1　　18. 炮四平七　车 1 平 2
19. 车八进一　马 3 退 2　　20. 车四退三　卒 7 平 6
21. 车四平六　马 2 进 3　　22. 炮七进四　炮 4 平 7

黑方多卒占优。

第 115 局　黑冲卒捉车对红平车捉马

1. 炮二平五　马 8 进 7　　2. 马二进三　车 9 平 8
3. 车一平二　马 2 进 3　　4. 兵七进一　卒 7 进 1
5. 车二进六　马 7 进 6　　6. 马八进七　象 3 进 5
7. 炮八平九　卒 7 进 1

黑方冲卒捉车,试图以先发制人的手段谋求对攻。

8. 车二平四　马 6 进 8　　9. 马三退五　卒 7 进 1
10. 车九平八　炮 2 平 1

黑方平炮躲车,是旧式的应法。如改走车 1 平 2,则形成流行的布局阵势。

11. 马七进六　炮 8 平 9(图 115)

黑如改走炮 8 平 7,红则马六进五,马 8 进 6,炮五平四,士 4 进 5,前马进七,炮 7 平 3,车四平七,炮 3 平 4,车七平九,象 5 退 3,车八进八,炮 4 平 5,车九进一(如相三进五,则马 6 退 5,马五进七,卒 7 平 6,炮四退一,卒 6 进 1,炮四平八,马 5 进 4,车八平六,炮 1 平 4,车九平二,马 4 进 3,帅五进一,车 8 进 3,炮九进七,士 5 退 4,车六进一,将 5 进 1,帅五平六,车 8 平 4,帅六平五,相七进五,马 3 退 5,黑呈胜势),车 1 进 2,炮九进五,对攻中,红方多子多兵占优。

如图 115 形势，红方有四种走法：马六进五、炮五平二、马六进七和炮五进四。现分述如下。

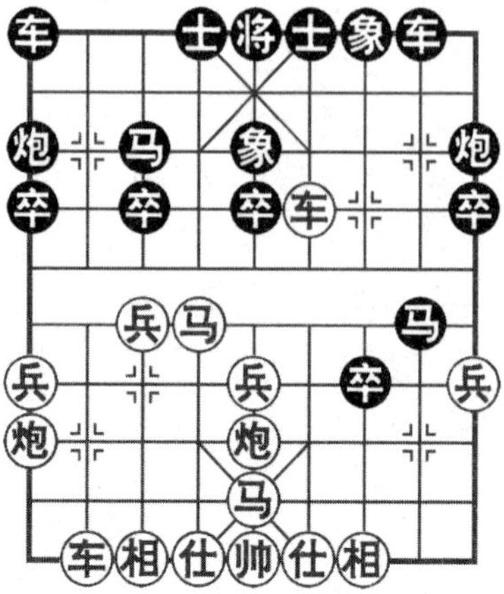

图 115

第一种走法：马六进五

12. 马六进五　车 1 平 2

黑方出右车邀兑，时机恰到好处，可以减轻红方对黑方右翼的压力。

13. 车八进九　马 3 退 2

14. 前马退六　…………

红如改走炮五平二，黑则马 8 进 6，马五进四，车 8 进 4，炮二平四，马 2 进 4，马五退六，卒 7 平 6，炮四平六，马 4 进 2，黑方略优。

14. …………　炮 9 进 4　　15. 马五进七　炮 9 进 3

16. 马七进八　…………

红方进马，是攻守兼备之着。如改走车四进二，则马 8 进 7，炮五平六，车 8 进 9，相七进五，马 7 进 6，车四退七，车 8 平 7，帅五进一，卒 7 进 1，炮九退二，卒 7 进 1，车四退一，炮 9 平 6，相五退三，炮 6 平 1，黑优。

16. …………　马 8 进 7

黑如改走炮 1 进 4，红则炮五平八，马 2 进 3，马八进七，炮 9 平 8，兵七进一，红优。

17. 炮九平三　卒 7 进 1　　18. 炮五平八　马 2 进 4

19. 马八进七　马 4 进 3　　20. 马六进七

红方优势。

第二种走法：炮五平二

12. 炮五平二　马 8 进 6　　13. 炮二平四　士 4 进 5

14. 马六进四　…………

红方进马，以保持变化。如改走马五进四，则卒 7 平 6，车四退三，车 1 平 4，马六进七，炮 1 进 4，车八进三，车 4 进 3，马七进九，炮 1 退 4，炮九进五，车 4 退 3，炮四平九，车 4 平 2，兵五进一，车 8 进 4，后炮平八，车 2 平 1，炮九平八，炮 9 平 6，仕六进五，卒 1 进 1，黑不难走。

14. …………　马 6 退 7　　15. 马四进六　车 1 进 1

16. 车八进七　马 3 退 4　　17. 车八退二　车 1 平 4

18. 炮九进四　卒 3 进 1　　19. 车八进一　车 8 进 7

双方对攻，各有顾忌。

第三种走法：马六进七

12. 马六进七　…………

红方进马踩卒，谋取实惠。

12. …………　士 4 进 5　　13. 马五进七　炮 9 平 7

黑方平炮胁相，是取势要着。

14. 相三进一　马 8 进 9　　15. 炮五平二　炮 7 平 6

16. 车四平三　车 8 进 6　　17. 车八进一　炮 1 退 1

18. 炮二平六　卒 7 平 6　　19. 炮六进一　炮 1 平 3

20. 马七退六　炮 3 进 4

黑方略优。

第四种走法：炮五进四

12. 炮五进四　…………

红方炮轰中卒，是打通卒林的好棋。

12. …………　士 4 进 5

黑如改走马 3 进 5，红则炮九进四，车 1 平 3，炮九平五，红优。

13. 炮五退一　车 1 平 4　　14. 马六进七　炮 1 进 4

15. 车八进三　炮 1 退 1　　16. 炮九平四　车 4 进 8

17. 车八平六　…………

红方兑车，是稳健的走法。如改走炮四进七，则车 8 进 4，炮四退一，炮 9 进 4，双方对攻，各有顾忌。

17. …………　车 4 退 2　　18. 马五进六　车 8 进 4

19. 车四进二　车 8 平 6　　20. 马七进五　…………

红方先弃后取，多赚一象。

20. …………　车 6 退 3　　21. 马五退三　炮 9 平 5

22. 马三进四　马 8 进 6　　23. 仕六进五　马 6 退 5

24. 马六进五　马 3 进 4

双方对攻，各有顾忌。

第 116 局　黑冲卒捉车对红退车捉马(一)

1. 炮二平五　马 8 进 7　　2. 马二进三　车 9 平 8

3. 车一平二　马 2 进 3　　4. 兵七进一　卒 7 进 1

5. 车二进六　马7进6　　6. 马八进七　象3进5

7. 炮八平九　卒7进1

8. 车二退一　…………

红方退车捉马，保留二路车对黑方车炮的牵制，是改进后的走法。

8. …………　卒7进1(图116)

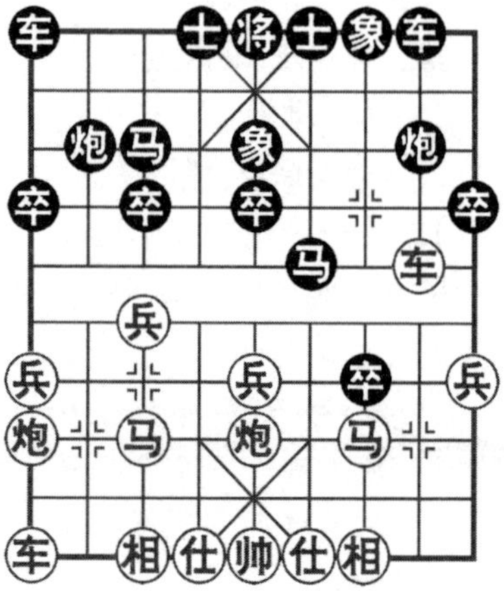

图 116

如图116形势，红方有两种走法：马三退五和车二平四。现分述如下。

第一种走法：马三退五

9. 马三退五　马6退7

10. 车二进一　炮8平9

黑如改走炮2进2，红则马七进六(如车二平三，则炮2平7，车三进一，炮8进7，黑方弃子有攻势)，炮2平7，车九平八，炮8平9，车二进三(如车二平三，则炮9进4，马六进四，车8进8，马四退三，车8平7，黑优)，马7退8，马六进五，马3进5，炮五进四，士4进5，相七进五，红方易走。

11. 车二平三　车8进2　　12. 车九平八　车1平2

13. 马七进六　炮2退1　　14. 车三退三　炮9退1

15. 车八进七　炮9平7　　16. 车三平四　炮7进8

17. 马五退三　炮2平7　　18. 车八平七　炮7进8

19. 仕四进五　士4进5　　20. 马六进五　炮7平9

21. 马五进三　车8进7

黑如改走车8平7，红则帅五平四，红方多子占优。

22. 车四退三　车2进4　　23. 炮九进四

红方多子占优。

第二种走法：车二平四

9. 车二平四　卒7进1　　10. 车四平二　…………

红方平车拴链黑方车炮，着法稳健。如改走马七进六，则炮8平7，相三进一，车8进5，黑方左翼车炮活跃。

10. …………　卒7平6　　11. 车九平八　车1平2

12. 炮五平六　车8进1　　13. 仕六进五　卒6平7

14. 相七进五　卒7进1　　15. 车八进六　…………

红如改走炮九进四，黑则车8平1，车八进六，炮8平7，马七进六，炮2退1，车八平七，炮2平7，相三进一，马3进1，车二平九，车2进9，炮六退二，车1平4，马六进四，前炮平8，黑方多子占优。

15.…………　炮2平1　　16.车八进三　马3退2

17.炮六进五

红方先手。

第117局　黑冲卒捉车对红退车捉马(二)

1.炮二平五　马8进7　　2.马二进三　车9平8

3.车一平二　马2进3　　4.兵七进一　卒7进1

5.车二进六　马7进6　　6.马八进七　象3进5

7.炮八平九　卒7进1　　8.车二退一　马6退7

9.车二平八　卒7进1

黑方进卒，准备弃子抢先。如改走车1平2，则兵三进一，红优。

10.车八进二(图117)　…………

如图117形势，黑方有两种走法：卒7进1和马7进6。现分述如下。

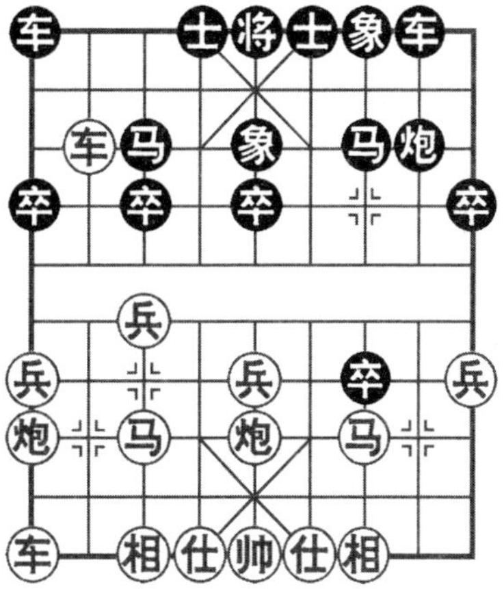

图117

第一种走法：卒7进1

10.…………　卒7进1

11.车八平七　卒7平6

12.车九进一　…………

红方另有两种走法：

①车七退一，卒6平5，炮九平五，士4进5，炮五进四，马7进5，车七平五，炮8进7，相七进五，车8进7，仕六进五，车8平5，车五平二，炮8平9，车二退六，车5平3，双方大体均势。

②炮五平六，马7进6，车七退一，炮8进7，黑方弃子有攻势。

12.…………　卒6平5　　13.炮九平五　士4进5

14.车九平三　马7进8　　15.车七退一　马8进6

16.炮五进四　马6退5　　17.车七平五

红方优势。

第二种走法：马7进6

10.………… 马7进6

黑方跃马河口，意在反击。

11.马三退一 …………

红如改走马三退五，黑则炮8平7，黑有攻势。

11.………… 炮8平7　12.车九进一 士4进5

13.车九平六 车8进5　14.炮五平四 …………

红方卸炮调整阵形，以确保多子优势。

14.………… 车8平3　15.相三进五 车3平8

16.车六进四 车8平6

黑方平车，准备先弃后取。

17.炮四进三 卒3进1　18.车六退一 车6退1

19.仕六进五 卒9进1　20.车八退一 车6平7

21.兵九进一

红方多子占优。

第118局 黑冲卒捉车对红退车捉马(三)

1.炮二平五 马8进7　2.马二进三 车9平8

3.车一平二 马2进3　4.兵七进一 卒7进1

5.车二进六 马7进6　6.马八进七 象3进5

7.炮八平九 卒7进1　8.车二退一 马6退7

9.车二进一 卒7进1

10.车九平八(图118) …………

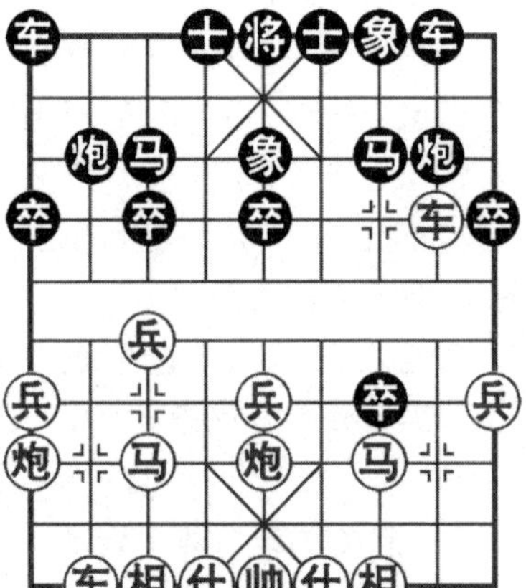

图118

红方出车捉炮，是抢先之着。如改走马三退五，则炮2进2(如炮8平9，则车二平三，车8进2，车九平八，车1平2，马七进六，炮2进1，车三退三，车8进3，马五进七，马7进8，车三平四，士4进5，车八进四，炮9平6，炮五平四，红优)，车九平八，炮2平7，马七进六，士4进5，相三进一，炮8平9，车二进三，马7退8，马六进五，马3进5，炮五进四，马8进7，炮五退一，炮9进4，马五进七，马7进6，炮五平三，象 5 进 7，车八进五，炮 9 退 2，车八进一，车 1 平 3，炮九进四，象 7 退 5，黑方有卒过河，易走。

如图 118 形势，黑方有两种走法：卒 7 进 1 和车 1 进 2。现分述如下。

第一种走法：卒 7 进 1

10. ………… 卒 7 进 1　11. 车八进七 马 7 进 6
12. 车二退一 马 3 退 5　13. 炮五进四 …………

红方炮击中卒，是简明有力之着。

13. ………… 炮 8 平 2　14. 车二进四 马 6 退 7
15. 车二退三 马 7 进 5　16. 车二平五 车 1 平 3
17. 马七进六 炮 2 进 1　18. 车五平七 车 3 进 3
19. 马六进七 马 5 进 3　20. 相三进五 炮 2 退 2
21. 兵五进一 炮 2 平 9　22. 炮九平三

红方稍优。

第二种走法：车 1 进 2

10. ………… 车 1 进 2　11. 车二平三 炮 8 退 1
12. 车三进一 炮 8 平 2　13. 车八平九 卒 7 进 1
14. 马七进六 卒 7 进 1　15. 车三退六 车 8 进 5
16. 马六进四 车 8 退 1

黑如改走车 8 平 3，红则马四进二，士 4 进 5，兵九进一，红方易走。

17. 马四进三 车 8 平 4　18. 车九进一 后炮平 4
19. 车九平八 卒 3 进 1　20. 兵七进一 车 4 平 3
21. 车三平四 士 4 进 5　22. 车四平七 车 3 进 4
23. 车八平七 炮 2 退 2　24. 马三退五 车 3 进 5
25. 炮五进四

红方优势。

小结：黑方第 7 回合冲卒捉车，旨在对攻，是早期的应法，红方第 8 回合退车捉马，保留二路车对黑方车炮的牵制，是一种新的改进，演变结果是红方占优。

第二章　中炮过河车对屏风马左马盘河飞左象

屏风马左马盘河飞左象应对中炮过河车，是 20 世纪 50 年代曾风行一时的老式应法。飞左象的变化不如飞右象复杂，其主要意图是另辟蹊径，寻求新的对抗方案。自 20 世纪 80 年代以来，大量实战和研究结果表明，飞左象与飞右象相比，飞左象虽可巩固右翼，但右车未能及时出动，布局上容易吃亏，故棋手们现在很少采用飞左象的走法。红方针对屏风马左马盘河飞左象，主要有进中兵、左横车、退车河口、炮打中卒和平车捉马五种攻法。本章列举了 10 局典型局例，分别介绍这一布局中双方的攻防变化。

第一节　红冲中兵变例

第 119 局　红平车捉马对黑马踩兵(一)

1. 炮二平五　马 8 进 7　　2. 马二进三　车 9 平 8
3. 车一平二　马 2 进 3　　4. 兵七进一　卒 7 进 1
5. 车二进六　马 7 进 6　　6. 马八进七　象 7 进 5
7. 兵五进一　…………

至此，形成中炮过河车对屏风马左马盘河黑飞左象的变例。黑方飞左象，是 20 世纪 60 年代兴起的走法。红冲中兵直攻中路，是积极进取的走法。

7. …………　卒 7 进 1
8. 车二平四　马 6 进 7

黑方用马踩兵，保持复杂变化，是常用的战术手段。

9. 马三进五　炮 8 进 5

黑方进炮牵制红马活动，是稳健的走法。

10. 兵五进一　士 4 进 5(图 119)

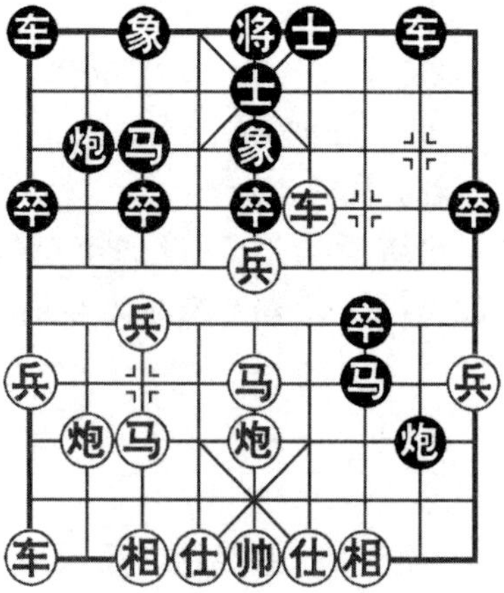

图 119

黑方补士，加强防守。

如图 119 形势，红方有两种走法：兵五进一和车四退四。现分述如下。

第一种走法：兵五进一

11. 兵五进一　炮 2 进 1

黑如改走炮 8 平 3，红则兵五进一，炮 2 平 5，炮五进五，象 3 进 5，马五退七，马 7 退 5，车四平七，车 1 平 2，炮八平九，马 3 退 4，仕六进五，车 8 进 6，炮九进四，卒 9 进 1，马七进六，车 8 平 9，马六进五，卒 7 进 1，车九进二，卒 7 平 6，炮九退二，马 5 进 3，车九平七，马 3 退 1，兵九进一，红优。

12. 兵七进一　…………

红方冲兵，攻击黑方防御薄弱的环节。

12. …………　炮 8 平 3

正着。如改走象 5 进 3（如卒 3 进 1，则兵五进一），则兵五平六，红优。

13. 兵七进一　…………

红方不先回马吃炮，而是进七兵，正着。否则黑方炮 2 平 5 后再卒 3 进 1，黑方反占先手。

13. …………　马 7 退 5

黑方中路献马，是缓解红方中路攻势的巧妙之着！如改走车 8 进 6（如炮 2 平 5，则兵七进一，炮 5 进 4，相七进五，红优），红则炮八进一，马 7 进 5，炮八平二，马 5 进 3，帅五进一，炮 2 进 5（如前马进 1，则炮二进六，象 5 退 7，兵七平八，红方弃子后有攻势），马五退六，车 1 平 2，兵五进一，卒 7 平 8，炮二平七，炮 2 退 5，兵五进一，士 6 进 5，炮七平五，象 3 进 5，兵七进一，马 3 进 1，帅五平四，将 5 平 4，车四平六，将 4 平 5，车六平一，红优。

14. 炮五进二　炮 2 平 5　　15. 兵七进一　炮 5 进 3

16. 车四退三　炮 3 退 3　　17. 车四平五　…………

红方以车吃炮，准备一车换双，是正确的选择。如误走炮五进一，则炮 5 退 1，黑方大占优势。

17. …………　炮 3 平 5　　18. 车五退二　炮 5 进 4

19. 仕六进五　卒 7 平 6　　20. 炮五退二　车 8 进 3

21. 车九平八　车 8 平 2　　22. 炮五平二　卒 6 平 5

23. 炮八进三　车 2 平 8　　24. 炮二平三　…………

红方平炮，是保持变化的走法。如改走炮八进四，则车 1 平 2，车八进九，车 8 进 4，立成和棋。

24. …………　车 8 平 7　　25. 炮三平二　车 1 平 2

26.炮八进二　象5退7　　27.兵七进一　象3进5

28.炮八进一　车7进6

黑方进车掠相,也是不甘示弱的走法。

29.炮二平八　车2平1　　30.后炮平九　车1平2

双方各有顾忌。

第二种走法:车四退四

11.车四退四　…………

红方退车兑炮,着法含蓄有力。

11.…………　马7进8

黑方进马捉车,是保持变化的走法。如改走炮8平5,则炮八平五,马7进5,相七进五,卒5进1,车九平八,炮2平1,车八进七,红方大占优势。

12.车四平三　…………

红方平车捉卒,正着。如改走车四退一,则炮8平3,马五退七,车8进6,黑不难走。

12.…………　卒7进1　　13.车三退一　炮8平3

14.车九进一　…………

红方不退马吃炮,而是走九路横车捉马,"死子不急吃",弈来甚有大局感。

14.…………　卒7平6　　15.马五退七　马8退7

16.车九平六　车8平7

黑应改走卒5进1,红如车六进二,黑则卒6平5,车六平五(如马七进五,黑则马7进5后再车8进6),马7进5,炮八平五,车8进3,车五进二,局面虽仍为红方易走,但黑方尚能支撑。

17.兵五平六　…………

红方平兵保存实力,是控制局面、扩大主动权的好棋。如改走车六进二,则卒6平5,马七进五(如车六平五,则马7进5,红方失子),马7进5,车三进八,马5进3,车六退二,象5退7,车六平七,卒5进1,黑方局面略有好转。

17.…………　卒6进1　　18.车六进二　…………

红方高车保马,是简明的走法。

18.…………　马7进5　　19.车三进八　象5退7

20.相三进五　象3进5　　21.马七进五　卒6平5

黑如改走卒6进1,红则炮八平七,车1平4,兵六进一,红优。

22.相七进五

红方有兵过河且子力灵活,黑方子力呆滞,红方明显占优。

第120局 红平车捉马对黑马踩兵(二)

1.炮二平五 马8进7 2.马二进三 车9平8
3.车一平二 马2进3 4.兵七进一 卒7进1
5.车二进六 马7进6 6.马八进七 象7进5
7.兵五进一 卒7进1 8.车二平四 马6进7
9.马三进五 炮8进5 10.兵五进一 炮2进1(图120)

黑方炮升卒林,是为了加强中路防御力量。

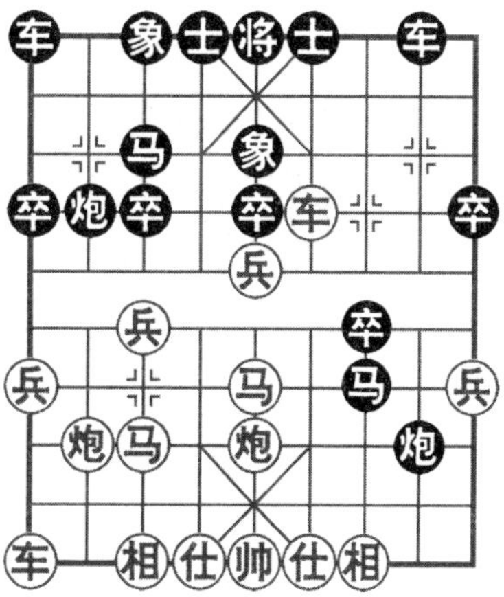

图120

如图120形势,红方有三种走法:马五进六、车四退三和车四退四。现分述如下。

第一种走法:马五进六

11.马五进六 卒3进1
12.炮五进四 士4进5
13.炮五进二 马3退5

黑如改走马3进4,红则兵五平六,炮8平2,车四平八,士6进5,车八退四,卒3进1,马七进五,红方易走。

14.车四平八 炮8平2
15.车八退四 车8进4
16.兵七进一 车8平5 17.仕六进五 马7退5

黑如改走象5进3,红则马七进八,车1平2,马八进七,红方先手。

18.马六退五 象5进3 19.马五进三 车6平7
20.相七进五 后马进6 21.马七进五

红方多仕稍好。

第二种走法:车四退三

11.车四退三 炮8平3 12.马五退七 车8进6
13.车九进一 卒5进1 14.炮八进二 车1进1
15.车九平六 卒7平6

黑方弃兵,摆脱牵制。

16.炮八平四 马7进8

黑方进马,先弃后取,仍是为了摆脱红方的牵制。

17. 车四平二　马 8 退 6　　18. 车六平四　马 6 退 8
19. 马七进五　车 1 平 6　　20. 炮五进三　士 6 进 5
21. 炮四平二

双方大体均势。

第三种走法:车四退四

11. 车四退四　马 7 进 8

黑如改走炮 8 平 5,红则炮八平五,马 7 进 5,相七进五,卒 5 进 1,马五进六,红方易走。

12. 车四平三　卒 7 进 1　　13. 车三退一　…………

红方几步运车走得非常老练,已取得明显优势。

13. …………　炮 8 平 3　　14. 车九进一　…………

红方高车捉马,紧凑。

14. …………　炮 3 退 1　　15. 车三平二　车 8 进 8
16. 车九平二　卒 7 平 6　　17. 马五进六　炮 3 平 5
18. 仕四进五　卒 3 进 1　　19. 马六进七　炮 2 平 3
20. 车二平四

红方多子占优。

第 121 局　红平车捉马对黑马踩兵(三)

1. 炮二平五　马 8 进 7　　2. 马二进三　车 9 平 8
3. 车一平二　马 2 进 3　　4. 兵七进一　卒 7 进 1
5. 车二进六　马 7 进 6
6. 马八进七　象 7 进 5
7. 兵五进一　卒 7 进 1
8. 车二平四　马 6 进 7
9. 马三进五　炮 8 进 7(图 121)

黑方进底炮,是对攻性较强的走法。

如图 121 形势,红方有三种走法:兵五进一、马五进三和车九进一。现分述如下。

第一种走法:兵五进一

10. 兵五进一　…………

红方冲兵直攻中路,嫌急。

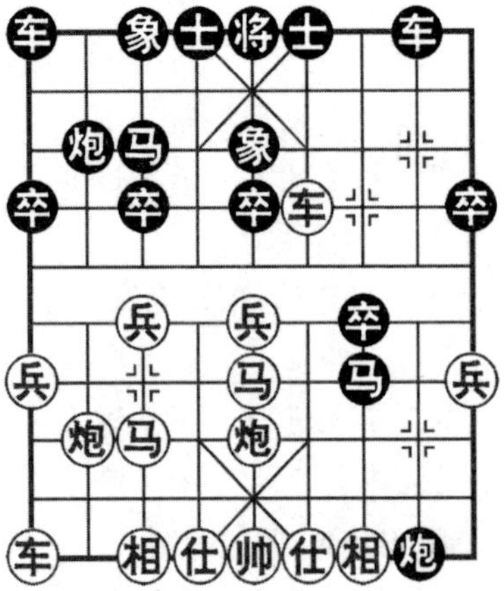

图 121

10. …………　炮8平9　11. 兵五进一　车8进9

12. 炮八退一　…………

红如改走马五退三，黑则车8平7，兵五进一，马3进5，车四平五，车7退2，仕四进五，车7进2，仕五退四，车7退1，再马7进8，黑方胜势。

12. …………　炮9平7

黑方平炮打相，正着。如改走车8平7，则帅五进一，黑无后续手段。

13. 帅五进一　炮2进1

黑方升炮拴链红兵，是含蓄有力的走法。

14. 兵五平六　士4进5　15. 炮五平三　马7退5

16. 车四退一　炮2平4　17. 相七进五　车1平2

18. 车九平八　卒7进1　19. 炮三退一　马5退7

黑方优势。

第二种走法：马五进三

10. 马五进三　…………

红方进马吃卒，是稳健的走法。

10. …………　车8进5

黑方进车骑河，着法有力。

11. 马七进五　车1进1

黑如改走炮2进3，红则车九进一，马7进5，相七进五，炮2平5，车四退二，炮5平7，车四平三，车8退1，双方大体均势。

12. 炮八进一　马7进5　13. 相七进五　炮2进3

14. 兵五进一　车1平4　15. 兵五平六　炮2平7

16. 相五进三　炮8平9　17. 车九平八　车8进4

18. 相三退五　车8退2　19. 车八进二　车4平7

20. 炮八进三　…………

红方应改走车八平七“生根”为宜。

20. …………　车7进5　21. 马五进四　车7进3

22. 相五退三　车8平2　23. 炮八平五　马3进5

24. 车四平五　车2平6　25. 兵六平五　车6进2

26. 帅五进一

黑可抗衡。

第三种走法：车九进一

10. 车九进一　…………

红方高横车，可以掩护右翼底线，是稳健有力的走法。

10.………… 炮8平9　11.车九平三　车8进9

12.兵五进一 …………

红方亦可改走马五进三，黑如接走炮9平7，红则帅五进一，马7进5，车三平四，士4进5，相七进五，炮2退1，炮八退一，车1进2，车四平二，车1平2，炮八平六，红方子力灵活，占先。

12.………… 炮2进1

黑如改走炮9平7，红则帅五进一，车1进1，兵五进一，车1平8，帅五平六，炮2进1，兵七进一，炮2平5，炮五进四，马3进5，车四平五，卒3进1，车五平六，士6进5，仕六进五，车8进7，车三平二，车8退1，车六退二，炮7退1，帅六退一，车8退5，马五进四，红方多子易走。

13.兵五进一　马7进5　14.炮八平五　士4进5

15.马七退五　车8退3　16.前马进六　炮2平5

17.车三进三

红方易走。

第122局　红平车捉马对黑马踩兵(四)

1.炮二平五　马8进7　2.马二进三　车9平8

3.车一平二　马2进3　4.兵七进一　卒7进1

5.车二进六　马7进6　6.马八进七　象7进5

7.兵五进一　卒7进1　8.车二平四　马6进7

9.马三进五(图122) …………

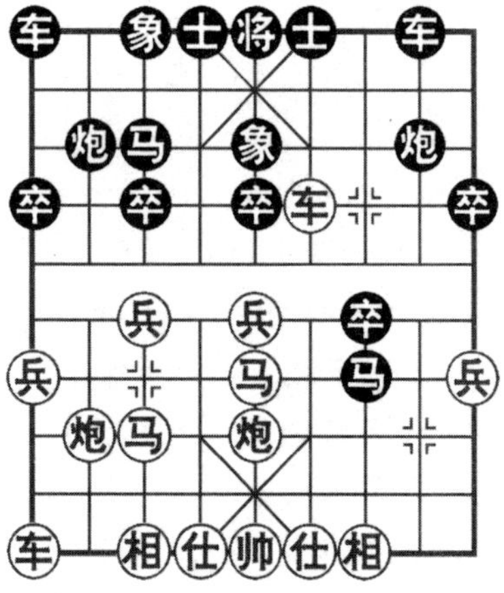

图122

如图122形势，黑方有三种走法：炮2进1、炮2退1和车8平7。现分述如下。

第一种走法：炮2进1

9.………… 炮2进1

黑方升炮掩护卒线，加强防守。

10.马五进三　炮8平7

11.车四退三　马7进8

12.兵五进一 …………

红方冲兵弃相，力争主动。如改走马三进四，则车1进1，红无后续手段。

12. …………　炮7进7　　13. 仕四进五　车1进1
14. 马七进五　车1平7　　15. 炮八进二　炮2退2
16. 炮五平三　车7平8　　17. 炮三平二　前车进6

黑如改走前车平7,红则车四退二,红优。

18. 马三退二　车8进7　　19. 车九进二　车8退3
20. 车九平三

红方易走。

第二种走法:炮2退1

9. …………　炮2退1

黑方退炮,准备左移助攻。

10. 兵五进一　卒5进1　　11. 马五进三　卒5进1
12. 车四退三　炮2平7　　13. 炮五平二　…………

红方如改走炮八进二,黑方有炮8进4的手段。

13. …………　炮8平7　　14. 马三进四　车1进1
15. 炮二平三　前炮进5　　16. 车四平三　…………

红如改走炮八平三,黑则马7退8,马四进三,车1平7,炮三平五,车7进8,车九平八,车7退3,车八进三,车8平7,仕六进五,士6进5,黑方易走。

16. …………　前炮平2　　17. 车三进五　士4进5
18. 车九平八　炮2退6　　19. 车三退四

红方稍优。

第三种走法:车8平7

9. …………　车8平7　　10. 兵五进一　卒5进1
11. 炮五进三　士4进5　　12. 相七进五　…………

红如改走马五进四,黑则炮2进1,车四平七,卒7平6,车七平八,马7退6,车九进一,马6进8,车八平二,马8退7,炮五进三,士6进5,车二进一,车1平2,炮八进二,马3进4,车九平八,双方基本均势。

12. …………　卒7平6　　13. 车四退二　车7进4
14. 车四平三　车7平5　　15. 车三退一　卒3进1
16. 仕六进五　马3进2　　17. 马五进三　车5平7
18. 炮八进五　炮8平2　　19. 兵七进一　车7平3
20. 马七进六　车3平4　　21. 马六进八　车4平2

双方平稳。

第123局 红平车捉马对黑马踩兵(五)

1.炮二平五 马8平7 2.马二进三 车9平8
3.车一平二 马2进3 4.兵七进一 卒7进1
5.车二进六 马7进6 6.马八进七 象7进5
7.兵五进一 卒7进1 8.车二平四 马6进7
9.兵五进一 卒5进1 10.马三进五(图123) …………

如图123形势,黑方有两种走法:卒5进1和车8平7。现分述如下。

第一种走法:卒5进1

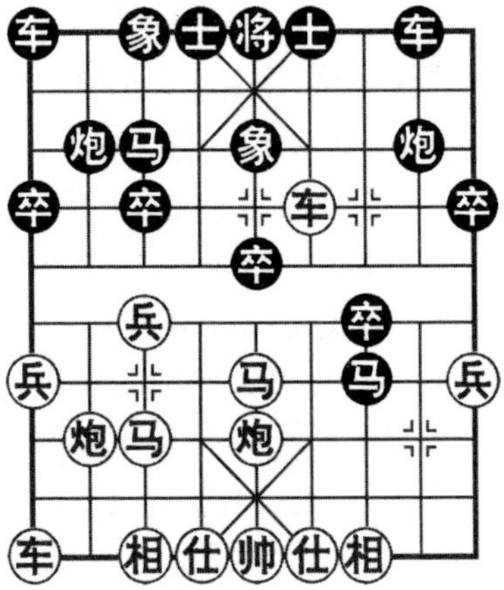

图123

10.………… 卒5进1
11.马五进三 车8平7

黑方另有两种走法:

①士6进5,车九进一,车8平7,炮五平三,炮8平7,车九平二,炮2进2,马三进二,炮2平5,仕四进五,车1平2,车二进二,车2进6,马二进一,炮7进5,炮八平三,车7平6,车四进三,士5退6,马一退二,士4进5,炮三平六,车2平3,相七进五,卒5平6,马七退八,车3平6,马八进九,卒6平7,马九退七,炮5平4,马二退三,车6平3,马三进四,炮4退3,马四退六,车3进2,炮六进六,马7退5,马六进七,红方多子大占优势。

②炮8平7,车四退三,车8进5(如士4进5,则炮八进二,车8进5,炮五平三,红优),炮五平三,马3进5,马三进四,马7退8,炮三平五,马5进6,马四进三,将5进1,炮八进二,马8退6,车九进一,炮2退1,车九平三,前马退8,马三退五,象3进5,车三进四,红方弃子占势,易走。

12.炮五平三 炮2退1

黑方退炮,较具反击力。如改走车7进4,则车四退三,炮8平7,相三进一,卒5平6,车四进一,炮2进2,仕四进五,炮7进3,相一进三,车7平8,兵七进一,卒3进1,车四退一,卒3进1,车四平三,车8进5,炮三退二,卒3进1,马七进五,炮2进2,马五退四,炮2平7,炮八平五,士6进5,马四退二,红方多子占优。

13.车四退三 炮8平7 14.仕六进五 …………

红如改走炮八进一,黑则炮2平5,仕四进五,马3进5,炮八平三,卒5平

6，车四平八，炮7进4，车八平三，车1进2，相七进五，卒6平7，炮三进二，卒3进1，马七进一，车1平4，兵七进一，马5进3，马五进七，马3进5，车三平五，马5退6，车五平三，车4进3，马七进八，马6进7，车三进一，车7进5，相五进三，车4平7，黑优。

14.………… 炮2平5　15.马三进四 炮7进5

16.炮八平三 马7退8　17.马四进六 …………

红如改走炮三平五，黑则马8退6，车四进三，车7进9，黑优。

17.………… 炮5平4　18.炮三平六 士6进5

19.炮六进六 士5进4　20.车九平八 车7进9

21.车八进七 …………

红如改走车四进二，黑则马8进7，车四平五，车1平1，黑优。

21.………… 车1进1　22.车八平七 车1平4

23.车七退一 士4退5

黑方多象并有卒过河，易走。

第二种走法：车8平7

10.………… 车8平7

黑方平车保7路卒，是另一种应法。

11.炮五进三 士4进5　12.相七进五 …………

红方补相，嫌缓。应改走炮八进四，黑如接走车1进1，红则车四平三，将5平4，车九进一，车1平4，炮五平六，将4平5，车九平六，车7进3，炮八平三，车4进2，炮三进一，红方先手。

12.………… 卒7平6　13.车四退二 车7进4

黑方先弃卒，再高车河口捉炮，是抢先的走法。

14.车四平三 车7平5　15.车三退一 卒3进1

黑方冲3卒嫌软，应以改走马3进5为宜。

16.炮八退一 …………

红方退炮，是灵活的走法。

16.………… 卒3进1　17.马五进七 车5退1

18.炮八平五 车5平6　19.车三平二 马3进2

20.后马进五 车1进1　21.马五进六

红方优势。

第124局　红平车捉马对黑马踩兵(六)

1.炮二平五 马8进7　2.马二进三 车9平8

3. 车一平二　马 2 进 3　　4. 兵七进一　卒 7 进 1

5. 车二进六　马 7 进 6　　6. 马八进七　象 7 进 5

7. 兵五进一　卒 7 进 1　　8. 车二平四　马 6 进 7

9. 兵五进一　士 4 进 5(图 124)

黑方补士,固防。

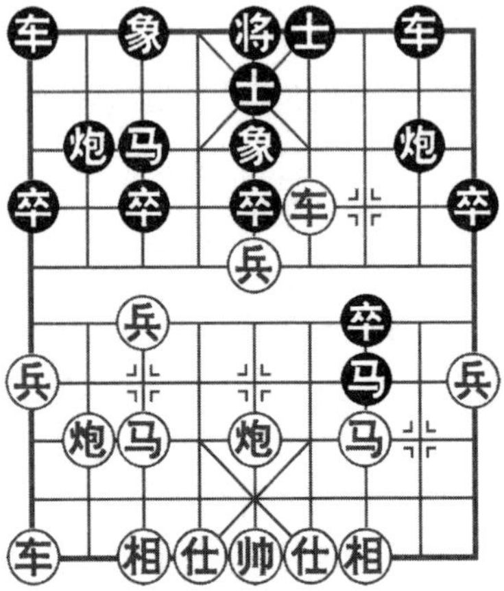

图 124

如图 124 形势,红方有两种走法:车九进一和兵五进一。现分述如下。

第一种走法:车九进一

10. 车九进一　…………

红方高横车,准备策应右翼。

10. …………　卒 5 进 1

11. 马三进五　卒 5 进 1

12. 马五进三　车 8 平 7

13. 炮五平三　卒 3 进 1

黑如改走炮 2 进 1,红则车四平七,车 7 进 4,车九平二(如车七平八,则卒 5 平 6,黑方捉回一子,局势平淡),炮 8 平 7,车二进二,炮 7 进 3,车二平三,炮 7 平 3,车三进二,炮 3 进 4,仕六进五,炮 3 退 6,炮三平二,红优。

14. 兵七进一　象 5 进 3　　15. 车四平七　车 7 进 4

16. 车七进一　象 3 进 5　　17. 车七退一　卒 5 平 6

黑可找回一子,形成大体均势的局面。

第二种走法:兵五进一

10. 兵五进一　马 7 退 5　　11. 车四退一　卒 7 进 1

黑如改走炮 8 平 7,红则马七进五,红方先手。

12. 马三进五　马 5 退 7　　13. 兵五进一　象 3 进 5

14. 马五进六　马 7 进 6

黑方进马奔槽,是争取对攻的走法。

15. 车九进一　炮 8 平 7　　16. 相三进一　车 1 平 4

17. 马七进五　卒 3 进 1　　18. 兵七进一　…………

红如改走炮八平六,黑则马 3 进 4,炮六进七,马 4 进 5,车四进一,将 5 平 4,黑方多子占优。

18. …………　马 3 进 4　　19. 马五进六　…………

红如改走兵七平六，黑则车 4 进 2，车四退一，车 8 进 3，车九平七，车 4 平 3，车七平六，象 5 进 7，兵六进一，炮 7 平 5，黑优。

19. ………… 车 4 进 2　　20. 炮五进一

红方优势。

第 125 局　红平车捉马对黑冲卒兑马

1. 炮二平五　马 8 进 7　　2. 马二进三　车 9 平 8
3. 车一平二　马 2 进 3　　4. 兵七进一　卒 7 进 1
5. 车二进六　马 7 进 6　　6. 马八进七　象 7 进 5
7. 兵五进一　卒 7 进 1　　8. 车二平四　卒 7 进 1
9. 车四退一　卒 7 进 1　　10. 兵五进一　炮 8 平 7

黑如改走士 4 进 5，红则兵五进一，炮 8 平 7，相三进一，卒 7 平 6，车四退三，马 3 进 5，炮八进四，马 5 进 7，车四进三，马 7 进 8，车九进一，红方主动。

11. 相三进一(图 125) …………

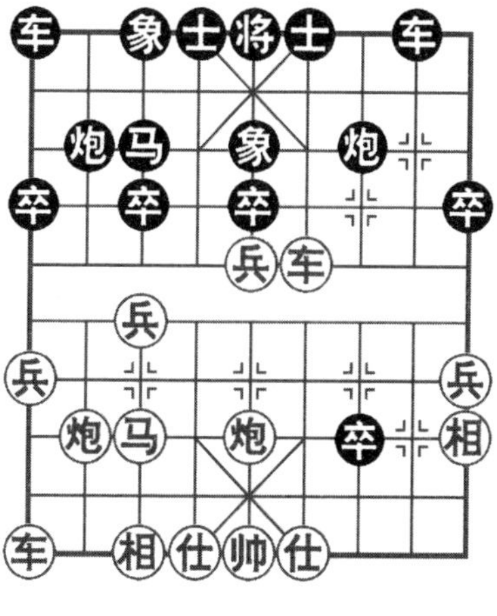

图 125

如图 125 形势，黑方有三种走法：车 8 进 6、卒 5 进 1 和士 4 进 5。现分述如下。

第一种走法：车 8 进 6

11. ………… 车 8 进 6

黑方进车兵线，实战效果欠佳。

12. 马七进六　卒 7 平 8
13. 车九进一　炮 7 进 5
14. 炮八平三 …………

红方兑炮，是简明的走法。

14. ………… 卒 8 平 7
15. 兵五进一　士 4 进 5
16. 车九平四　车 1 平 2　　17. 兵五平六　车 8 平 5
18. 马六退七　车 5 退 1　　19. 后车进三　车 5 平 6
20. 车四退一　炮 2 平 1　　21. 兵六平七　马 3 退 1
22. 马七进五　炮 1 进 4　　23. 马五进四　炮 1 平 5
24. 仕四进五　车 2 进 4　　25. 帅五平四

红方大占优势。

第二种走法：卒 5 进 1

11. ………… 卒 5 进 1　　12. 车四平五　士 4 进 5

黑如改走士6进5，红则马七进五，炮2平1，炮八平三，车1平2，车九进一，红方占优。

13. 马七进五　卒7进1　　14. 车九进一　车8进8

15. 炮八退一　车8退2

黑如改走卒7进1，红则仕四进五，红方易走。

16. 炮八进二　车8进2　　17. 车五平四　…………

红方平肋车占据要道，并防止黑方卒7平6偷袭。

17. …………　炮2平1　　18. 马五进三　车1平2

19. 炮八平五　车2进6　　20. 车九平六　炮1进4

21. 前炮平九　车2平1　　22. 车六进五

红方易走。

第三种走法：士4进5

11. …………　士4进5

黑方补士，以逸待劳。

12. 车九进一　卒7平6

黑如改走卒5进1，红则车四平五，红方先手。

13. 车四退三　卒5进1　　14. 马七进五　车8进6

15. 马五进三　炮2进4　　16. 车九平六　炮2平5

17. 马三退五　…………

如改走炮五进三，也是红方易走。

17. …………　车8平5　　18. 炮五退一

红方中路占势，易走。

小结：红方进中兵，既可威胁黑方中路，又可伺机兑去黑方盘河马，使黑方的车炮脱根，是一步有力的攻着。

第二节　红左横车变例

第126局　红左横车对黑冲卒逐车

1. 炮二平五　马8进7　　2. 马二进三　车9平8

3. 车一平二　马2进3　　4. 兵七进一　卒7进1

5. 车二进六　马7进6　　6. 马八进七　象7进5

7. 车九进一　…………

红方高左横车与过河车相配合，发动钳形攻势，是先手方的一种攻法。

7. ………… 卒7进1

黑如改走车1进1，红则车九平四，炮8平6，车二进三，炮6进6，炮五平四，士4进5，车二退八，炮6平2，车二平六，卒1进1，车六进四，马6退7，相三进五，前炮平8，炮四进四，红优。

8. 车二平四 …………

红如改走车二退一，黑则卒7进1，车二平四，卒7进1，马七进六，车1进1，炮八平三，车1平4，马六进五，马3进5，炮五进四，士6进5，车九平八，车8平7，车八进一，车4进2，车四进一，卒3进1，兵七进一，炮2进1，兵七平六，炮2平5，炮三平五，车4进1，炮五进四，车4平5，仕六进五，车5进2，双方大体均势。

8. ………… 马6进7(图126)

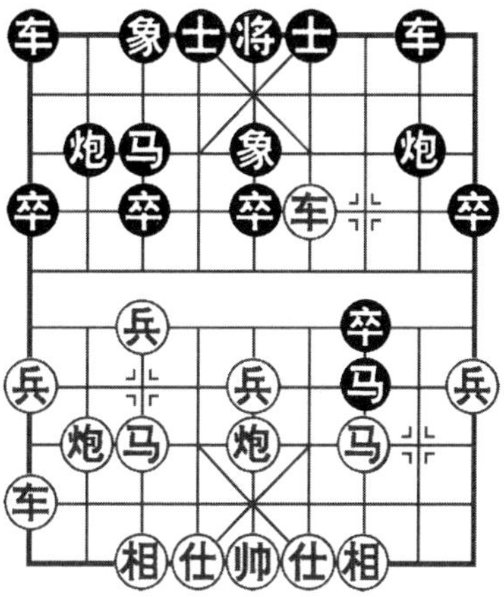

图126

黑如改走马6进8(如卒7进1，则车四退一，卒7进1，马七进六，炮8平7，相三进一，红方占先手)，红则马三退一，卒7进1，马七进六，车1进1，车四平二，马8进6，马六退四，卒7平6，炮五平二，红方先手。

如图126形势，红方有两种走法：车九平二和炮五进四。现分述如下。

第一种走法：车九平二

9. 车九平二 车1进1

10. 炮五进四 马3进5

11. 车四平五 …………

红炮兑中卒适时，这样黑方虽有卒过河，但车炮被拴链，红方仍持先手。

11. ………… 炮8进2　　12. 相七进五 车1平7

13. 马七进六 卒7平8　　14. 车二平六 …………

红如改走车二进三，黑有炮2进3的手段。

14. ………… 炮8平4　　15. 马六进四 马7退6

16. 车六进四 马6进7　　17. 兵七进一 …………

红方冲兵，是抢先之着。

17. ………… 士6进5

黑如改走卒3进1，红则炮八平七，士6进5，车六进三，象3进1，车五进一，炮2进7，仕六进五，车8进3，帅五平六，将5平6，炮七平六，红方得象有攻势。

18. 兵七进一　车8平6　　19. 兵七进一　炮2进4

20. 兵七进一

红方易走。

第二种走法:炮五进四

9. 炮五进四　…………

红方炮打中卒,是谋取实利的走法。

9. …………　马3进5　　10. 车四平五　炮8进5

黑方应改走车1进1迅速开动右翼主力,红如接走马七进六,黑则车1平6,马六进七,士6进5,黑方有卒过河,并不难走。

11. 相七进五　炮2平4　　12. 车九平六　车1平2

13. 炮八进二　士4进5　　14. 车五平三　…………

红方平车捉卒,细腻之着。如改走炮八平三,黑方有车2进7的攻击手段。

14. …………　车8平7　　15. 车三进三　象5退7

16. 车六平二　炮8平5

黑方此时弃炮轰相,嫌急。如改走炮8平9,待红伸车后再弃炮轰相,则比实战走法要好。

17. 相三进五　马7进5　　18. 炮八平三　炮4平5

19. 炮三平五　马5退7　　20. 炮五进二　车2进7

21. 车二进二

红方多子占优。

小结:红左横车变例,是比较稳健的一种攻法。高左横车与过河车相配合发动钳形攻势,如运用得当,红方易占主动。

第三节　红退车河口变例

第127局　黑飞左象对红退车河口

1. 炮二平五　马8进7　　2. 马二进三　车9平8

3. 车一平二　马2进3　　4. 兵七进一　卒7进1

5. 车二进六　马7进6　　6. 马八进七　象7进5

7. 车二退二(图127)　…………

红方退车，是稳健的走法。

如图127形势，黑方有两种走法：炮2退1和卒7进1。现分述如下。

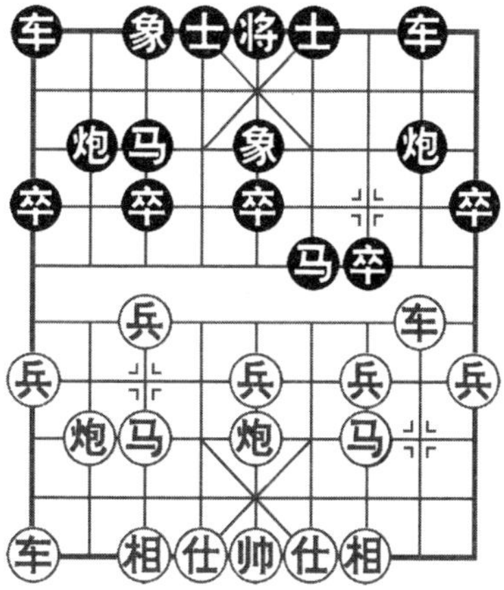

图127

第一种走法：炮2退1

7. ………… 炮2退1

黑方退炮，准备左移，是灵活的走法。如改走车1进1，则车二平四，马6退7，炮八平九，红方易走。

8. 车九进一　炮2平6

黑方平肋炮，是求变之着。如改走卒7进1，则车二平三，炮8平7，马七进六，马6进4(如炮2平7，则马六进四，后炮进4，马四进三，车8进2，马三退五，红方多兵，易走)，车三进三，红方仍占先手。

9. 马七进六　马6进4

黑方兑马，是简明的走法。也可改走卒7进1，则车二平三，马6进4，车三平六，炮8平7，使红方右马暴露在黑方炮火之下。

10. 车二平六　炮8平7　　11. 车九平四　炮6平7

12. 车四进六　前炮进4　　13. 相三进一　士6进5

14. 车四进一　车1平2　　15. 炮八平七　后炮进2

16. 兵七进一　象5进3　　17. 兵五进一　前炮平3

黑方应改走车2进6，先占据兵线要道，再伺机反攻，这样较为紧凑有力。

18. 炮七平六　炮7进4　　19. 炮六平三　炮3平8

20. 车六退一　…………

红方退车扼守要道，是紧要之着。

20. ………… 炮8进3　　21. 仕四进五　…………

红方中路伏有攻势，以下较易走。

第二种走法：卒7进1

7. ………… 卒7进1

黑方弃卒，意欲摆脱红方牵制。

8. 车二平三　炮8平6

黑方平炮士角，防止红方平车顶马，是稳健之着。如改走炮8平7牵制红车，则比较积极。

9. 车九进一 …………

红如改走炮八进四,黑则士6进5,兵五进一,车8进6,炮八平五,车8平7,车三退一,马6进7,双方大体均势。

9. ………… 炮2进4 10. 兵五进一 炮2平3

11. 兵五进一 …………

红方冲兵渡河,是紧凑有力的走法。

11. ………… 卒5进1

黑如改走炮3进3,红则仕六进五,卒5进1,车三进一,红优。

12. 马七进五 马6进5 13. 马三进五 车1平2

14. 炮五进三 士6进5 15. 炮八平五 车2进4

16. 车九平四 …………

正着。如改走车九平六,则车8进4,黑方有一车换双炮的手段。

16. ………… 炮6进4 17. 兵一进一 …………

红方挺边兵,老练。否则黑方炮6平9打兵捉马,红方要丢子。

17. ………… 车8平6 18. 车四平六 炮3平4

19. 车三进二

红方优势。

小结:红退车河口变例,是一种稳健的选择。由于红车进而复还,黑方可以从容调整阵形后,再与红方对抗。

第四节 红炮打中卒变例

第128局 黑飞左象对红炮打中卒

1. 炮二平五 马8进7 2. 马二进三 车9平8

3. 车一平二 马2进3 4. 兵七进一 卒7进1

5. 车二进六 马7进6 6. 马八进七 象7进5

7. 炮五进四 …………

红方炮打中卒,是谋取实利的走法。

7. ………… 马3进5 8. 车二平五(图128) …………

如图128形势,黑方有三种走法:炮8平7、车1进1和炮2进4。现分述如下。

第一种走法:炮8**平**7

8. ………… 炮8平7

黑方平炮，牵制红方右翼。

9. 炮八进三　…………

红方伸炮骑河，是炮击中卒的后续着法，紧凑有力之着。

9. …………　卒 7 进 1

黑方乘势渡卒，着法积极。

10. 炮八平五　士 6 进 5
11. 马七进六　车 8 进 3
12. 车九进一　卒 7 进 1
13. 车九平四　车 8 平 5
14. 马六进五　炮 2 进 2
15. 马三退一　炮 7 平 6

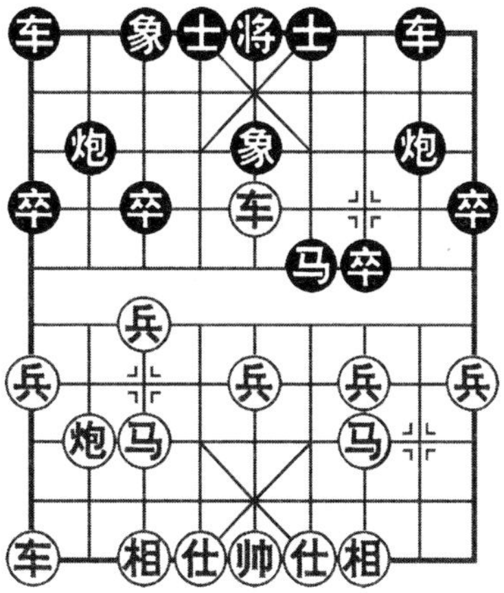

图 128

黑方应改走车 1 进 2 为宜。

16. 车四平二　将 5 平 6　　17. 车二进八　将 6 进 1
18. 炮五平六　车 1 进 1　　19. 兵五进一　车 1 平 4
20. 兵五进一　马 6 进 5　　21. 兵七进一　炮 2 平 4
22. 马五进三　炮 6 进 3　　23. 兵七平六

红方大占优势。

第二种走法：车 1 进 1

8. …………　车 1 进 1　　9. 车九进一　车 1 平 4
10. 车五退一　马 6 退 7　　11. 炮八平九　士 6 进 5
12. 相三进五　…………

红方也可改走车九平八捉炮，再飞左相，这样能稳持先手。

12. …………　炮 8 平 9　　13. 马七进八　车 8 进 7
14. 马三退五　车 8 进 1　　15. 马五进七　车 8 平 1
16. 马七退九　车 4 进 7　　17. 马九进七　车 4 平 7

黑方平车，准备在红方右翼发动攻势。

18. 车五退一　炮 9 进 4　　19. 仕四进五　车 7 平 8
20. 车五平一　车 8 进 1　　21. 仕五退四　马 7 进 8

黑如改走炮 9 进 3，红则马七退五，红优。

22. 车一进二　象 5 退 7　　23. 炮九进四　将 5 平 6
24. 马八进七　…………

红方弃仕，是争取时间抢攻的佳着。如改走仕六进五，黑则炮 9 进 3，黑方有强烈攻势。

24. ………… 车8平6 25. 帅五进一 卒7进1

26. 炮九退二 卒7进1 27. 车一进三

红方优势。

第三种走法:炮2进4

8. ………… 炮2进4

黑方进炮压制红炮活动,是紧要之着。

9. 车五退一 …………

红方另有两种走法:

①马七进八,炮8进5,相七进五,炮2平7,车五退一,马6退7,车九平八,车8进3,双方平稳。

②车五平四,炮2平7,相七进五,车1平2,车九平八,车2进4,炮八平九,车2平4,兵五进一,卒7进1,黑方反先。

9. ………… 马6进7 10. 马七进六 车1进2

11. 兵七进一 炮8进2 12. 马五进一 车1平4

黑方平车,准备先弃后取,争取度数。

13. 马六退八 车4进4 14. 兵七进一 车4平2

15. 炮八平六

红方有兵过河,稍占先手。

小结:红炮打中卒变例,是力图谋取多兵之势。黑方第8回合炮2进4,及时过河抢占空间,可与红方抗衡。

第三章　中炮过河车对屏风马左马盘河右横车

在中炮过河车对屏风马左马盘河布局体系中，黑方第 6 回合不飞象而高右横车，是 20 世纪 80 年代兴起的走法。黑方高右横车变例一反后手方以防御为主的策略，实施以攻为守的积极性防御，是一种对攻性较强的布局阵势。黑方高右横车变例，复杂多变，并常常出现激烈的对攻局面，因而受到攻杀型棋手的青睐，是目前流行的热门布局。本章列举了 26 局典型局例，分别介绍了这一布局中双方的攻防变化。

第一节　红进中兵变例

第 129 局　红平车捉马对黑冲 7 卒(一)

1. 炮二平五　马 8 进 7　　2. 马二进三　车 9 平 8

3. 车一平二　马 2 进 3　　4. 兵七进一　卒 7 进 1

5. 车二进六　马 7 进 6　　6. 马八进七　车 1 进 1

黑方高横车，迅速开动右翼主力，是一种对攻性极强的走法。

7. 兵五进一　…………

针对黑方中路空虚的局面，红方冲中兵，是针锋相对的走法。

7. …………　卒 7 进 1

黑方冲卒捉车，实施反击计划，是常用的战术手段。

8. 车二平四　卒 7 进 1　　9. 兵五进一　卒 7 进 1

10. 兵五进一　士 4 进 5　　11. 车四退一　车 1 平 4

12. 车九进一(图 129)　…………

如图 129 形势，黑方有三种走法：炮 8 平 7、车 4 进 5 和炮 2 进 1。现分述如下。

第一种走法：炮 8 平 7

12. …………　炮 8 平 7　　13. 车九平四　…………

红方置底相于不顾，平车占肋道，是力争主动的走法。

13. …………　炮 7 进 7　　14. 仕四进五　象 7 进 5

15. 炮五进五　炮 2 平 5　　16. 兵五进一　卒 7 进 1

17. 后车平三　炮 7 平 9
18. 帅五平四　车 4 进 5
19. 兵五进一　士 6 进 5
20. 马七进八　炮 9 平 4

黑方平炮打仕，力求一搏。

21. 帅四平五　炮 4 退 2
22. 车三进一　车 4 平 2
23. 仕五进六　车 2 进 1
24. 车四平二　车 8 平 6
25. 车二进二　马 3 进 5
26. 车三进四

黑方胜势。

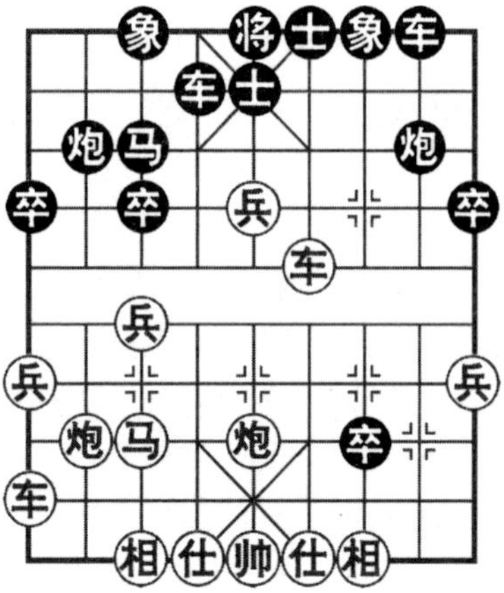

图 129

第二种走法：车 4 进 5

12. …………　车 4 进 5　　13. 车九平四　炮 8 平 6

黑如改走象 7 进 5，红则前车平五，车 8 平 7，兵五进一，卒 7 进 1，车四进七，将 5 平 4，炮五平六，将 4 平 5，炮六平五，将 5 平 4，仕六进五，卒 7 进 1，兵五进一，士 6 进 5，马七进五，卒 7 平 6，帅五平四，车 7 进 9，帅四进一，车 7 退 1，帅四进一，炮 2 退 1，车四退二，炮 8 平 6，车四进一，士 5 进 6，车五进四，将 4 进 1，炮五平六，红方胜势。

14. 前车进二　炮 2 平 6

红方一车换双炮，着法有力！

15. 车四进六　马 3 退 4　　16. 炮八进七　车 8 进 4
17. 车四平七　卒 7 平 6　　18. 车七进二　卒 6 平 5
19. 车七退三　马 4 进 3　　20. 车七进一　将 5 平 4
21. 相七进五　车 4 进 1　　22. 车七进二　将 4 进 1
23. 车七退三　将 4 退 1　　24. 炮八平七

红方优势。

第三种走法：炮 2 进 1

12. …………　炮 2 进 1　　13. 兵五平四　炮 8 平 5
14. 仕六进五　…………

红方应改走马七进五为宜。

14. …………　车 8 进 6

黑如改走车 8 进 5，红则相七进九，车 4 进 5，兵四进一，炮 5 进 1，兵七进一,车4平3,马七退六,车8平4,炮八平三,卒3进1,车九平八,炮2进1,车四进一,炮5进1,马六进七,将5平4,车八退一,象3进5,车四平七,马3退1,兵四进一,车4退3,车七平三,象7进9,车三平一,红优。

15. 炮五进一　卒7进1　　16. 相七进五　车4进5
17. 兵四进一　炮5进1　　18. 兵四进一　卒7进1
19. 相五退三　将5平4　　20. 车九退一　象3进5
21. 兵四进一　炮2退3　　22. 车四平五　…………

对攻中,红方缺相惧炮,黑方局势占优。

第130局　红平车捉马对黑冲7卒(二)

1. 炮二平五　马8进7　　2. 马二进三　车9平8
3. 车一平二　马2进3　　4. 兵七进一　卒7进1
5. 车二进六　马7进6　　6. 马八进七　车1进1
7. 兵五进一　卒7进1　　8. 车二平四　卒7进1
9. 兵五进一　卒7进1　　10. 兵五进一　士4进5
11. 车四退一　车1平4　　12. 仕六进五　…………

红方补仕,巩固阵势。

12. …………　车4进7(图130)

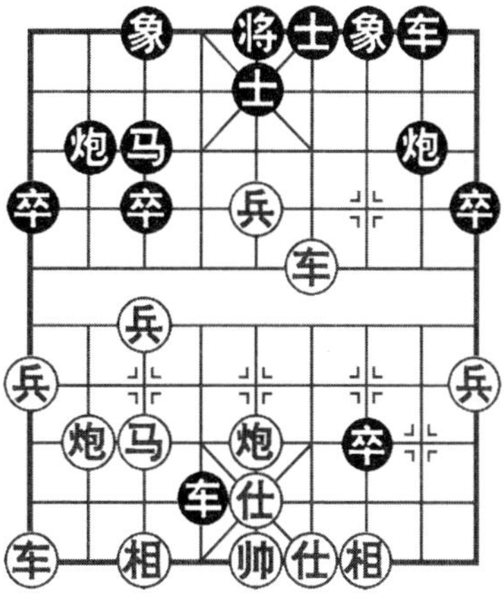

图130

黑方进车,是力争主动的走法。如改走车4进5(如炮8进7,则车四平三,炮2平1,炮五进二,马3进5,炮八平三,红优),则炮八平九,炮8平7,相三进一,卒7平8,车九平八,红方易走。

如图130形势,红方有两种走法:兵五平四和马七进五。现分述如下。

第一种走法:兵五平四

13. 兵五平四　…………

红如改走炮八平九,黑则炮8进7,车九平八,炮8平9,红方难应。

13. …………　象7进5　　14. 马七进五　卒7进1
15. 炮八平六　炮8进7　　16. 车九平八　炮8平9
17. 炮五平三　车8进9　　18. 马五退六　卒7平6
19. 炮三进七　象5退7　　20. 车四平三　炮2平1

21. 车八进七　马3退4　　22. 炮六平五　…………

红方如改走车三进四，则较为紧凑有力。

22. …………　象7进5　　23. 马六进五　炮9平7

24. 车三退五　车8平7　　25. 马五进四

红方大占优势。

第二种走法：马七进五

13. 马七进五　卒7进1

黑方进卒，正着。如改走炮8进7，则车四平六，车4平2，炮八平三，红优。

14. 车四平二　卒7进1

黑方进卒捉相，着法有力。

15. 炮八进四　卒7平6　　16. 仕五退四　车4平2

黑方明显占优。

第131局　红平车捉马对黑冲7卒(三)

1. 炮二平五　马8进7　　2. 马二进三　车9平8

3. 车一平二　马2进3　　4. 兵七进一　卒7进1

5. 车二进六　马7进6　　6. 马八进七　车1进1

7. 兵五进一　卒7进1　　8. 车二平四　卒7进1

9. 兵五进一　卒7进1　　10. 兵五进一　士4进5

11. 车四退一　车1平4　　12. 马七进五　车4进5(图131)

如图131形势，红方有两种走法：马五进三和马五进六。现分述如下。

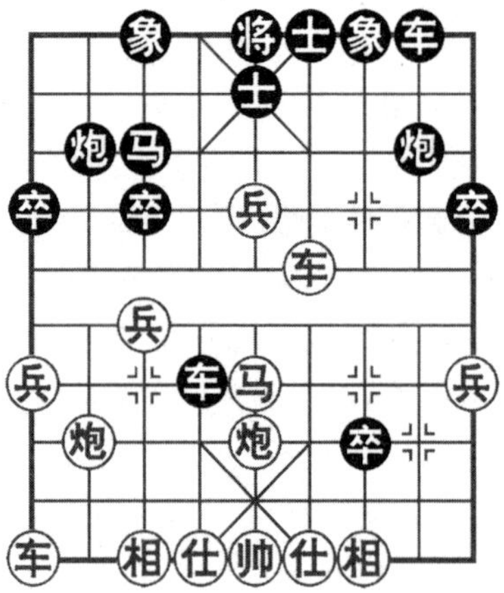

图131

第一种走法：马五进三

13. 马五进三　炮2进1

14. 兵五进一　象7进5

15. 马三进五　车4进2

黑方应改走车4退1为宜。

16. 车九进一　车4退3

17. 车九平四　马3进5

18. 前车平二　马5退7

19. 炮八进二　车4退2

20. 车二退二　车4进1

21. 马五退三　炮 8 进 3

黑方满意。

第二种走法:马五进六

13. 马五进六　马 3 进 5

黑方以马吃兵,是简明的走法。

14. 炮八平三　象 7 进 5　　15. 车四平五　车 8 平 7

16. 炮五进四　车 7 进 7　　17. 相七进五　卒 1 进 1

18. 仕六进五　车 7 退 4　　19. 车九平八　炮 2 平 4

20. 车八进九　炮 4 退 2　　21. 车八退四　炮 8 进 1

双方均势。

第 132 局　红平车捉马对黑冲 7 卒(四)

1. 炮二平五　马 8 进 7　　2. 马二进三　车 9 平 8

3. 车一平二　马 2 进 3　　4. 兵七进一　卒 7 进 1

5. 车二进六　马 7 进 6　　6. 马八进七　车 1 进 1

7. 兵五进一　卒 7 进 1　　8. 车二平四　卒 7 进 1

9. 兵五进一　卒 7 进 1　　10. 兵五进一　士 4 进 5

11. 车四退一　车 1 平 4(图 132)

如图 132 形势,红方有两种走法:兵五平四和兵七进一。现分述如下。

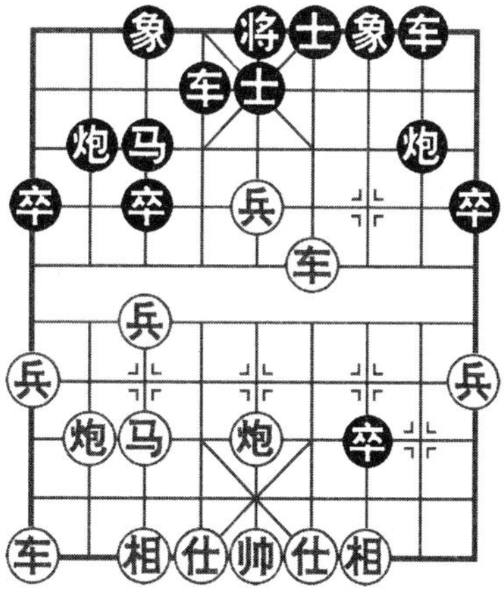

图 132

第一种走法:兵五平四

12. 兵五平四　…………

红方平兵叫将,是稳健的选择。

12. …………　炮 8 平 5

13. 仕六进五　车 8 进 6

14. 兵四进一　车 8 平 3

15. 兵四平五　炮 2 平 5

16. 车九进二　…………

红方进车暗护左马,是含蓄有力的走法。如改走马七退六,则卒 7 进 1,车九平八,车 3 平 2,马六进七,车 2 平 3,马七退六,车 3 平 2,兵七进一,车 4 进 7,兵七进一,马 3 进 5,炮五进五,象 7 进 5,车四平五,马 5 进 3,黑优。

16. ………… 车4进7　17. 炮八进五 车4平3
18. 炮八平五 象7进5　19. 马七退九 前车平2
20. 仕五退六 车3退1

红方多子,黑方子力位置较好,且有过河卒,双方各有顾忌。

第二种走法:兵七进一

12. 兵七进一 马3进5

黑方马踩中兵,是保持积极对抗之势的有力之着。

13. 车四进一 卒7平6

黑如改走炮8平7,红则相三进一(如车四平五,则炮7进7,仕四进五,炮7平4,马七退六,车8进9,仕五退四,车4进7,炮五进二,卒7平6,炮八退一,将5平4,兵七平六,车4平6,马六进五,卒6平5,炮八平六,车6平4,黑胜),卒7平6,车四平五,卒6平5,炮八平五,炮2平5,炮五进五,象7进5,车五进一,车8进2,红无便宜可占。

14. 炮五进一 卒6进1　15. 仕六进五 炮8进7
16. 车四平五 …………

红如改走车四退五,黑则将5平4,黑方子力灵活,占优。

16. ………… 将5平4　17. 相七进五 车8进8

黑方进车,是紧凑有力之着。

18. 车五平七 …………

红如改走车九平六,黑则车4进8,马七退六,卒6平5,炮五退二,车8平6,车五平六,将4平5,相五进三,炮2平5,炮五平八,卒3进1,黑方主动。

18. ………… 车4进7　19. 车七进三 将4进1
20. 兵七平六 车8平7

黑方胜势。

第133局　红平车捉马对黑冲7卒(五)

1. 炮二平五 马8进7　2. 马二进三 车9平8
3. 车一平二 马2进3　4. 兵七进一 卒7进1
5. 车二进六 马7进6　6. 马八进七 车1进1
7. 兵五进一 卒7进1　8. 车二平四 卒7进1
9. 兵五进一 卒7进1　10. 兵五进一 士4进5
11. 车四退一(图133) …………

如图133形势,黑方有两种走法:炮2进1和炮8平7。现分述如下。

第一种走法:炮2进1

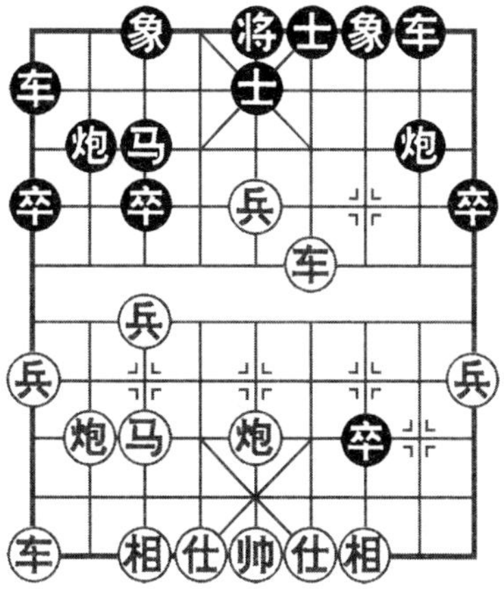
图133

11. …………　炮2进1

黑方升炮捉中兵,逼红兵离开中路后补架中炮。

12. 兵五平四　炮8平5
13. 仕六进五　车1平4
14. 马七进五　马3进5

黑方中路献马伏兑,不失为巧妙之着。红如接走炮五进四,黑则炮2平5,兵四平五,炮5进4,黑方易走。

15. 马五进六　马5进4
16. 炮八平六　车4平2

黑方平车保炮,略嫌勉强。不如改走马4退6,则炮六进六,炮2进3,较为顽强。

17. 炮五进二　…………

红方升炮别马,既可解除黑马捉车兑炮的威胁,又伏马六进五兑黑中炮后再车四平六捉黑马的先手,可谓连消带打之着。

17. …………　炮2进1　18. 马六进五　象7进5
19. 车四平六　马4进3　20. 炮五退二　…………

红炮一进一退,运子争先,甚具章法。

20. …………　炮2进5　21. 相七进九　卒7进1

黑方冲卒弃子,亦属无奈之着。如改走马3退1,则炮六平三,红亦胜势。

22. 炮五平七　卒7平6　23. 炮六平五　车8进6
24. 炮五进三　…………

红进中炮,防止黑方车8平5遮垫,是紧凑有力之着。

24. …………　车2退1　25. 帅五平六　象3进1
26. 车九进一

红方胜势。

第二种走法:炮8平7

11. …………　炮8平7　12. 相三进一　…………

红如改走兵五平六,黑则象3进5,相三进一,车1平4,炮八进四,卒3进1,兵六平七,车8进8,前兵进一,卒7平6,车四退三,炮7进7,仕四进五,炮7平9,前兵平八,车8进1,仕五退四,车4进2,车九平八,卒3进1,兵八平七,卒3进1,炮八进三,将5平4,炮八平九,红方多子胜势。

12.………… 车1平4　13.仕六进五　车8进6
14.兵五平六　炮7平5　15.兵六平七　车8平3
16.马七退六　马3进5　17.炮八平三　马5进4
18.车四平三　象7进9　19.车三平五　马4进6
20.炮五进五　将5平4　21.马六进五　马6退5
22.马五进七　车4进5　23.炮五平七　马5进6
24.炮三平四　炮2进5　25.相七进五　炮2平6
26.仕五进四　车4平3　27.车九平六　将4平5
28.仕四进五

红方优势。

第134局　红平车捉马对黑冲7卒(六)

1.炮二平五　马8进7　2.马二进三　车9平8
3.车一平二　马2进3　4.兵七进一　卒7进1
5.车二进六　马7进6　6.马八进七　车1进1
7.兵五进一　卒7进1　8.车二平四　卒7进1
9.兵五进一　炮8平5

黑如改走马6进8,红则兵五进一,士4进5,马三进五,马8进6,车九进一,车1平4,兵五平六,炮8进5,炮八进一,象7进5,马七进六,炮8退1,炮八平四,卒7平6,马五进四,卒6进1,炮五平六,车4平2,车四平二,车8进3,马四进二,士5退4,马六进四,炮8平2,车九平三,红优。

10.兵五进一(图134)　…………

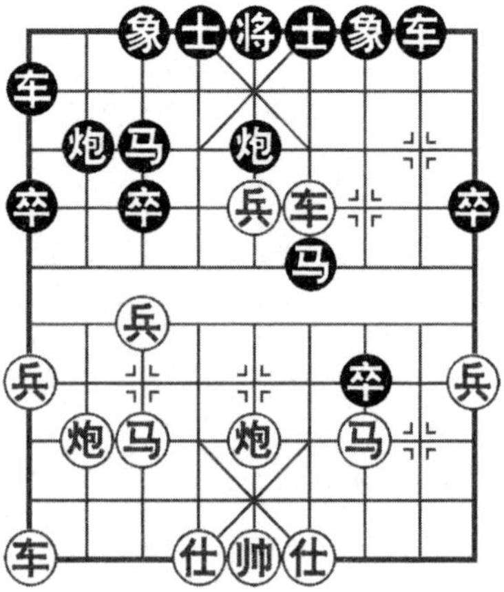

图134

如图134形势,黑方有两种走法:炮5退1和马3进5。现分述如下。

第一种走法:炮5退1

10.………… 炮5退1
11.车九进一　马3进5
12.车九平四　炮2平5
13.仕四进五　…………

红如改走马三进五,黑则前炮进4,

炮五进四,象7进5,后车进四,前炮平9,马七进六,车1平2,炮八平五,炮9平1,仕四进五,炮5进2,前车平五,士6进5,马六进七,红优。

13.………… 车8进4　14.炮八进三 车8退1
15.后车进四 车8平6　16.车四进一 卒7进1
17.炮五进五 …………

红方主动兑炮,简化局势,佳着。如改走帅五平四,则后炮平6,车四平五,卒7平6,帅四平五,卒6平5,相三进五,车1平2,黑方局面稍好。

17.………… 象7进5

黑方补象,必走之着。如误走象3进5,则炮八进四,红方可得子而大占优势。

18.炮八平二 马5退3　19.炮二进四 象5退7
20.马七进五 …………

红方乘机跃马,有力之着!

20.………… 炮5平6　21.马五退三 马3退2
22.马三进二 炮6平3

黑方平炮弃士,实属无奈,否则红方马二进三,黑方也只能坐以待毙。

23.车四进三 将5进1　24.车四平五 将5平4
25.车五平六 将4平5　26.马二进四

红方胜势。

第二种走法:马3进5

10.………… 马3进5　11.马三退五 …………

红如改走炮五进五,黑则象7进5,车四退一,卒7进1,炮八平三,炮2退1,炮三平五,炮2平5,车九进一,马5进7,和势。

11.………… 马6进8　12.车四平五 炮5退1
13.炮五进六 车1平5　14.车五进二 士6进5
15.马七进六 炮2平5　16.马五进七 马8进6
17.马六退四 卒7平6　18.马七进六 车8进7
19.车九进二 车8平5　20.仕六进五 车5平2
21.相三进五 车2退1　22.马六进四 炮5平1
23.车九平六 炮1进4　24.相七进九 车2进3
25.车六退二 车2平4　26.仕五退六 炮1平9

黑方多卒易走。

第135局　红平车捉马对黑冲7卒(七)

1. 炮二平五　马8进7　2. 马二进三　车9平8
3. 车一平二　马2进3　4. 兵七进一　卒7进1
5. 车二进六　马7进6　6. 马八进七　车1进1
7. 兵五进一　卒7进1　8. 车二平四　卒7进1
9. 兵五进一　炮8平5(图135)

如图135形势，红方有两种走法：马三退五和车四退一。现分述如下。

第一种走法：马三退五

10. 马三退五　马6进8
11. 兵一进一　马3进5

黑方弃马踩兵，是大局感极强的走法。

12. 车四平五　炮5退1
13. 车五平三　…………

正着。红如改走车五平二抽车，黑则炮2平5，车二进三，马8进6，车二退八，车1平2，黑方弃车取势，占优。

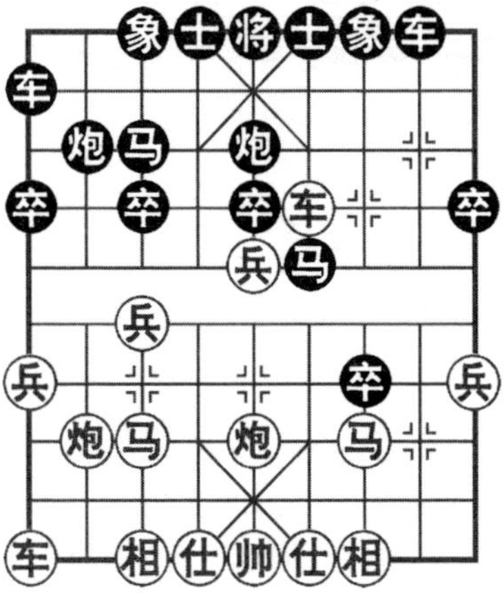

图135

13. …………　炮2平5
14. 车三退三　马8退6
15. 车三平六　车1平2
16. 车九平八　车8进3　17. 炮八平九　车2进8
18. 马七退八　车8平4　19. 车六平四　马6进4
20. 车四平六　马4退6　21. 车六平四　马6进4

双方不变作和。

第二种走法：车四退一

10. 车四退一　卒7进1　11. 兵五进一　炮5退1

黑方退炮是灵活之着。如改走马3进5，则炮八进四，红方先手。

12. 仕六进五　马3进5　13. 炮五进六　炮2平7
14. 相七进五　车1平2　15. 车九平八　士6进5
16. 车四进一　…………

红方应改走炮八进四为宜。

16. …………　马5退3　17. 车四平七　车2进5

黑方进车弃马取势，势在必行。

18. 车七进一　炮7平5　　19. 炮八平九　车2平6

20. 马七进六　炮5进3　　21. 车八进六　车6平1

22. 车八平五　车8进5　　23. 车七平三　象7进5

24. 炮九平六　卒7平6　　25. 马六退七　车1进3

26. 炮六退二　车1退2　　27. 马七进六　卒6进1

至此，红方多子、黑方有攻势，双方各有顾忌。

第136局　红平车捉马对黑冲7卒(八)

1. 炮二平五　马8进7　　2. 马二进三　车9平8

3. 车一平二　马2进3　　4. 兵七进一　卒7进1

5. 车二进六　马7进6　　6. 马八进七　车1进1

7. 兵五进一　卒7进1　　8. 车二平四　卒7进1

9. 车四退一　…………

红如改走马三进五，黑则马6进5，马七进五，车1平4，兵五进一，炮8平5，仕六进五，炮2进1，炮八平六，卒5进1，车四退一，卒7平6，马五退七，车8进5，车九平八，车8平3，车八进六，炮5进5，相七进五，车3进2，车八进一，车4进1，车四平五，士4进5，车八退四，车4平6，黑方满意。

9. …………　卒7进1(图136)

如图136形势，红方有三种走法：马七进六、炮八进四和车九进一。现分述如下。

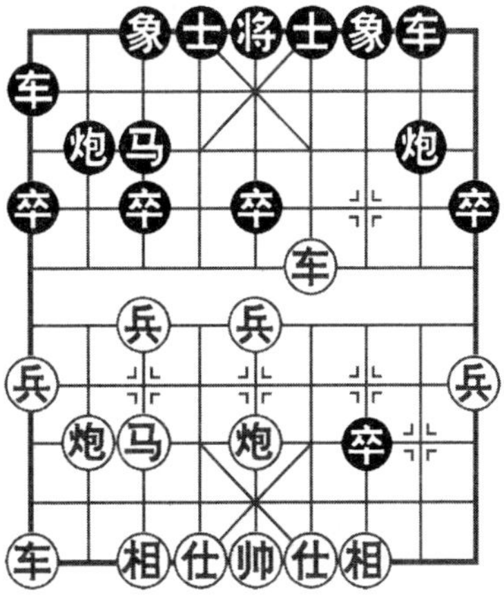

图136

第一种走法：马七进六

10. 马七进六　…………

红方跃马河口，准备夺取黑方中卒。如改走兵五进一，则车1平4，兵五平六，炮8平5，炮八平九，炮2进2，车四退二，车4进3，炮五进五，象7进5，炮九平三，车8平7，车四退一，车4进2，黑方反先。

10. …………　炮2进3

黑炮骑河打马，是抢先之着。

11. 马六进五　炮2平5

12. 仕六进五　马3进5

13. 炮八进四　炮8平7　14. 相三进一　…………

红如改走车四平三，黑则象7进5，车三退三，卒3进1，车三进四，炮7进7，车三退六，卒3进1，黑优。

14. …………　车8进3　15. 车四平六　卒7平6
16. 炮五进一　士6进5　17. 车九平八　卒6进1
18. 相一退三　炮7平5　19. 车八进二　前炮进3

黑方胜势。

第二种走法：炮八进四

10. 炮八进四　象7进5　11. 炮八平五　…………

红方炮击中卒，是谋取实利的走法。

11. …………　马3进5　12. 炮五进四　士6进5
13. 车九平八　车1平4　14. 相七进五　车4进6
15. 车八进二　卒7进1　16. 仕六进五　车4退1
17. 车八进三　车8平6　18. 马七进五　车4平1
19. 车四进四　将5平6　20. 马五进三

红方稍优。

第三种走法：车九进一

10. 车九进一　车1平7　11. 车九平二　炮8平4
12. 车四退二　车7平8　13. 马七退五　…………

红方回马，以退为进，由此先手扩大。

13. …………　士6进5　14. 兵七进一　卒3进1
15. 炮八平七　炮2进6　16. 马五进三　炮8平7

黑方平炮弃子攻相，力求一搏。舍此别无良策。

17. 车二平八　炮7进3　18. 仕四进五　炮7平9
19. 车八进六　前车进8　20. 车四退三　车8平7
21. 车八平七　象7进5　22. 炮五进四　车8平6
23. 炮七平四　炮9平6　24. 马三退四　车6进3
25. 兵五进一　车7退5　26. 炮四进三

红方多子占优。

第137局　红平车捉马对黑进马踩兵(一)

1. 炮二平五　马8进7　2. 马二进三　车9平8
3. 车一平二　马2进3　4. 兵七进一　卒7进1

5. 车二进六　马7进6　　6. 马八进七　车1进1

7. 兵五进一　卒7进1　　8. 车二平四　马6进7

黑方以马踩兵，是保持变化的走法。

9. 兵五进一　车1平7　　10. 兵五进一　士6进5

11. 马三进五　炮8进7（图137）

黑方沉底炮，是积极寻求对攻的走法。如改走车8进1，则兵五平六，车7平6，车四进二，车8平6，兵六平七，卒7平6，前兵进一，炮2进1，仕六进五，卒6平5，马五进三，红优。

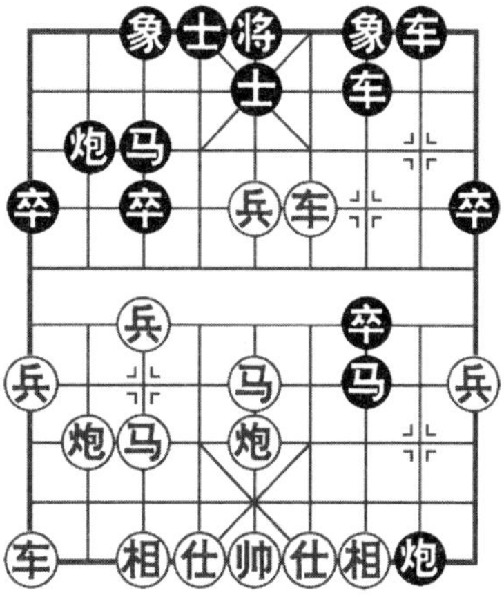

图137

如图137形势，红方有两种走法：兵五平六和车九进一。现分述如下。

第一种走法：兵五平六

12. 兵五平六　炮8平9

13. 车九进一　象7进5

14. 车九平三　车8进9

15. 兵六平七　…………

红方舍相于不顾，平兵捉马，展开激烈的对攻之势。

15. …………　炮9平7　　16. 帅五进一　车7平8

17. 炮八退一　…………

红方退炮防范是老练的走法。如误走前兵进一，则车8进7，红方反而不利。

17. …………　马3退2　　18. 马五进六　马2进1

19. 前兵进一　后车进3　　20. 马七进五　炮2进5

21. 前兵平八　炮2平1　　22. 炮八平九　炮1平3

23. 炮九平七　炮7平4

红方防范严密，黑方无从下手，遂炮轰底仕，以待其变。

24. 兵八平九　炮4退3　　25. 马六进八　马7进5

26. 相七进五　后车平2　　27. 车三平二　车8退1

28. 炮七平二　卒7进1

红方多子占优。

第二种走法：车九进一

12. 车九进一　炮8平9　　13. 车九平三　车8进9

14. 炮五平三　马 3 进 5　　15. 车四平五　车 7 平 6
16. 仕六进五　马 7 进 9　　17. 炮三平二　象 7 进 9

黑方飞边象是必然之着。如改走炮 9 平 7,则车三退一,车 8 平 7,炮二进七,象 7 进 9,炮八平一,红方多子占优。

18. 帅五平六　炮 9 平 7　　19. 帅六进一　车 6 进 1
20. 车五平二　车 6 平 4　　21. 仕五进六　象 3 进 5
22. 马五进三　炮 7 退 4　　23. 车三进三　车 8 平 6
24. 车三平六　车 6 退 1　　25. 仕六退五　车 4 平 3
26. 炮二平五　将 5 平 6　　27. 炮五平四　车 6 平 7
28. 马七进五

红方多子胜势。

第 138 局　红平车捉马对黑进马踩兵(二)

1. 炮二平五　马 8 进 7　　2. 马二进三　车 9 平 8
3. 车一平二　马 2 进 3　　4. 兵七进一　卒 7 进 1
5. 车二进六　马 7 进 6　　6. 马八进七　车 1 进 1
7. 兵五进一　卒 7 进 1　　8. 车二进四　马 6 进 7
9. 兵五进一　车 1 平 7　　10. 兵五进一　士 6 进 5
11. 兵五平六　象 7 进 5(图 138)

如图 138 形势,红方有两种走法:兵六平七和马三进五。现分述如下。

第一种走法:兵六平七

12. 兵六平七　马 7 退 5
13. 车四退五　卒 7 平 6

黑如改走炮 8 平 7,红则马七进五,卒 7 进 1,马三退一,卒 7 平 6,前兵进一,炮 2 进 4,炮五进二,车 8 进 5,炮五进四,炮 7 平 6,马五进四,士 4 进 5,马四退二,炮 6 进 6,马二退四,炮 2 平 5,炮八进七,象 3 进 1,车九平八,红优。

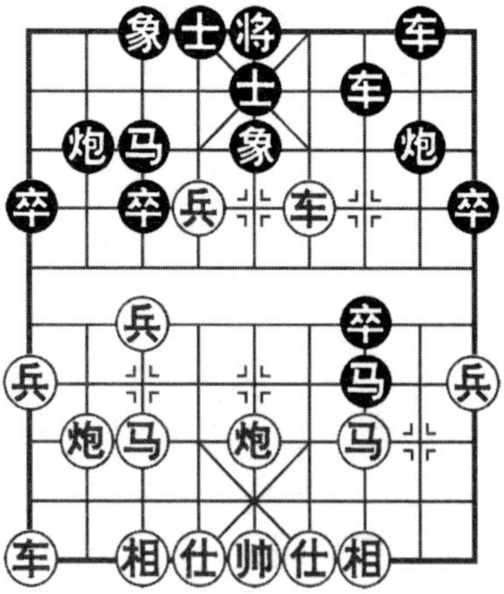

图 138

14. 马三退一　车 7 进 4
15. 炮八进二　炮 8 平 6
16. 炮八平五　炮 6 进 6
17. 前炮平三　马 3 进 5

18. 马七进五　马 5 进 7　　19. 车九平八　车 8 进 8
20. 车八进七　卒 6 平 7　　21. 马五进三　炮 6 平 9
22. 车八退二　马 7 进 5　　23. 炮五进一　车 8 退 2
24. 车八平五　马 5 进 3　　25. 车五平四

红方优势。

第二种走法:马三进五

12. 马三进五　炮 8 进 7　　13. 车九进一　…………

红方高横车策应右翼,是此变例中的常用战术手段。

13. …………　炮 2 进 1　　14. 车九平三　车 8 进 8
15. 车三平二　马 7 进 8　　16. 车四退五　马 8 退 7
17. 车四平六　卒 7 平 6　　18. 兵六平七　卒 6 平 5
19. 马五退二　…………

红方退马捉炮,是抢先之着。

19. …………　炮 8 退 7　　20. 车六平二　炮 8 平 6
21. 车二进八　士 5 退 6　　22. 炮五平四　炮 6 平 7
23. 车二退七　炮 2 进 3　　24. 前兵进一　炮 7 平 3
25. 相七进五

红方多子占优。

第 139 局　红平车捉马对黑进马踩兵(三)

1. 炮二平五　马 8 进 7　　2. 马二进三　车 9 平 8
3. 车一平二　马 2 进 3　　4. 兵七进一　卒 7 进 1
5. 车二进六　马 7 进 6　　6. 马八进七　车 1 进 1
7. 兵五进一　卒 7 进 1　　8. 车二平四　马 6 进 7
9. 兵五进一　炮 8 平 5　　10. 兵五进一　炮 5 退 1

黑方退中炮,可以牵制红方中兵。如改走炮 5 进 5,则炮八平五,马 7 进 5,相七进五,炮 2 进 1,兵五平六,马 3 退 5,车四平五,红方较优。

11. 马三进五(图 139)　…………

红方进盘头马,力争主动。也可改走炮八进二,黑如接走马 7 进 5,红则相七进五,车 8 进 6,炮八平三,车 8 平 3,车九平八,炮 2 平 1,马七退五,车 3 平 7,炮三平二,炮 1 进 4,炮二进五,炮 5 平 6,兵五平六,炮 1 退 2,兵六进一,炮 1 平 7,兵六平七,车 1 平 4,前兵平六,车 4 平 5,车四平三,车 7 进 1,马五进三,炮 7 进 5,仕四进五,炮 7 退 6,马三进四,红优。

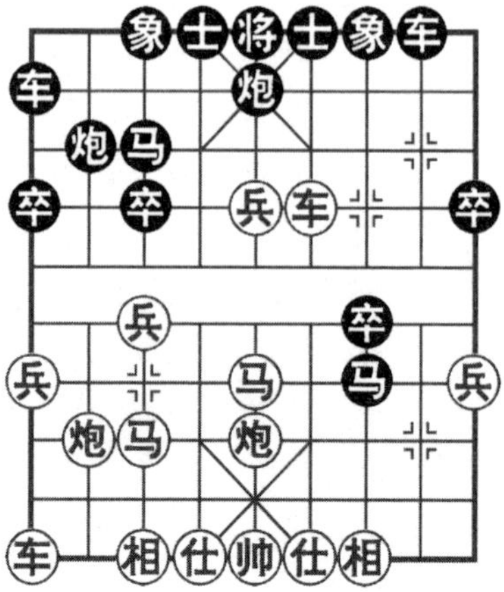

图 139

如图 139 形势，黑方有两种走法：车 1 平 4 和马 7 退 5。现分述如下。

第一种走法：车 1 平 4

11. ………… 车 1 平 4
12. 兵五平六 炮 2 平 4
13. 车四进一 马 7 进 5
14. 相七进五 炮 5 进 1
15. 车四退一 马 3 退 5
16. 车九进一 炮 5 进 3
17. 车四平五 卒 7 平 6
18. 车九平六 炮 2 退 3
19. 兵七进一 车 4 进 2
20. 车六进五 炮 2 平 4
21. 兵七进一 炮 4 进 3 22. 炮八进二 …………

红方进炮打卒，是简明有力的走法。

22. ………… 车 8 进 2 23. 炮八平四 车 8 平 5
24. 车五进一 象 3 进 5

红方优势。

第二种走法：马 7 退 5

11. ………… 马 7 退 5 12. 炮五进二 炮 5 进 4
13. 仕六进五 车 1 平 4

黑如改走车 8 进 4，红则相七进五，红方易走。

14. 兵五平六 马 3 退 5

黑方退马捉车，是针锋相对的走法。

15. 车四平五 卒 7 平 6 16. 相七进五 车 4 进 2
17. 车五平六 马 5 进 4 18. 车九平六 马 4 进 6
19. 炮八进二 车 8 进 6 20. 车六进五 马 6 退 5
21. 车六进二 炮 2 退 1 22. 车六进一 炮 2 平 3
23. 炮八退一 车 8 退 2 24. 马五退三 车 8 平 4
25. 车六平四 车 4 进 2

黑方优势。

第 140 局 红平车捉马对黑外肋进马(一)

1. 炮二平五 马 8 进 7 2. 马二进三 车 9 平 8

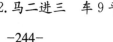

3. 车一平二　马 2 进 3　　4. 兵七进一　卒 7 进 1
5. 车二进六　马 7 进 6　　6. 马八进七　车 1 进 1
7. 兵五进一　卒 7 进 1　　8. 车二平四　马 6 进 8
9. 马三进五　…………

红方盘中马，正着。如改走兵三进一，则马 8 进 7，炮五进四，马 7 进 6，帅五平四，炮 8 平 6，帅四平五，马 3 进 5，车四平五，炮 2 平 5，黑方反先。

9. …………　卒 7 进 1　　10. 兵五进一　卒 5 进 1

黑方以卒吃兵，弃“空头”，甚有胆识。如改走炮 8 平 5，则兵五进一，红方稳占优势。

11. 炮五进三　…………

红炮打卒，无可非议。也可考虑改走马五进三，缓步进取。

11. …………　马 8 进 6

黑方进马捉炮，是力争主动的走法。

12. 炮五退一　…………

红方退中炮避捉，是习惯性的走法。

12. …………　炮 8 平 7　　13. 相三进一　…………

红如改走车四平五，黑则有车 1 平 5 解围的手段。

13. …………　车 8 进 5

黑方进车捉炮，遏制红方攻势。

14. 炮八进二　卒 3 进 1　　15. 车九进一　…………

红方升左车，是保持变化的走法。如改走车四平五，则车 1 平 5，炮五进四，车 8 进 2，炮八退二，车 8 平 3，马五退七，马 3 进 5，黑方弃子占势，不难走。

15. …………　卒 3 进 1(图 140)

如图 140 形势，红方有两种走法：车四平五和马五进七。现分述如下。

第一种走法：车四平五

16. 车四平五　车 1 平 5
17. 车五进二　将 5 进 1
18. 马五进七　马 3 进 2

黑方进马兑炮，是化解红方攻势的巧妙之着。

19. 马七进六　马 2 退 4

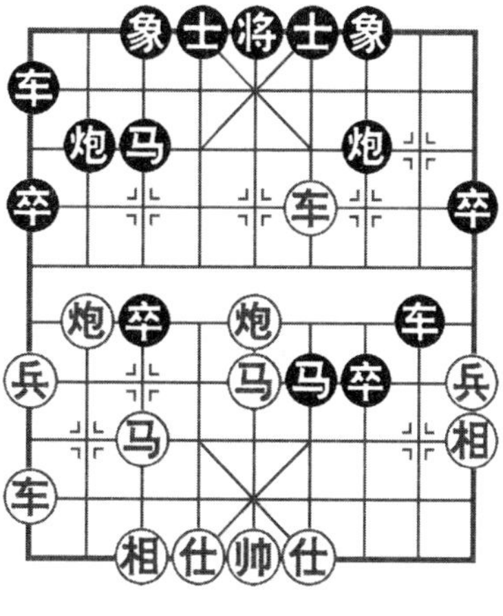

图 140

20. 炮八平二　马 4 进 5　　21. 马七进五　炮 2 平 5

黑方双马双炮占势，红方难以招架。

第二种走法：马五进七

16. 马五进七　马 3 进 4　　17. 车四平五　士 6 进 5

18. 炮八平九　车 1 平 3　　19. 相七进五　…………

红如改走前马退五，黑则车 8 平 5，车五退二，炮 2 平 5，相七进五，马 4 进 5，马七进五，车 3 进 5，黑可先弃后取而占优。

19. …………　将 5 平 6　　20. 车五平三　炮 2 平 5

黑方置 7 路炮被捉于不顾，硬架中炮发起攻击，是迅速取胜的有力之着。

21. 前马进六　车 8 平 5　　22. 马六进七　车 5 进 2

23. 仕六进五　车 5 平 3　　24. 仕五进四　…………

红如改走马七退五，黑则马 6 进 7，帅五平六，车 3 进 2，帅六进一，马 4 进 5，黑方胜势。

24. …………　车 3 退 6

黑胜。

第 141 局　红平车捉马对黑外肋进马(二)

1. 炮二平五　马 8 进 7　　2. 马二进三　车 9 平 8

3. 车一平二　马 2 进 3　　4. 兵七进一　卒 7 进 1

5. 车二进六　马 7 进 6　　6. 马八进七　车 1 进 1

7. 兵五进一　卒 7 进 1　　8. 车二平四　马 6 进 8

9. 马三进五　卒 7 进 1　　10. 兵五进一　卒 5 进 1

11. 炮五进三　马 8 进 6　　12. 车四退二　…………

红方退车别马腿，保持“空心炮”的威力，正着。

12. …………　炮 8 平 7(图 141)

如图 141 形势，红方有两种走法：马七退五和马七进六。现分述如下。

第一种走法：马七退五

13. 马七退五　…………

红方退马保相，是稳健的走法。

13. …………　车 8 进 7　　14. 炮八平五　马 6 进 7

15. 车四退三　卒 7 平 6　　16. 马五进七　炮 7 进 7

17. 仕四进五　炮 2 进 6　　18. 仕五进四　车 8 进 2

19. 马五进六　卒 6 平 5　　20. 马七进五　将 5 进 1

21. 车九进二　车 1 平 2
22. 马六进七　将 5 平 6
23. 马七进六　将 6 进 1
24. 仕四退五　炮 2 平 6
25. 后炮平四　炮 7 平 4
26. 仕五退四　炮 6 平 4
27. 炮四退一

红方优势。

第二种走法:马七进六

13. 马七进六　…………

红方进马,弃相抢攻,是改进后的走法。

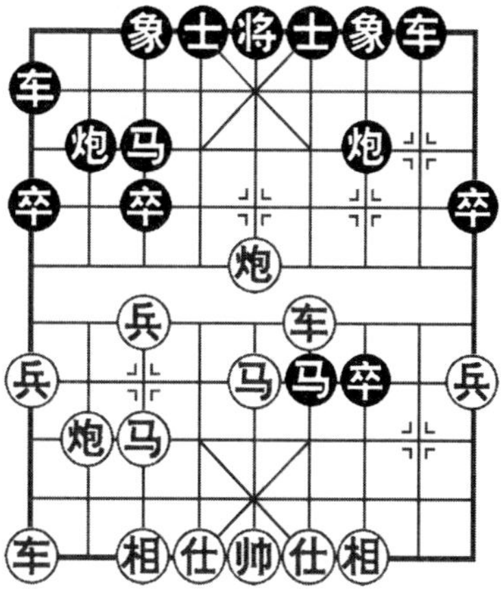

图 141

13. …………　炮 7 进 7
14. 仕四进五　车 8 进 9

黑如改走炮 7 平 9,红则炮八平四,车 8 进 9,仕五退四,车 8 退 5,仕四进五,车 8 平 5,车四进五,将 5 进 1,帅四平五,红方大占优势。

15. 车九进一　车 1 平 8　　16. 炮八平四　…………

红方平炮,精妙绝伦!红方由此渐入佳境。

16. …………　后车退 1

黑方退车,无奈之着。如改走后车进 3,则马六进五,后车平 5,车四进五,将 5 进 1,前马进七,将 5 进 1,车四退二,红胜。

17. 车四进五　将 5 进 1　　18. 车四退六　…………

红方退车吃马,是取胜的关键所在。

18. …………　将 5 退 1

黑如改走卒 7 平 6,红则马六进五,象 3 进 5,马五进七,将 5 平 4,车九平六,红胜。

19. 车四平三　炮 2 进 7　　20. 马六进五　象 7 进 5
21. 前马进七　士 4 进 5　　22. 车九平六　炮 7 平 4
23. 仕五退四　炮 4 平 6　　24. 帅五进一　前车退 1
25. 炮四退一

红方胜势。

第 142 局　黑冲卒捉车对红退车捉马

1. 炮二平五　马 8 进 7　　2. 马二进三　车 9 平 8

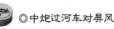

3. 车一平二　马 2 进 3　　4. 兵七进一　卒 7 进 1

5. 车二进六　马 7 进 6　　6. 马八进七　车 1 进 1

7. 兵五进一　卒 7 进 1　　8. 车二退一(图 142)　…………

如图 142 形势，黑方有三种走法：马 6 进 7、马 6 退 7 和卒 7 进 1。现分述如下。

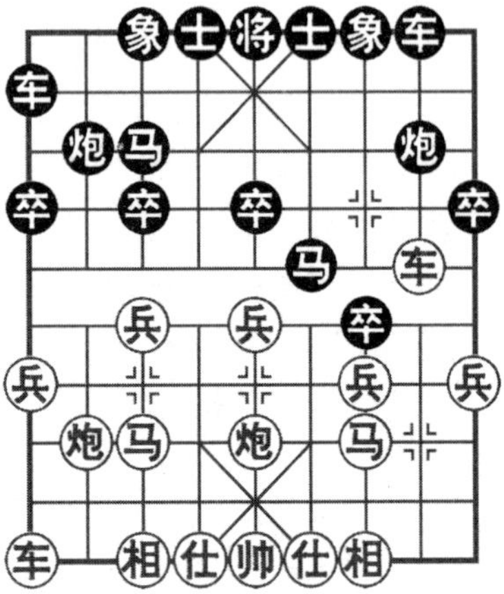

图 142

第一种走法：马 6 进 7

8. …………　马 6 进 7

9. 兵五进一　车 1 平 7

10. 炮五退一　…………

红方退炮，保持变化。另有两种走法：

①兵五进一，士 6 进 5，马三进五，卒 7 平 6，车二退一，卒 6 进 1，马五进六，卒 6 进 1，双方对攻，黑方形势不错。

②马三进五，卒 7 平 6，车二退一，卒 6 进 1，马五进六，卒 6 进 1，马六进七，卒 6 平 5，相七进五，卒 5 进 1，仕六进五，红方仍持先行之利。

10. …………　士 6 进 5　　11. 兵五进一　炮 2 进 1

黑方高炮捉兵实施反击，巧妙！

12. 马七进五　…………

红如改走车二平五，黑则卒 7 平 6，马七进六，马 7 退 5，马三进四，马 5 进 6，炮五平四，炮 8 进 7，黑优。

12. …………　卒 7 平 6　　13. 车二退二　卒 6 平 5

14. 马五退四　马 7 退 6　　15. 相七进五　炮 8 平 7

16. 车二退三　车 8 进 9　　17. 马四退二　炮 2 平 5

黑方有卒过河且子力灵活，占优。

第二种走法：马 6 退 7

8. …………　马 6 退 7　　9. 车二退二　…………

红如改走车二平三，黑则炮 8 退 1，兵五进一，卒 7 平 6，炮八平九，炮 8 平 7，兵五进一，炮 7 平 5，车九平八，炮 2 平 1，马七进六，炮 5 进 6，相七进五，马 3 进 5，马六进五，马 7 进 5，车三平五，车 1 平 5，车八进七，马 5 退 4，车八退二，车 8 进 6，马三进五，车 8 平 7，马五进四，车 7 退 2，黑优。

9.…………　卒7平6　　10.兵三进一　车1平6

11.兵五进一　…………

红如改走炮八平九，黑则炮2退1，车九平八，炮2平5，黑可应付。

11.…………　士6进5　　12.炮八平九　卒5进1

13.车九平八　炮8平9　　14.车二进六　马7退8

15.兵三进一　卒5进1　　16.马三进二　卒6平7

17.马二进三　车6进5　　18.车八进六　炮9平7

黑如改走车6平3，红则车八平七，红方易走。

19.炮九进四　炮2平1　　20.炮九平七　象3进5

21.马三退五　象5进7　　22.兵七进一　…………

黑方多一卒过河，红方大子占位较好，双方各有所得。

第三种走法：卒7进1

8.…………　卒7进1　　9.车二平四　…………

红方平车捉马嫌软，应改走兵五进一，这样红方仍持先手。

9.…………　卒7进1　　10.兵五进一　车1平7

11.兵五进一　士6进5　　12.马七进五　卒7进1

13.车四平二　炮2进1

黑方进炮牵制红方中兵，是抢先之着。

14.兵五进一　象7进5　　15.马五进六　马3退1

16.车九进一　车7进1　　17.车九平六　卒3进1

18.车六进二　车8平6

黑方优势。

小结：针对黑方中路未设防的特点，冲中兵直攻中路是红方的行棋方向，黑方冲卒捉车，实施反击计划，是常用的战术手段。此变例中双方对攻激烈，各有顾忌。

第二节　红平车捉马变例

第143局　黑进马踩兵对红升炮逐马(一)

1.炮二平五　马8进7　　2.马二进三　车9平8

3.车一平二　马2进3　　4.兵七进一　卒7进1

5.车二进六　马7进6　　6.马八进七　车1进1

7. 车二平四　…………

红方平车捉马，是力求稳健的走法。

7. …………　马6进7　　8. 炮八进一　…………

红方升炮逐马，继续贯彻稳扎稳打的战略战术。

8. …………　卒7进1

9. 车四平三　车8进1

10. 车三退二　马7进5

11. 相七进五　车8平7

12. 炮八平七　…………

红方平炮，是保持变化的走法。

12. …………　车7进4

13. 相五进三　车1平7

14. 相三进五　马3退5（图143）

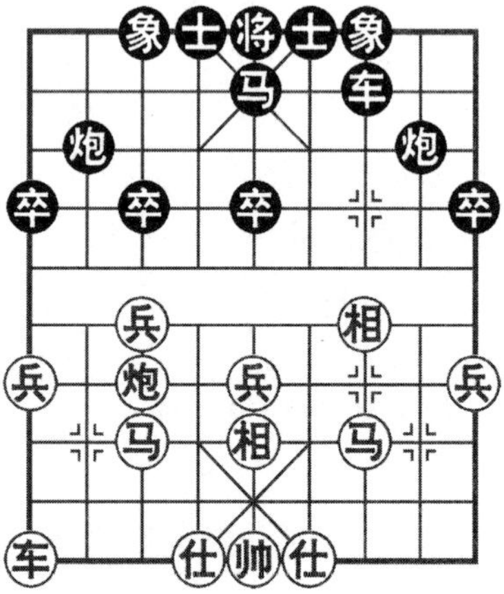

图143

黑方退马，准备从左翼转出，不失为灵活的走法。如改走象3进5，则车九平八，炮2退2，红方稍好。

如图143形势，红方有两种走法：车九平八和车九进一。现分述如下。

第一种走法：车九平八

15. 车九平八　炮2平7

黑如改走炮2平5，红则炮七进三，红方先手。

16. 马三进二　炮8进2　　17. 炮七进三　炮7平8

18. 车八进五　马5进7　　19. 马二退三　象7进5

20. 炮七进一　象5进7　　21. 炮七退二　前炮平3

黑方兑炮，简化局势。如改走象7退5，则炮七进二，象5进7，炮七退二，根据规则，黑方属于两捉须变着。

22. 兵七进一　炮8进2　　23. 兵七平六　象3进5

24. 仕四进五　车7平6　　25. 兵五进一　车6进5

黑方进车红方兵线，准备通过打击红马来展开攻势，可能是过高地估计了自己的攻击能力。此处可考虑改走车6进3捉兵，红如接走马七进八，黑再车6进2，红方单马不能连环，黑方较易展开攻势。

26. 兵五进一　车6平7　　27. 马三进五　炮8进5

28. 相三退一　…………

红方退相可以为中马腾路，应法顽强。如改走帅五平四或仕五进四，则马

7进8，黑有攻势。

28. ………… 马7进8　29. 兵五进一　车7平6

30. 车八退一　马8进9　31. 仕五进四　…………

红方扬仕，防止黑方进马作杀，必走之着。

31. ………… 车6进1　32. 车八平二　…………

红方左车右移，占据要道，局势立即趋向有利。

32. ………… 炮8平9

黑如改走车6平5，红则仕六进五，炮8平9，车二退一，车5平9，马七进六，红亦占优。

33. 马七进六　车6平9　34. 车二退一

红方优势。

第二种走法：车九进一

15. 车九进一　炮8进5

黑方进炮窥相，见缝插针，好棋！

16. 车九平二　…………

面临黑方炮8平5打相的手段，红方很难防守，只好忍痛弃相。

16. ………… 炮8平5　17. 马三进四　炮5平6

18. 车二进一　…………

红方捉炮空头，不如直接走相三退一。

18. ………… 炮2进5　19. 车二进二　马5进7

20. 相三退一　马7进6　21. 车二平三　车7平2

黑方运子非常灵活，又把矛头指向红方左翼，下一步准备炮2平1制造攻势。

22. 仕六进五　炮6进1　23. 炮七进三　炮2平9

24. 车三进五　马6进8

黑方易走。

第144局　黑进马踩兵对红升炮逐马(二)

1. 炮二平五　马8进7　2. 马二进三　车9平8

3. 车一平二　马2进3　4. 兵七进一　卒7进1

5. 车二进六　马7进6　6. 马八进七　车1进1

7. 车二进四　马6进7　8. 炮八进一　卒7进1

9. 车四平三　车8进1　10. 车三退二　马7进5

11.相七进五　车8平7　　12.车三进四　车1平7

13.马三进四　车7进3　　14.炮八平七　车7平6(图144)

如图144形势,红方有两种走法:马四退三和马四退二。现分述如下。

第一种走法:马四退三

15.马四退三　炮2退1

黑方也可改走马3退5,红如接走仕六进五,黑则炮2平7,车九平六,炮7退1,车六进四,马5进7,马三进二,车6平8,马二退四,象7进5,炮七进三,炮8退2,帅五平六,士6进5,炮七进一,士5进6,兵五进一,车8进2,马四退六,车8平6,兵七进一,车6进2,相三进一,马7进6,兵五进一,炮8进9,相一退三,卒5进1,黑优。

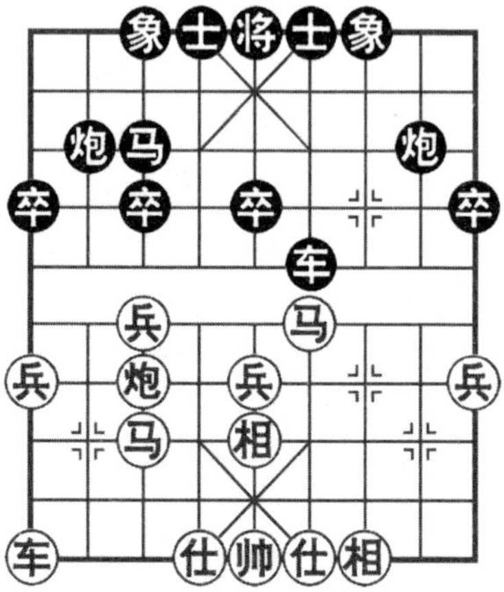

图 144

16.炮七进三　象3进5

17.车九进一　卒9进1

18.车九平六　士4进5　　19.车六平八　炮2平4

20.车八进二　炮8平7　　21.仕六进五　炮4退1

22.兵五进一　炮4平3

双方均势。

第二种走法:马四退二

15.马四退二　…………

红方马四退二,是灵活的走法。

15.…………　象3进5　　16.车九平八　炮2退2

17.仕六进五　炮2平3　　18.马二退四　卒3进1

19.兵七进一　车6平3　　20.马四进五　…………

红方也可改走炮七进四,黑则炮8平3,马七进六,车3平4,车八进四,红方稍好。

20.…………　车3平5　　21.炮七进六　象5退3

22.车八进六　马3进4　　23.车八平九　象7进5

黑方满意。

第145局　黑进马踩兵对红升炮逐马(三)

1.炮二平五　马8平7　　2.马二进三　车9平8

3. 车一平二　马 2 进 3　　4. 兵七进一　卒 7 进 1
5. 车二进六　马 7 进 6　　6. 马八进七　车 1 进 1
7. 车二平四　马 6 进 7　　8. 炮八进一　马 7 进 5
9. 相七进五　车 8 进 1　　10. 炮八平七(图 145)　…………

如图 145 形势,黑方有两种走法:象 3 进 5 和车 1 平 6。现分述如下。

第一种走法:象 3 进 5

10. …………　象 3 进 5

黑方飞象,是稳健的走法。

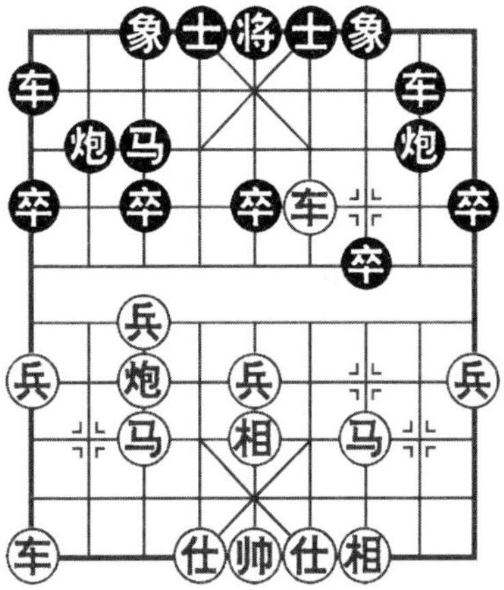

图 145

11. 车九平八　炮 2 平 1
12. 马三进四　车 8 平 2
13. 车八进八　车 1 平 2
14. 马四进五　马 3 进 5
15. 车四平五　车 2 进 6
16. 炮七进三　炮 1 进 4
17. 车五平二　炮 8 平 6
18. 仕四进五　炮 1 平 3
19. 炮七退三　车 2 退 1
20. 炮七平六　车 2 平 4
21. 马七进八　车 4 平 5　　22. 车二平一　卒 1 进 1
23. 马八进七　卒 1 进 1

和势。

第二种走法:车 1 平 6

10. …………　车 1 平 6

黑方平车邀兑,是改进后的走法。

11. 车四进二　车 8 平 6　　12. 车九平八　…………

红如改走兵七进一,黑则马 3 退 5,下伏炮 2 平 7,黑优。

12. …………　炮 2 平 1　　13. 马三进二　…………

红如改走兵七进一,黑则车 6 进 3,兵七平八,象 7 进 5,黑方满意。

13. …………　象 3 进 5　　14. 车八进七　卒 3 进 1

黑方弃炮进卒,是取势要着。

15. 兵七进一　…………

红如改走车八平九,黑则马 3 进 4,车九退一,马 4 进 3,兵七进一,车 6 进 7,黑有攻势,红方难应。

15. ………… 马3进4　16. 车八退四　象5进3

17. 炮七进一　车6进7

黑方进车凶悍，为将来跳马做好铺垫。

18. 兵五进一　炮1平7　19. 相三进一　炮7平5

20. 仕六进五　炮5进3　21. 车八平六　马4进6

22. 车六平四　车6退2　23. 马二退四　马6退8

黑方多卒占优。

第146局　黑进马踩兵对红跃马河口(一)

1. 炮二平五　马8进7　2. 马二进三　车9平8

3. 车一平二　马2进3　4. 兵七进一　卒7进1

5. 车二进六　马7进6　6. 马八进七　车1进1

7. 车二平四　马6进7　8. 马七进六　…………

红方跃起左马，积极求战。

8. ………… 车8进1(图146)

黑方升车，贯彻预定计划。

如图146形势，红方有两种走法：马六进五和炮八平七。现分述如下。

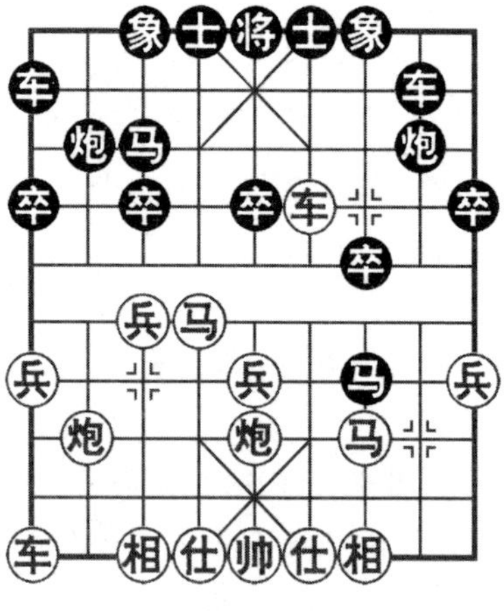

图146

第一种走法：马六进五

9. 马六进五　…………

红方马吃中卒，是稳健的选择。

9. ………… 马7进5

黑如改走象3进5，红则马五进七，炮8平3，炮八进三，红方先手。

10. 相七进五　炮2进1

11. 马五进七　炮2平6

12. 马七进九　车8平1

13. 车九进一　…………

红如改走仕六进五，黑则卒7进1，相五进三，车1平7，相三退五，车7进5，车九平六，炮9平7，双方均势。

13. ………… 炮6进3

黑方进炮是当前最好的应法，如走其他各子，被红方车九平四抢得先手后，会更加被动。

14. 马三进四　…………

红方进马略嫌急，应改走车九平二为宜。

14. …………　车1平6　　15. 马四进五　车6进2

16. 炮八进四　炮8平5　　17. 马五进七　…………

红如改走车九平六，黑则炮5进4，仕六进五，士6进5，车六进四，象7进5，双方局势平稳。

17. …………　卒3进1　　18. 炮八平五　炮5平4

19. 车九平六　车6平5　　20. 车六进六　士4进5

21. 车六进二　士5退4　　22. 马七退五　卒3进1

23. 马五退三　炮6平1

双方均势。

第二种走法：炮八平七

9. 炮八平七　…………

红方平炮威胁黑方右翼，是改进后的走法。

9. …………　车1平4

黑如改走象7进5，红则车九平八，炮2平1，炮五平四，红方先手。

10. 马六进五　马7进5　　11. 相七进五　车4进2

12. 马三进四　炮8平5　　13. 仕六进五　车8平2

14. 兵七进一　…………

红方弃兵，是抢先的走法。

14. …………　卒3进1　　15. 车九平八　卒7进1

16. 相五进三　炮2进5　　17. 车八平六　车4进6

18. 帅五平六　车2平4　　19. 帅六平五　马3进2

黑方进马是败着，应以改走马3进5为宜。

20. 车四退一　炮5进4　　21. 炮七平五　车4进6

22. 车四平五　炮2平5　　23. 相三退五

红方多子胜势。

第147局　黑进马踩兵对红跃马河口(二)

1. 炮二平五　马8进7　　2. 马二进三　车9平8

3. 车一平二　马2进3　　4. 兵七进一　卒7进1

5. 车二进六　马7进6　　6. 马八进七　车1进1

7. 车二平四　马6进7　　8. 马七进六(图147)　…………

如图147形势，黑方有两种走法：车1平4和马7进5。现分述如下。

第一种走法：车1平4

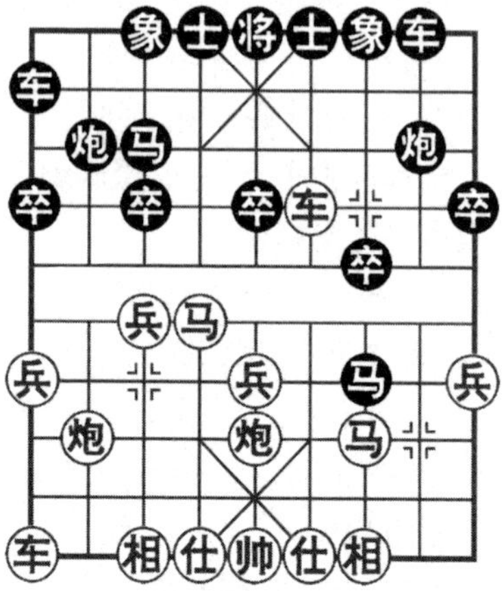

图147

8. ………… 车1平4

9. 炮八进二 …………

红如改走马六进七，黑则车4进6，炮八平九，车4平3，车四退三，卒7进1，马七退六，车3退2，马六进五，象7进5，车九平八，马3进4，车八进五，马4进3，车八进一，车8平7，炮九平六，士6进5，相七进九，车3退4，马五退六，炮2平4，炮六进五，炮8平4，炮五平七，马3退4，车八平六，马4进2，炮七平八，车3进5，马六退五，车3进1，黑方略优。

9. ………… 马7进5

10. 相七进五 炮8平5

11. 仕六进五 车8进6　12. 车九平六 卒7进1

13. 车四平三 卒7进1　14. 炮八退一 车8退1

15. 马六进四 车4进8　16. 仕五退六 车8平6

17. 马四进五 象3进5　18. 车三退三

双方平稳。

第二种走法：马7进5

8. ………… 马7进5

黑方马7进5换炮，是正确的选择。

9. 相七进五 车1平4　10. 马六进七 …………

红如改走炮八进二，黑则炮8平5，车四退一，卒7进1，车四平三，车8进6，车三退一，炮5进4，马三进五，车8平5，仕六进五，车5平2，马六进七，象7进5，车九平六，车4进8，仕五退六，炮2退1，兵七进一，象5进3，车三进三，象3进5，炮八平二，车2平8，炮二平七，士4进5，兵九进一，炮2平1，车三退六，炮1进4，黑方多卒易走。

10. ………… 车4进6

黑如改走卒7进1，红则车四平三，车4进6，炮八进二，卒7进1，车三退三，炮8平6，仕六进五，车4退3，车九平七，象7进5，车三进一，红方易走。

11. 炮八进二 象7进5　12. 车四平二 炮2退1

13. 兵七进一　象 5 进 3　　14. 仕六进五　车 4 退 2
15. 炮八平七　炮 2 平 7　　16. 车二平三　炮 7 平 3
17. 车九平六　车 4 进 4　　18. 仕五退六　炮 8 平 6
19. 马三进四　炮 3 进 2　　20. 炮七进二　象 3 进 5
21. 车三平一　士 4 进 5

双方平稳。

小结:红方平肋车捉马变例,是力求稳健的一种选择,演变结果是黑方可与红方抗衡。

第三节　红退车巡河变例

第 148 局　红退车河口对黑进马踩兵

1. 炮二平五　马 8 进 7　　2. 马二进三　车 9 平 8
3. 车一平二　马 2 进 3　　4. 兵七进一　卒 7 进 1
5. 车二进六　马 7 进 6　　6. 马八进七　车 1 进 1
7. 车二退二　…………

红方退车巡河,伺机而动,是稳健的走法。

7. …………　马 6 进 7　　8. 炮八进一　…………

红如改走炮八平九,黑则车 8 进 1,车九平八,炮 8 平 7,车二进四,车 1 平 8,双方另有不同的攻防变化。

8. …………　马 7 进 5
9. 相七进五　车 8 进 1(图 148)

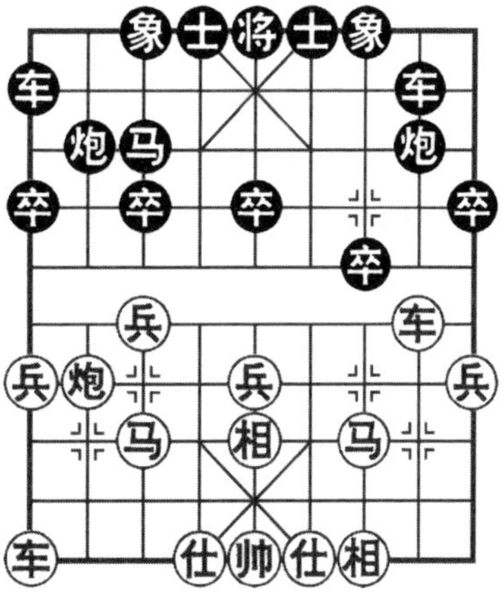

图 148

如图 148 形势,红方有两种走法:马三进四和炮八平七。现分述如下。

第一种走法:马三进四

10. 马三进四　炮 8 平 7

黑如改走象 3 进 5,红则仕六进五,炮 8 平 6,车二进四,车 1 平 8,车九平六,炮 2 退 2,马四进六,马 3 退 1,兵五进一,车 8 平 4,炮八平五,士 4 进 5,马六退四,车 4 进 2,炮五进三,车 2 进 3,炮五退一,马 1 退 3,马四进三,马 3 进 4,双方均势。

11. 车二进四　车1平8　　12. 炮八平七　象3进5

13. 车九平八　炮2退1　　14. 炮七进三　炮2平7

15. 马四进六　车8进7

黑方进车下二路，着法有力。如改走卒7进1，则马七进六，卒5进1，车八进六，红方易走。

16. 仕四进五　后炮平9　　17. 马六进七　…………

红方兑马实属无奈，否则黑方伏有反击之势。

17. …………　炮7平3　　18. 车八进五　炮9进5

19. 车八平六　士6进5　　20. 车六进一　卒9进1

21. 车六平五　车8平6　　22. 仕五退四　卒1进1

23. 仕六进五　车6退4　　24. 兵五进一　车6进1

双方大体均势。

第二种走法：炮八平七

10. 炮八平七　炮8平7

黑如改走象3进5，红则车九平八，炮2退2，炮七进三，炮8平7，车二进四，车1平8，马三进四，车8平4，仕四进五，炮7平9，车八进六，卒9进1，马四进三，炮9进4，车八进一，炮9平6，马三退一，炮6退4，兵五进一，车4进3，马一进二，炮2平1，马二进三，象5退7，车八平七，炮6平5，炮七平八，红方优势。

11. 车二进四　车1平8　　12. 马三进四　象7进5

13. 车九平八　炮2退1

黑如改走卒7进1，红则马四进六，卒3进1，马六进七，卒3进1，相五进七，炮7进7，仕四进五，炮2退1，相七退五，炮7平9，车八进四，车8进8，仕五退四，车8退5，仕四进五，炮2平8，黑方弃子有攻势，占优。

14. 炮七进三　炮2平6　　15. 车八进一　卒7进1

16. 马四进六　卒5进1　　17. 马七进六　车8进2

18. 前马进七　炮7平3　　19. 车八进五　炮3平1

20. 炮七平五　士6进5　　21. 车八退一　卒5进1

22. 兵五进一　卒7平6　　23. 兵五进一　车8进3

24. 马六进七　炮1进4　　25. 炮五平九

红方略优。

第149局　红退车河口对黑平肋车

1. 炮二平五　马8进7　2. 马二进三　车9平8
3. 车一平二　马2进3　4. 兵七进一　卒7进1
5. 车二进六　马7进6　6. 马八进七　车1进1
7. 车二退二　车1平4　8. 车二平四　马6退7
9. 炮八平九　…………

红方平边炮准备抢出左车，力求两翼均衡发展，是稳健的走法。

9. …………　炮2进4　10. 兵三进一　卒7进1
11. 车四平三　马7进6(图149)

如图149形势，红方有两种走法：车三平四和车三进一。现分述如下。

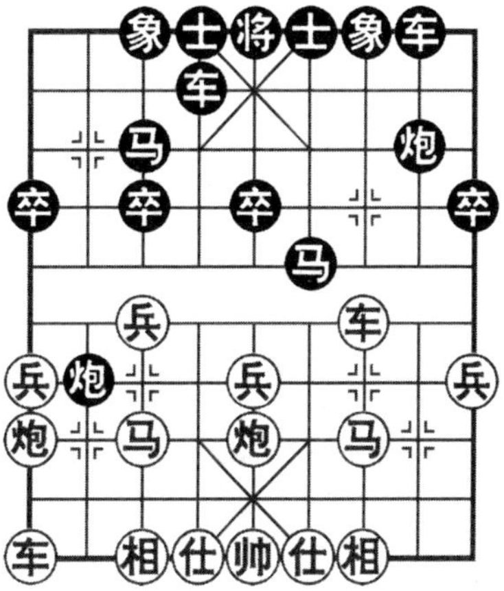

图 149

第一种走法：车三平四

12. 车三平四　…………

红方平车顶马，嫌软。

12. …………　炮8平7

黑方平炮胁相，准备弃子争先。

13. 相三进一　车8进4
14. 车九平八　炮2平3
15. 兵五进一　炮7平6
16. 兵五进一　炮6进3
17. 马三进四　车8进1　18. 兵五平四　士6进5
19. 马四退三　车8平3　20. 马七进五　车4进5
21. 马五进三　象7进5　22. 仕四进五　车4平8
23. 前马退五　车3平4

黑方优势。

第二种走法：车三进一

12. 车三进一　…………

红方进车捉马，正着。

12. …………　马6进7　13. 车九平八　炮2平3
14. 车三进二　车4进7　15. 车三平七　象7进5
16. 炮五进四　士6进5　17. 车七进二　炮8进6
18. 马七退五　车8进3　19. 炮五平九　卒3进1

20. 车七退二　…………

红也可改走车七平八，黑如接走车8平4，红则马五进六，前车退2，仕六进五，炮3进1，前炮进三，马7进9，前车退八，象5退3，仕五进六，炮3平7，前车平二，炮7平1，相七进九，马9退7，车八进九，红方胜势。

20. …………　马7进5　　21. 相三进五　车8平4

22. 前炮进三　象5退3　　23. 后炮平六　后车进4

24. 相七进九　炮3平2　　25. 车七进二　士5进6

26. 车七平八

红方胜势。

第150局　黑右横车对红退车河口

1. 炮二平五　马8进7　　2. 马二进三　车9平8

3. 车一平二　马2进3　　4. 兵七进一　卒7进1

5. 车二进六　马7进6　　6. 马八进七　车1进1

7. 车二退二(图150)　…………

如图150形势，黑方有两种走法：炮2退1和象7进5。现分述如下。

第一种走法：炮2退1

7. …………　炮2退1

8. 车九进一　卒7进1

9. 车二进一　马6进7

10. 车九平四　卒7平6

11. 车二平三　马7进5

12. 炮八平五　象7进5

13. 车三进二　炮2平7

14. 马三进四　炮8进5

黑方如改走车1平6，红则炮五平二，红方得子。

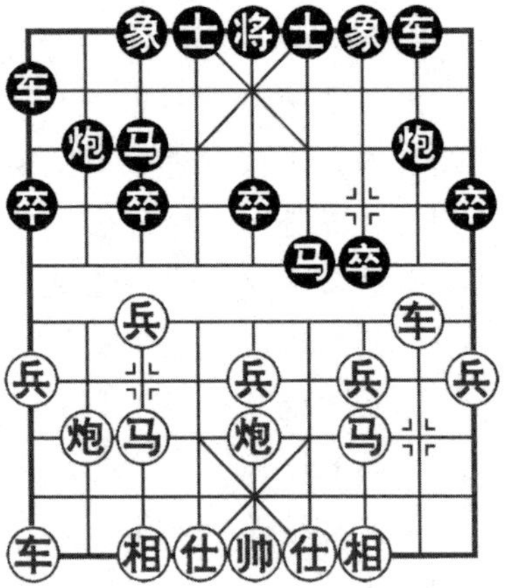

图150

15. 车四平二　车8平7　　16. 马七退五　炮7平8

17. 车二平三　车7进2　　18. 车三进六　车1平6

19. 马四进六　马3退1　　20. 车三平二　前炮平6

21. 马五进三　炮8平7　　22. 仕四进五　车6进3

23. 马六进五　象3进5　　24. 车二平五　士6进5

25. 仕五进四　车 6 平 7

黑如改走车 6 进 3，红则马三进二，也是红方大占优势。

26. 马三进四　车 7 平 6　　27. 马四退二

红方胜势。

第二种走法：象 7 进 5

7. …………　象 7 进 5　　8. 车二平四　马 6 退 7

9. 炮八进一　炮 2 退 1　　10. 车九进一　马 7 进 8

11. 车四进四　马 3 退 5　　12. 车四退二　马 5 进 7

13. 炮五进四　炮 2 平 5

黑方应改走马 7 进 5 为宜。

14. 炮五平一　车 1 平 4　　15. 炮八进六　卒 7 进 1

16. 车四平七　马 8 进 6

黑方进马嫌急，如改走车 4 平 2 捉炮，则较为积极主动。

17. 车九平八　马 6 进 7　　18. 车七进三　车 4 进 6

19. 车七退一　象 5 退 3　　20. 仕六进五　车 4 平 3

21. 炮一平七　…………

红方平炮打车，一击中的！令黑方难以应付。

21. …………　车 3 进 2　　22. 炮七退六

红方胜势。

小结：红退车巡河变例是一种稳健的走法。其意图是避开黑方卒 7 进 1 的反击，伺机而动，寓守于攻，形势发展对红方较有利。

第四节　红进炮骑河变例

第 151 局　黑右横车对红进炮骑河

1. 炮二平五　马 8 进 7　　2. 马二进三　车 9 平 8

3. 车一平二　马 2 进 3　　4. 兵七进一　卒 7 进 1

5. 车二进六　马 7 进 6　　6. 马八进七　车 1 进 1

7. 炮八进三(图 151)　…………

红方进骑河炮准备攻马，是针锋相对的走法。

如图 151 形势，黑方有四种走法：马 6 进 7、炮 2 进 1、卒 7 进 1 和车 1 平 6。现分述如下。

第一种走法：马6进7

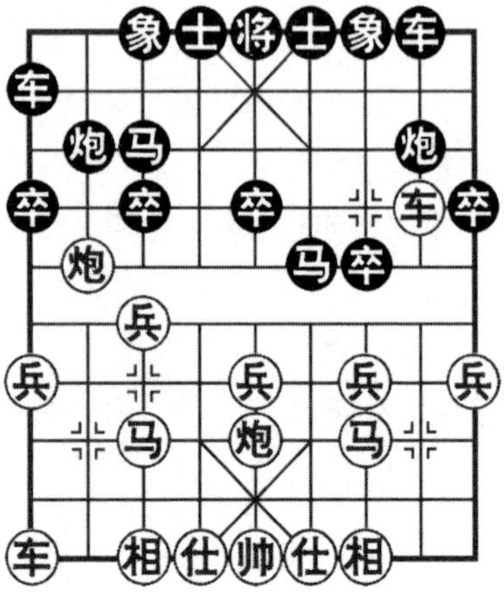

图151

7. ………… 马6进7
8. 马七进六 象7进5
9. 马六进五 马7进5
10. 相七进五 马3进5
11. 车二平五 车1平6
12. 马三进二 …………

经过一番交换，红多中兵，且占兵种齐全之利，先手渐趋扩大。

12. ………… 士6进5
13. 仕六进五 卒7进1
14. 马二进三 炮8平7
15. 车九平六 车8进4
16. 车五退一 …………

红方兑车，简明有力。如改走炮八平五，则炮2进1，车五平七，炮2平7，车七平三，车8平5，立呈和势。

16. ………… 车8进4　17. 车六进六 车8平6
18. 车六平七 后车进2　19. 车五进一 后车平5
20. 车七平五 卒7进1　21. 炮八退四 车6退4
22. 兵五进一 车6平1　23. 炮八进五 车1进2

黑车吃兵，立成败局。不如改走炮7平6，尚可支撑。

24. 马三进五 …………

红方弃马搏象，巧妙有力，通过先弃后取的战术手段赚得双象，是迅速入局的有力着法。

24. ………… 象3进5　25. 车五进一 炮7平6
26. 车五平八

红方大占优势。

第二种走法：炮2进1

7. ………… 炮2进1　8. 车二退二 …………

红方另有两种走法：

①车二退三，马6退7，兵三进一，卒7进1，炮八退一，马7进6，炮八平三，车1平7，炮三平五，象7进5，车九平八，炮2退2，马三进四，炮2平6，车八进五，车7进3，后炮平四，炮6进4，车八平四，炮6平8，车四平三，后炮进

4,相七进五,车 8 进 4,双方平稳。

②车九进一,卒 7 进 1,车二退一,马 6 进 7,车九平四,马 7 进 5,相七进五,卒 7 进 1,马三退五,象 3 进 5,马七进六,车 8 进 1,车四进六,炮 8 平 9,车二平四,士 4 进 5,前车平三,红优。

8.………… 马 6 进 7　　9.炮八退二 马 7 进 5

10.相七进五 车 1 平 8　　11.炮八平七 …………

红如改走马三进四,黑则象 7 进 5,马四进六,炮 2 退 2,炮八平七,卒 3 进 1,兵七进一,马 3 进 4,兵七平六,炮 8 平 7,车二进四,车 8 进 1,车九平八,炮 2 平 6,车八进八,炮 7 退 1,车八退四,炮 6 进 7,车八平四,车 8 进 6,帅五进一,炮 6 退 1,马七退八,车 8 进 1,帅五退一,炮 6 进 1,黑优。

11.………… 炮 8 平 7　　12.车二进四 车 8 进 1

13.马三进四 象 3 进 5　　14.车九平八 炮 2 退 2

15.炮七进三 卒 5 进 1　　16.马四进三 炮 2 平 5

17.车八进八 卒 5 进 1　　18.车八平七 卒 5 进 1

19.车七退一 卒 5 进 1　　20.车七进一 卒 5 平 4

21.相三进五 卒 4 平 3　　22.车七平六 炮 5 平 6

23.马三进五 士 4 进 5　　24.车六退三 车 8 进 2

25.炮七平三 炮 7 平 6

黑方略优。

第三种走法:卒 7 进 1

7.………… 卒 7 进 1　　8.炮五进四 马 3 进 5

9.车二平五 炮 8 平 5

黑如改走炮 2 平 5,红则炮八平五,炮 5 退 1,车五平四,炮 8 平 5,车四退一,后炮进 3,车四平五,车 8 进 4,车五进一,卒 7 进 1,马三退一,车 1 平 6,相三进五,车 8 进 5,马一退三,卒 7 进 1,车九进一,士 6 进 5,车九平一,车 6 平 7,马七进六,卒 7 进 1,马六进四,车 7 进 3,马四进五,象 3 进 5,车五平一,车 8 退 3,前车平七,车 8 平 5,车七平九,卒 7 进 1,双方均势。

10.炮八平五 士 6 进 5　　11.兵三进一 炮 5 进 2

12.车五退一 马 6 进 7　　13.马七进六 车 8 进 8

14.车九平八 炮 2 平 5　　15.马六进七 马 7 进 9

16.车八进二 马 9 进 7　　17.帅五进一 车 1 平 3

18.兵七进一 炮 5 平 8　　19.车八平四 车 3 进 1

20.车四退一 车 3 平 2　　21.兵七平八 车 2 平 4

22. 帅五退一　车 4 进 5

黑方胜势。

第四种走法:车 1 平 6

7. …………　车 1 平 6　　8. 兵七进一　卒 3 进 1

9. 炮八平四　车 6 进 3　　10. 车九平八　车 6 进 3

黑可考虑改走卒 3 进 1,红如接走车八进七,黑则炮 8 平 2,车二进三,卒 3 进 1,黑方弃子,可以一战。

11. 马七进六　车 6 平 7　　12. 马六进五　马 3 进 5

13. 车八进七　象 7 进 5　　14. 炮五进四　士 6 进 5

15. 相七进五　车 7 退 1　　16. 兵五进一　车 7 平 6

17. 车八退一　车 8 平 6　　18. 仕六进五　后车进 2

19. 兵一进一

红方优势。

小结:红方进炮骑河变例,另辟蹊径,含有出奇制胜之意。双方攻防变化较为复杂,实战效果还有待今后实践验证。

第五节　红左炮过河变例

第 152 局　黑右横车对红左炮过河

1. 炮二平五　马 8 进 7　　2. 马二进三　车 9 平 8

3. 车一平二　马 2 进 3

4. 兵七进一　卒 7 进 1

5. 车二进六　马 7 进 6

6. 马八进七　车 1 进 1

7. 炮八进四(图 152)　…………

红方飞炮过河夺中卒,是简明有力的走法。

如图 152 形势,黑方有三种走法:象 7 进 5、车 1 平 6 和车 1 平 4。现分述如下。

第一种走法:象 7 进 5

7. …………　象 7 进 5

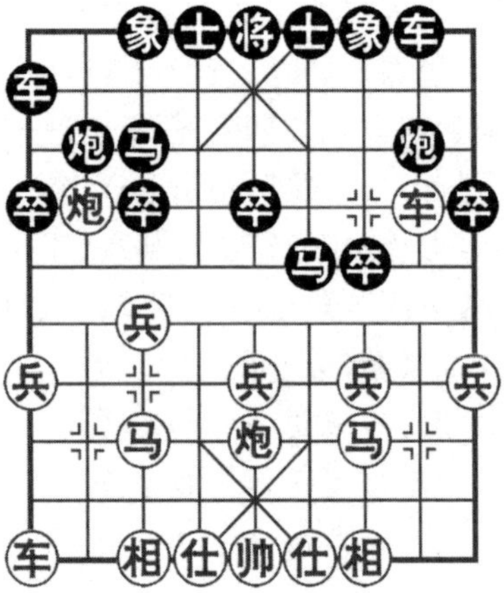

图 152

黑方补象，巩固阵势。如改走卒7进1，则车二平四，马6进7，炮五进四，红优。

8. 炮八平五　马3进5　　9. 炮五进四　士6进5

10. 车九平八　车8平6　　11. 兵五进一　…………

红方冲中兵加强攻势，是紧凑有力的走法。如改走车二平三，则车1平4，仕六进五，车4进5，相七进五，车4平3，马七退六，卒3进1，兵七进一，马6进4，车八进二，马4进2，兵七平八，车3退3，炮五平六，车6进4，兵五进一，车6平2，马三进五，炮8进5，相五进七，炮8退1，马五退六，车2平6，黑优。

11. …………　卒7进1　　12. 车二退一　车6进3

黑如改走卒7进1，红则兵五进一，马6退7，炮五平三，象5退7，马三进五，车1平4，仕六进五，炮2平5，相七进五，卒7平6，马五进四，车6进3，车二进一，卒6进1，车八平六，车4平2，马七进六，卒6进1，炮三平一（如兵五进一，则车6进1，车二进一，马7进5，车二平五，马5进4，黑方大占优势），车6平8，马四进二，双方对攻，各有顾忌。

13. 兵五进一　马6退8　　14. 车二平三　车6平5

黑方以车砍炮实属无奈，但舍此也别无良策。

15. 兵五进一　象5进7　　16. 车八进七　象3进5

黑方应改走车1进1，这样较为顽强。

17. 车八退四　卒7平6

黑如改走卒7进1，红则车八平三，炮8平7，车三平二，也是红优。

18. 车八平五　车1平4　　19. 仕四进五　象5退7

20. 车五进二　象7退5　　21. 马三进五　车4进5

22. 相三进五　卒6进1　　23. 马五进六　卒6平7

24. 兵五平四

红方优势。

第二种走法：车1平6

7. …………　车1平6　　8. 车二退二　…………

红方退车河口，防止黑方卒7进1反击，是稳健的走法。

8. …………　马6进7　　9. 马七进六　马7进5

10. 相七进五　车8进1　　11. 马六进五　马3进5

12. 炮八平五　炮2进5　　13. 车九平八　…………

红方出车捉炮弃马，是紧凑有力的走法。

13. …………　炮2平7　　14. 车八进七　车6进2

15. 炮五退一　车 6 进 1　　16. 炮五退一　车 8 平 6

17. 仕六进五　后车进 1

黑方兑车弃还一子，出于无奈。如改走炮 8 平 6，则车八平六，下伏帅五平六，黑方难应。

18. 车二进三　后车平 8　　19. 车八平二　车 6 进 2

20. 车二平五　士 6 进 5　　21. 车五平三　将 5 平 6

22. 车三退二　炮 7 退 1　　23. 车三进四　将 6 进 1

24. 炮五平六

红方优势。

第三种走法：车 1 平 4

7. …………　车 1 平 4　　8. 车二退二　…………

红方另有两种走法：

①炮八平五，马 3 进 5，车九平八，马 6 退 7，炮五进四，车 4 进 2，炮五平三，士 6 进 5，相七进五，卒 3 进 1，兵七进一，炮 2 进 1，兵七平六，车 4 平 6，兵六平五，炮 2 平 7，兵五平四，车 6 平 3，兵四平三，车 3 进 4，兵三进一，炮 8 平 9，车二进三，马 7 退 8，黑方多子易走。

②兵五进一，卒 7 进 1，车二退一，马 6 进 7，炮八平五，马 3 进 5，炮五进四，车 4 进 2，炮五退一，炮 2 进 2，车二退二，炮 8 进 3，车二平三，卒 7 进 1，马三进五，车 4 进 1，黑优。

8. …………　象 7 进 5　　9. 兵五进一　…………

红方亦可改走炮八平五，黑则马 3 进 5，炮五进四，士 6 进 5，相七进五，车 4 进 2，炮五退一，马 6 进 7，仕六进五，车 8 平 7，车九平八，车 4 平 5，炮五平六，卒 7 进 1，相五进三，车 5 平 7，相三进五，马 7 进 5，相三退五，前车进 4，炮六平五，前车退 3，兵五进一，后车进 3，车八进六，炮 2 平 4，马七进五，炮 8 进 2，炮五平二，后车平 8，车二退四，车 7 平 8，车二进五，车 8 进 1，马五进三，卒 3 进 1，兵七进一，象 5 进 3，车八平一，车 8 平 7，车一平九，红方多兵占优。

9. …………　车 4 进 6　　10. 车九进二　卒 7 进 1

11. 车二平三　士 4 进 5　　12. 车三平四　马 6 退 7

13. 兵九进一　车 4 进 1　　14. 车九退一　车 4 退 1

15. 车九平七　车 4 退 1　　16. 车四平三　马 7 进 6

17. 炮八平五　马 3 进 5　　18. 炮五进四　将 5 平 4

19. 车七平八　车 4 进 1　　20. 兵五进一　车 4 平 3

21. 车三平六　炮 2 平 4　　22. 相七进五　马 6 退 7

23. 炮五平九　将 4 平 5　　24. 车八进二　炮 4 退 2
25. 仕六进五

红方弃子占势。

小结:红方左炮过河,威胁黑方中卒,简明有力。其演变结果是红方易占上风。

第六节　红左横车变例

第 153 局　黑右横车对红左横车

1. 炮二平五　马 8 进 7　　2. 马二进三　车 9 平 8
3. 车一平二　马 2 进 3　　4. 兵七进一　卒 7 进 1
5. 车二进六　马 7 进 6　　6. 马八进七　车 1 进 1
7. 车九进一(图 153)　…………

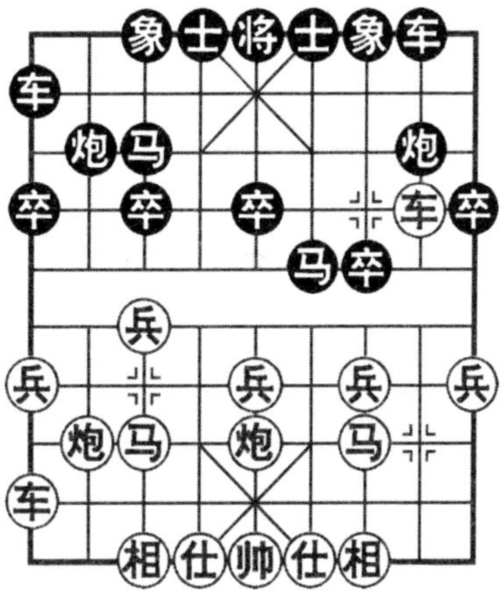

图 153

如图 153 形势,黑方有两种走法:车 1 平 4 和卒 7 进 1。现分述如下。

第一种走法:车 1 平 4

7. …………　车 1 平 4
8. 车九平四　炮 8 平 6
9. 车二进三　炮 6 进 6
10. 炮五平四　马 3 退 5
11. 仕四进五　卒 3 进 1
12. 兵七进一　车 4 平 3
13. 车二退八　车 3 进 3
14. 相七进五　车 3 进 2
15. 车二平四　马 6 进 4
16. 仕五退四　象 7 进 5

黑如改走马 4 进 3,红则车四平七,炮 2 平 3,炮四平七,炮 3 进 5,马三退五,红方多子占优。

17. 车四平七　马 5 进 7　　18. 炮八退二　炮 2 平 3
19. 炮八平七　炮 3 进 5　　20. 炮四平七　马 4 进 3
21. 炮七进二　卒 1 进 1　　22. 车七退一　马 7 进 6
23. 炮七退一　车 3 平 1　　24. 炮七平二

红方多子占优。

第二种走法:卒7进1

7.………… 卒7进1

黑方冲卒胁车,对抢先手。

8.车二平四 …………

红如改走车二退一,黑则马6进7,车二平三,象7进5(如车8进1,则车三退一,车1平7,车三进四,车8平7,马七进六,车7进4,车九平六,象7进5,马六进五,红方略优),车三退一,车8平7,车三进五,象5退7,马七进六,车1平7,炮五平六,车7进3,相七进五,卒9进1,仕六进五,炮2退1,炮八平七,炮2平7,车九平八,象7进5,车八进五,双方大体均势。

8.………… 马6进7 9.炮五平四 …………

红如改走车九平四,黑则象7进5,前车平二,士4进5,车四平六,马7进5,相三进五,卒7进1,马三退一,士5退4,炮八进一,车1平8,炮八平三,炮8平7,车二进二,车8进1,炮三进三,车8进2,炮三平七,卒5进1,马七进八,象3进1,马一进三,炮2进2,炮七平六,士4进5,兵九进一,炮2退4,炮六平七,炮2进4,双方各有顾忌。

9.………… 象7进5 10.车九平二 车1平7

11.马七进六 炮2进1 12.马六进七 炮8进4

13.炮四进一 卒7平8 14.相三进五 炮8平6

15.车四退三 卒8进1 16.车二平六 卒8进1

17.马三退五 马7进8 18.马五退三 卒8平7

19.车六进六 卒7进1 20.马三进一 炮2进3

21.车四进一 士6进5 22.车六平七 车8平6

23.车四进五 将5平6 24.车七平八 炮2平9

25.车八退二 马8退7 26.仕六进五 卒7平8

黑方易走。

小结:红左横车变例中,黑方可以从容调整阵形,与红方相对抗。

第七节 红平边炮变例

第154局 红平边炮对黑冲卒逐车

1.炮二平五 马8进7 2.马二进三 车9平8

3.车一平二 马2进3 4.兵七进一 卒7进1

5. 车二进六　马7进6　　6. 马八进七　车1进1

7. 炮八平九　卒7进1(图154)

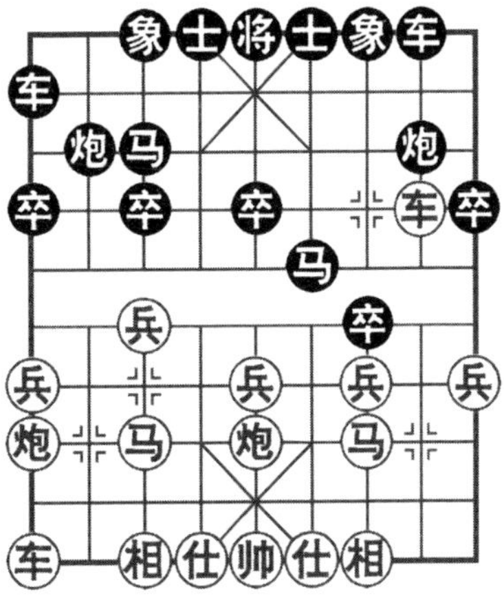

图154

如图154形势,红方有两种走法:车二退一和车二平四。现分述如下。

第一种走法:车二退一

8. 车二退一　卒7进1

黑如改走马6进7,红则车九平八,车8进1,炮五退一,卒7平6,车二退二,卒6进1,马七进六,炮8平5,车二进五,车1平8,马六退四,炮2退1,兵七进一,卒3进1,炮五平七,炮5平7,马四进三,象7进5,前马进四,炮2平6,炮七进六,车8进3,相七进五,士6进5,黑方满意。

9. 车二平四　卒7进1

10. 车九平八　炮2退1

11. 马七进六　炮2平5　　12. 炮九平三　炮5进5

13. 仕六进五　车1平7　　14. 车八进三　炮8平5

15. 炮三平四　车7进8　　16. 马六退七　…………

红如改走炮四进七,黑则车8进5,马六退七,前炮平8,黑方易走。

16. …………　前炮平8　　17. 炮四平二　炮8平7

黑如改走车7退2,红有车四进四的手段。

18. 炮二平四　炮7进1　　19. 炮五平三　车7退2

20. 兵七进一　卒3进1　　21. 车八平四　士6进5

22. 前车平七　马3退1

黑方形势乐观。

第二种走法:车二平四

8. 车二平四　…………

红方平车捉马,是新的尝试。

8. …………　马6进7　　9. 车四平三　车8进1

10. 车三退二　车1平7　　11. 车三进四　车8平7

12. 炮五退一　炮2进2　　13. 炮五平三　炮2平5

14. 仕六进五　炮5平7　　15. 仕五退六　象7进5

16. 车九进一　炮8进5　　17. 车九平七　士6进5

18. 马七退五　炮 8 平 1　　19. 相七进九　马 7 进 5
20. 相三进五　炮 7 进 3　　21. 车七进一　车 7 进 5
22. 相五退三　卒 1 进 1

双方均势。

小结:红平边炮变例,因双方的攻守变化比较简单,将形成平稳的局面。

第四章　中炮过河车对屏风马左马盘河急冲7卒

中炮过河车对屏风马左马盘河急冲7卒，是近期出现的新应法，始见于21世纪之初。黑方不飞象即冲7卒逐车，是突破常规的走法，这一新招使经典套路面临严峻挑战。黑方急冲7卒的变例复杂多变，并常常出现激烈的对攻局面。本章列举了6局典型局例，分别介绍了这一布局中双方的攻防变化。

第一节　红平车捉马变例

第155局　黑外肋进马对红挺兵吃卒

1. 炮二平五　马8进7　2. 马二进三　车9平8
3. 车一平二　马2进3　4. 兵七进一　卒7进1
5. 车二进六　马7进6　6. 马八进七　卒7进1

黑方不补象即冲7卒，是近年出现的新应法。

7. 车二平四　马6进8

黑方另有两种走法：

①卒7进1，车四退一，卒7进1，马七进六，卒7进1(如炮8平5，则兵七进一，车8进5，兵七进一，车8平4，兵七进一，炮2进4，炮八平三，红优)，炮八平七，象7进5，车九平八，车1平2，兵七进一，红优。

②马6进7，炮五平六，象7进5，车四平二，车1进1，炮八进二，车1平7，相七进五，红优。

8. 兵三进一　…………

红方挺兵吃卒，准备先弃后取，谋得多兵之势。

8. …………　马8进7　9. 炮五进四　马3进5

黑方弃一子是正着。如改走马7退9，则炮五退二，红方弃子有攻势，占优。

10. 车四平一　士6进5

黑方补士是改进后的走法。如改走炮2平5，则炮八平三，炮8进7，仕六进五，红优。

11. 炮八平三　炮8进7(图155)

黑炮沉底，准备在红方右翼底线展开攻势，是这一变例的“主题”。

如图155形势，红方有三种走法：仕六进五、马七进六和车九进一。现分述如下。

第一种走法：仕六进五

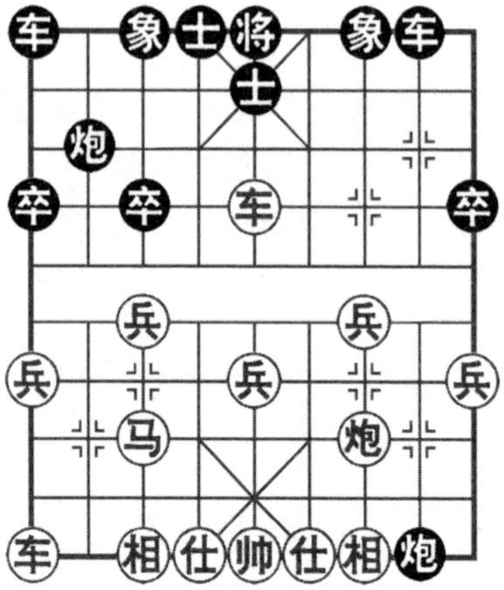

图155

12. 仕六进五　…………

红方补仕，巩固中防。

12. …………　车8进7
13. 炮三平四　…………

红方平炮，是稳健的走法。

13. …………　炮2平6
14. 车五平四　炮6平5
15. 马七进六　…………

红方跃马求变，嫌急。应改走车四平五，黑则炮5平6，车五平四，双方不变作和。

15. …………　车1平2
16. 相七进五　炮8平9
17. 车四平五　车8进1　18. 马六退七　…………

红方退马，无奈之着。否则黑方车2进8催杀，红方难以应付。

18. …………　车2进4　19. 兵七进一　…………

红方献兵，牵制黑车。如改走车九平六，则车8平6，车六平八，车2平8，黑方胜势。

19. …………　车2平3　20. 车九平六　车8平6
21. 车六进六　车3平8　22. 帅五平六　车8进5
23. 帅六进一　炮9平7

黑方优势。

第二种走法：马七进六

红方左马盘河，是力争主动的走法。

12. …………　炮2平6

黑方平炮肋道，防止红方马六进四，是紧要之着。

13. 车九进二　车8进8

黑方进车下二路，是预谋的战术手段。

14. 相七进五　炮6进5

黑方伸炮打车，佳着。

15. 相五退七　车8平6　16. 车五平四　…………

红方弃仕，无奈。如改走仕六进五，则炮6进2，黑方亦有攻势。

16. …………　车6进1　17. 帅五进一　炮8退2

18. 车九平六　炮6进1　19. 炮三退一　车1平2

黑方出车，弃炮催杀，红方难应。

20. 车六平二　车2进8　21. 帅五进一　车6平5

22. 帅五平六　车5平4　23. 帅六平五　车2退1

黑胜。

第三种走法：车九进一

12. 车九进一　…………

红方高横车，增强攻防力量。

12. …………　炮2平6　13. 兵三进一　…………

红方如改走马七进六，黑则车1平2，兵三进一，车2进4，车五平三，象3进5，马六进七，车8进5，车九平四，炮6进7，对攻中黑方优势。

13. …………　车1平2　14. 车九平三　车2进4

15. 炮三进二　车8进7

黑方进车捉马，正着。如改走车2平7，则炮三平五，车7进4，车五平三，将5平6，车三退五，红方稍优。

16. 炮三平五　象3进5　17. 马七进六　车8平6

黑方平车捉仕，着法紧凑。

18. 仕六进五　车2进5　19. 仕五进四　车2平3

20. 帅五进一　车3退1　21. 帅五退一　车3平7

22. 车五平二　车7进1　23. 马六进七　炮8平9

黑方略优。

第156局　黑外肋进马对红退马窝心

1. 炮二平五　马8进7　2. 马二进三　车9平8

3. 车一平二　马2进3　4. 兵七进一　卒7进1

5. 车二进六　马7进6　6. 马八进七　卒7进1

7. 车二平四　马6进8　8. 马三退五　…………

红方退马窝心，是保持变化的走法。

8. …………　卒7进1　9. 马七进六　炮8平5

黑方补架中炮，是未补象的便利，也是这一变例兴起的原因之一。

10. 马五进七　…………

红方跳出窝心马，正着。如改走炮八平七，则车 8 进 4（如炮 5 进 4，则车九平八，车 1 平 2，车八进三，炮 5 退 1，马六进五，红优），车九平八，车 1 平 2，车八进六，士 4 进 5，马六进五，马 3 进 5，炮五进四，车 8 平 4，炮七平八，车 4 进 4，车八退三，象 3 进 1，炮八退二，车 2 进 1，黑方优势。

10. …………　炮 2 进 4（图 156）

黑方右炮过河，准备平炮压马，并伏有弃子抢先的战术手段，是这一布局变例中黑方经典的反击战术。以往黑方多走炮 5 平 7，红则相三进一，士 4 进 5（如马 8 进 9，则马六进五，象 3 进 5，马五进七，炮 7 平 3，车九进一，红优），相一进三，炮 7 平 6。以下红方有两种走法：

①炮八进一，卒 7 进 1，炮八平七，炮 2 进 3，炮七进三，炮 2 平 4，马七进六，象 3 进 5，马六进五，车 1 平 4，马五进七，炮 6 平 3，车九平八，车 8 进 2，炮七平五，车 8 平 7，车八进五，炮 3 退 2，双方各有顾忌。

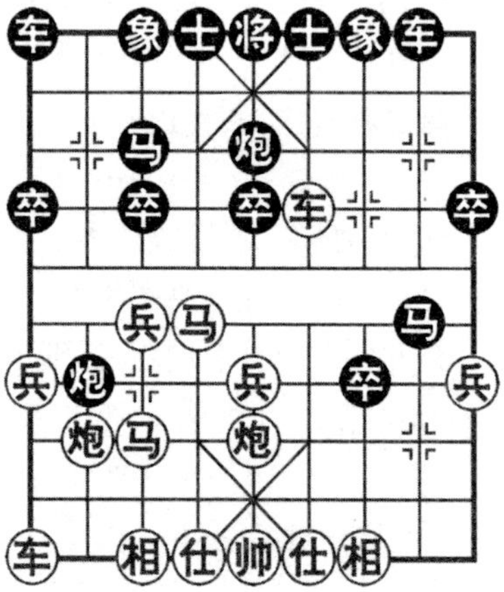

图 156

②车九进一，马 8 进 7，车九平三，马 7 退 9，车三进二，炮 2 进 4，车三退二，炮 2 平 3，相七进九，象 3 进 5，兵五进一，车 8 进 6，炮八进一，炮 3 平 5，仕六进五，炮 5 进 2，炮五进一，炮 5 退 3，相三退五，车 8 进 2，车三平二，马 9 进 8，仕四进五，车 1 平 2，炮八平七，车 2 进 8，帅五平六，车 2 退 4，黑优。

如图 156 形势，红方有两种走法：兵七进一和车九进一。现分述如下。

第一种走法：兵七进一

11. 兵七进一　…………

红方冲兵接受挑战，是直观的走法。如改走马六进五，则黑方有炮 2 退 3 的手段。

11. …………　卒 3 进 1　　12. 马六退八　卒 3 进 1

13. 马八进七　士 4 进 5　　14. 车四退二　卒 3 进 1

15. 前马退九　…………

红方退马捉卒，并准备进马奔袭，是灵活之着。

15. …………　马 3 进 4

黑方跃马捉车，是化解红方攻势的巧妙之着。

16. 车四平六　卒3进1　　17. 车六进一　车1平2

正着。如改走卒3平2，则马九进八，红优。

18. 炮八平九　车2进5

黑方弃子取势，局面乐观。

19. 车九进一　车8进3　　20. 车九平六　炮5进4

21. 仕六进五　马8进6　　22. 前车平七　…………

红方平车催杀，得回黑卒是必然之着 。否则黑方有车2进4的凶着。

22. …………　象7进5　　23. 车七退三　卒1进1

24. 帅五平六　卒5进1　　25. 车六进四　车8进2

26. 炮五进三　车8平4　　27. 车七平六　车4进2

28. 仕五进六　卒1进1　　29. 炮九进二　马6退5

黑方以马兑炮，是简明的走法。否则红车和双炮也颇具攻击力。

30. 车六平五　炮5平9

黑方多卒占优。

第二种走法：车九进一

11. 车九进一　…………

红方高左横车，准备增援右翼，是力求稳健的走法。

11. …………　炮2平3

黑如改走车8进4，红则马六进五，马3进5，炮五进四，士4进5，马七进八，车8平5，车九平六，马8进6，马八进七，车5进2，炮八平五，车1平2，仕四进五，炮2平3，马七进五，象3进5，车六进五，车5退1，帅五平四，车2平3，后炮平三，象7进9，炮三平二，车5平8，炮二平五，象9退7，车四进二，车8平5，后炮平三，象7进9，相七进九，炮3平5，炮五平二，卒7进1，炮二进三，象9退7，车六进二，绝杀，红胜。

12. 相七进九　…………

红方飞边相，似嫌消极。另有两种走法：

①马六进五，黑如接走车1平2，红则车九平六，士6进5，仕六进五，车2进2，车六进七，马8进6，帅五平六，马6进7，车四进二，车8进2，车四平三，象7进9，车三平一，将5平6，车一进一，将6进1，马五退四，炮5进5，炮八平五，马7退5，相七进五，车2进2，马四进三，车8平7，车六退二，红方大占优势。

②车九平二，车1平2，相七进九，士4进5，炮八退二，车2进4，兵七进一，车2平3，马六进五，马3进5，炮八进九，象3进1，车四平五，车8进4，车

二平六，车 8 平 4，车六进四，车 3 平 4，车五平七，象 1 进 3，车七进三，车 4 退 4，炮五进五，象 7 进 5，车七平六，将 5 平 4，炮八退九，马 8 进 6，炮八平七，炮 3 平 2，仕四进五，卒 7 进 1，黑方残局易走。

12. ………… 车 1 平 2　　13. 车九平二　士 4 进 5

14. 炮八退二　卒 7 平 6

红方虽牵制黑方车马，却无法对其进行有效的攻击。黑方子力占位较好，过河卒向中心靠拢，可充分发挥其威力。

15. 炮八平七　卒 6 平 5　　16. 炮五退一　…………

面对黑方 7 路卒冲入中路进行反击，红方只好退炮避让。如改走炮七进三，则卒 5 进 1，相三进五，马 8 进 6，黑方大占优势。

16. ………… 炮 3 平 9　　17. 车二进二　炮 9 退 1

18. 马六进四　前卒进 1　　19. 马四进二　前卒进 1

20. 仕六进五　车 8 进 3

黑方弃车取势，着法过于凶猛。也可车 8 进 2，黑方占优。

21. 车四平二　马 8 退 6　　22. 前车平四　炮 9 平 5

23. 相三进五　车 2 进 7　　24. 马七退六　后炮平 7

25. 车四平三　马 3 退 4

黑方回马，以退为进，下伏马 4 进 5 的踩车手段，是紧凑有力之着。

26. 车三退三　卒 5 进 1　　27. 炮七进六　马 4 进 5

28. 炮七退一　车 2 平 1　　29. 车二平四　…………

红方平车瞄马，失算。应改走炮七平八，下一步过兵威胁黑方中卒，这样则较为顽强。

29. ………… 车 1 进 2

黑方可直接马 6 进 8，逼红方一车换双，这样更为紧凑有力。

30. 炮七平八　…………

红如改走炮七平四，黑则马 5 进 6，车四进二，将 5 平 4，红方只有车砍中炮，黑呈胜势。此处如改走车四平八，则较为顽强。

30. ………… 马 6 进 8

黑方进马拴住红车，巧手！令红方难应。

31. 车四进三　马 5 进 7　　32. 车三进二　马 8 退 7

33. 车四平三　炮 7 平 8

黑方大占优势。

第157局　黑外肋进马对红左马盘河

1. 炮二平五　马8进7　2. 马二进三　车9平8
3. 车一平二　马2进3　4. 兵七进一　卒7进1
5. 车二进六　马7进6　6. 马八进七　卒7进1
7. 车二平四　马6进8　8. 马七进六　…………

红方左马盘河,是创新的走法。

8. …………　卒7进1　9. 车四平二　马8进7
10. 兵七进一(图157)　…………

红方弃七兵,准备炮八平七攻击黑方3路马。如改走马六进五,则马3进5,炮五进四,炮2进1,炮八平五,炮2平5,炮五进四,车1进2,黑方多子占优。

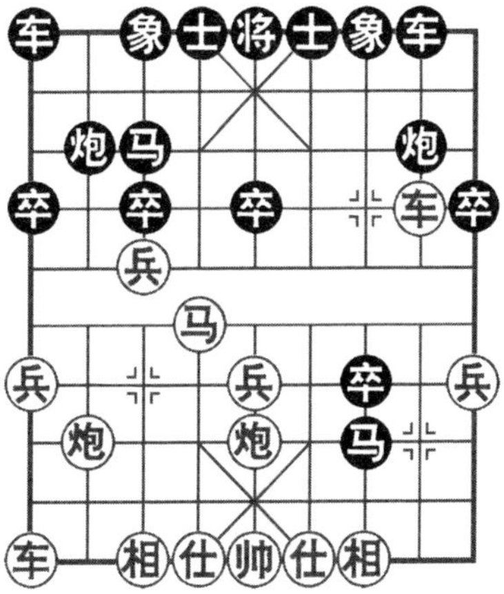

图 157

如图157形势,黑方有两种走法:象3进5和卒3进1。现分述如下。

第一种走法:象3进5

10. …………　象3进5

黑方飞象,嫌软。

11. 兵七进一　马3退2
12. 炮八平六　炮2退1
13. 车九平八　炮2平7
14. 马六进四　马2进4
15. 炮六进五　车1平3　16. 车八进六

红方优势。

第二种走法:卒3进1

10. …………　卒3进1

黑方以卒吃兵,势在必行。

11. 马六进五　…………

红如改走炮八平七,黑则炮2进1,车二退二,卒3进1,炮七进五,卒3平4,炮五进四,将5进1,车九平八,车1进2,炮七退二,车1平6,仕六进五,炮2退1,形成黑方多子、红方有攻势,双方各有顾忌的局面。

11. …………　象7进5　12. 马五进七　车1进1
13. 马七退六　车1平6　14. 仕六进五　车8进1

15. 炮八平七　士 6 进 5　　16. 车九平八　炮 2 平 1
17. 车八进八　卒 7 平 6　　18. 车八平六　炮 1 平 3
19. 炮七进五　炮 8 平 3　　20. 车二进二　车 6 平 8
21. 马六进七

红方胜势。

小结:红平车捉马变例中,红方第 8 回合挺兵吃卒(兵三进一)的走法,形成红方多兵、黑方有攻势,双方各有顾忌的局面。针对红方第 8 回合红退马窝心(马三退五)的应法,黑方第 10 回合采取右炮过河(炮 2 进 4)的反击战术,通过弃子取得成功。红方第 8 回合左马盘河(马七进六)的应法,实战中并不多见,有待更多的实践验证。

第二节　红退车捉马变例

第 158 局　红退车捉马对黑退马捉车

1. 炮二平五　马 8 进 7　　2. 马二进三　车 9 平 8
3. 车一平二　马 2 进 3　　4. 兵七进一　卒 7 进 1
5. 车二进六　马 7 进 6　　6. 马八进七　卒 7 进 1
7. 车二退一　…………

红方退车捉马,是新的尝试。

7. …………　马 6 退 7

黑方退马捉车,是寻求变化的走法。如改走卒 7 进 1,则车二平四,卒 7 进 1,马七进六,炮 8 平 5,炮八平三,炮 2 退 1,车九平八,炮 2 平 9,车四退二,车 1 进 1,车八进五,车 1 平 7,炮三平四,士 6 进 5,兵七进一,车 7 进 4,马六进五,马 3 进 5,炮五进四,炮 9 平 8,兵七进一,炮 8 进 8,炮四平七,车 7 平 3,炮七平五,车 3 退 2,车八平四,红有镇中炮之利,且多中兵,局势占优。

8. 车二平三(图 158)　…………

如图 158 形势,黑方有两种走法:卒 7 平 6 和炮 8 退 1。现分述如下。

第一种走法:卒 7 平 6

8. …………　卒 7 平 6

黑方平卒,保存实力。

9. 车九进一　炮 8 退 1　　10. 车九平四　炮 8 平 7
11. 车三平八　炮 2 进 5　　12. 炮五平八　马 7 进 8

13. 车四平二　马8退9
14. 车二进八　马9退8
15. 马三退五　象3进5
16. 车八平四　车1平2
17. 炮八平九　马8进7
18. 车四退一　车2进4
19. 马七进六　士4进5

黑方补士嫌软，应改走炮7平3为宜。

20. 车四进四　炮7平9
21. 炮九平三　象5进7
22. 车四平三

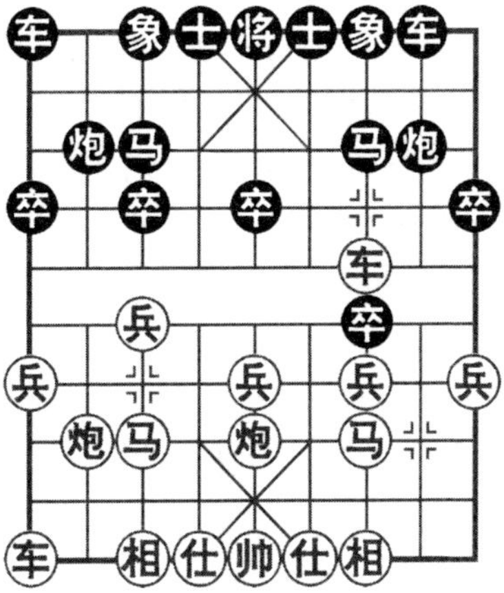

图158

红方得子，大占优势。

第二种走法：炮8退1

8. …………　炮8退1

黑方退8路炮弃卒，另辟蹊径。

9. 兵三进一　炮8平7　　10. 车三平八　…………

红方平车兑炮，是抢先的走法。

10. …………　炮2进5　　11. 炮五平八　象3进5
12. 车八进二　马3退5　　13. 马七进六　车8进4
14. 炮八平六　马7进6　　15. 马六进四　车8平6
16. 相七进五　炮7进6　　17. 炮六平三　车6进2
18. 车九平八　车1平3　　19. 炮三退一　…………

红方退炮，是灵活的走法。

19. …………　车6平9　　20. 后车进三　车9进2
21. 后车退二　车9退2　　22. 后车平四　车9平7
23. 炮三平二　车7平8　　24. 兵三进一　车3进2

红方抓住黑方窝心马的弱点巧过一兵，获得了优势。黑如接走象5进7，红则车八平四，黑方难应。

25. 车八退二　卒3进1　　26. 兵三进一

红方优势。

第159局　红退车捉马对黑进马踩兵(一)

1. 炮二平五　马8进7　　2. 马二进三　车9平8

3. 车一平二　马 2 进 3　　4. 兵七进一　卒 7 进 1
5. 车二进六　马 7 进 6　　6. 马八进七　卒 7 进 1
7. 车二退一　马 6 进 7

黑马踩兵，是含蓄的走法。

8. 车二平三　…………

红方平车捉卒，是力求稳健的走法。

8. …………　象 7 进 5　　9. 车三退一　车 8 平 7

黑如改走炮 2 进 4，红则马七进六，车 8 平 7，车三进五，象 5 退 7，炮五平六，象 3 进 5，相七进五，炮 2 平 4，炮八退一，车 1 平 2，炮八平三，炮 8 进 5，车九平七，车 2 进 7，炮三进二，炮 4 平 7，炮六平七，炮 7 平 1，炮七进四，炮 1 平 9，兵七进一，车 2 平 4，车七进四，象 5 进 3，炮七平六，炮 9 退 1，马六进四，炮 9 进 4，马四退六，炮 9 退 4，马六进四，炮 9 退 1，炮六平一，炮 9 进 5，仕六进五，车 4 退 3，马四进二，红优。

10. 车三进五　象 5 退 7（图 159）

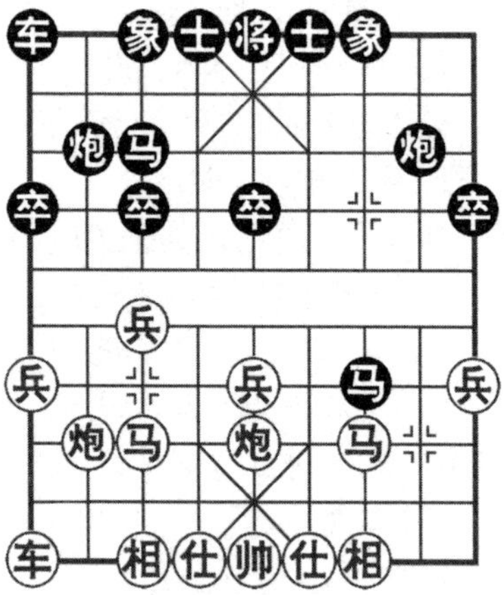
图 159

如图 159 形势，红方有两种走法：马七进六和炮八进一。现分述如下。

第一种走法：马七进六

11. 马七进六　…………

红方跃马，占据河口。

11. …………　车 1 进 1

黑方高车，迅速开动主力。如改走象 3 进 5，红则炮五平六，红方仍持先手。

12. 炮五平六　炮 2 进 3
13. 马六进七　车 1 平 4
14. 炮六平七　…………

红方平七路炮，可使左马“生根”。如改走仕六进五，黑则炮 2 进 1，相七进五，车 4 进 5，车九平七，象 7 进 5，炮八退一，炮 2 平 5，马三进五，车 4 平 5，也是黑方易走。

14. …………　炮 2 进 1　　15. 相七进五　车 4 进 7
16. 仕四进五　炮 8 进 6　　17. 相五进三　车 4 退 2
18. 相三进五　炮 8 退 2　　19. 兵九进一　炮 2 平 5
20. 车九平八　车 4 平 3　　21. 炮八进六　士 6 进 5

黑方补士，预作防范，是机警的走法。如改走车 3 进 1 贪吃红炮，黑则马三进五，炮 8 平 5，马七进九，士 6 进 5，车八进三，炮 5 平 3，兵七进一，红方弃子占势，不难走。

22. 炮七平六　炮 5 退 1　　23. 炮八退四　炮 8 进 1

24. 炮八平五　马 7 退 5　　25. 车八进七　车 3 平 9

黑车吃兵，伏有先弃后取的手段，是第 23 回合炮 8 进 1 的后续走法。

26. 相五退三　马 5 进 4　　27. 仕五进六　车 9 平 7

28. 车八平七　…………

红如改走马三退四，黑则车 7 进 3，车八平七，炮 8 进 2，黑可先弃后取，占优。

28. …………　车 7 进 1　　29. 相三进五　象 7 进 5

30. 车七平八　车 7 退 1

黑方易走。

第二种走法：炮八进一

11. 炮八进一　车 1 进 1

黑如改走马 7 进 5，红则相七进五，象 3 进 5，炮八平七，炮 2 退 2，炮七进三，卒 9 进 1，车九平八，炮 2 平 3，车八进六，车 1 平 2，车八进三，马 3 退 2，马七进六，炮 3 进 1，马六进五，炮 3 平 1，马五退四，炮 1 进 5，炮七平五，士 4 进 5，马四进三，炮 8 平 9，兵五进一，炮 1 退 1，兵五进一，卒 9 进 1，兵一进一，炮 1 平 9，后马进四，红方易走。

12. 炮八平七　…………

红如改走炮八平三，黑则车 1 平 7，炮三进六，车 7 退 1，马七退五，炮 2 退 1，马三进四，车 7 进 4，车九进二，炮 2 平 5，马五进三，炮 8 平 7，炮五退一，炮 5 进 5，炮五平三，炮 5 平 7，炮三进三，炮 7 进 4，车九平六，卒 3 进 1，兵七进一，炮 7 进 3，仕四进五，车 7 平 3，相七进五，炮 7 平 9，车六进五，士 4 进 5，马四进五，士 5 进 4，马五退七，士 4 退 5，双方大体均势。

12. …………　车 1 平 7　　13. 炮五平六　马 7 退 5

14. 炮七进三　马 3 退 5　　15. 相七进五　前马退 7

16. 车九进一　卒 5 进 1　　17. 车九平四　车 7 进 2

18. 马七进六　炮 2 进 3　　19. 兵七进一　卒 5 进 1

20. 兵五进一　炮 2 平 5　　21. 仕六进五　象 7 进 5

22. 车四进七　象 5 进 3　　23. 马三进二　车 7 平 6

24. 车四退二　马 5 进 6　　25. 马六进五

双方大体均势。

第160局　红退车捉马对黑进马踩兵(二)

1. 炮二平五　马8进7　2. 马二进三　车9平8
3. 车一平二　马2进3　4. 兵七进一　卒7进1
5. 车二进六　马7进6　6. 马八进七　卒7进1
7. 车二退一　马6进7(图160)

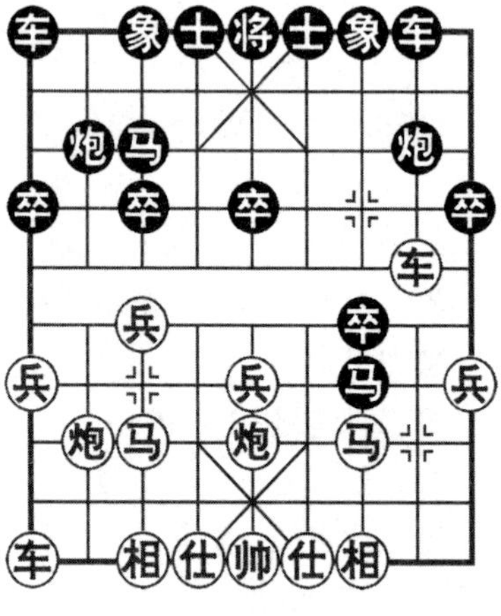

图160

如图160形势,红方有两种走法:马七进六和炮五平六。现分述如下。

第一种走法:马七进六

8. 马七进六　马7进5
9. 相七进五　卒7进1
10. 马三退五　车1进1
11. 炮八平七　象7进5
12. 车九平八　炮2平1
13. 马六进七　车8进1
14. 马七进九　车1进1
15. 兵五进一　…………

红方冲中兵准备进车捉卒,是简明有力的走法。

15. …………　车1退1　16. 车八进三　炮8平9
17. 车二进三　车1平8　18. 车八平三　马3进4
19. 马五退七　车8进3　20. 马七进六　士4进5
21. 仕六进五　卒9进1

红方多一兵,略好。

第二种走法:炮五平六

8. 炮五平六　…………

红方卸炮,准备联相调整阵形,是稳健的走法。

8. …………　车1进1

黑方高横车,迅速开动右翼主力,是灵活有力之着。

9. 炮八进二　车1平7　10. 相七进五　卒7平6
11. 车二退二　车1平7　12. 车二进三　卒6进1
13. 仕六进五　车8进1　14. 马七进六　炮2平7
15. 兵七进一　…………

红应改走马六退四,黑如接走炮7进3,红则炮六平二,马7退6,车二退一，红方比较稳健。

15. ………… 卒6进1　　16. 兵七进一　卒6平7

17. 兵七进一　炮8平5　　18. 车二平五　卒7进1

双方对攻，各有顾忌。

小结：红方退车捉马变例，是改进后的走法。实战表明：红方退车捉马稳中带先，且令黑方难以反击，红方可取得先手。